부동산 직업의 세계와 취업의 모든 것

부동산 직업의 세계와 취업의 모든 것

민성식 지음

원더박스

《부동산 직업의 세계와 취업의 모든 것》이 출간된 지 벌써 5년이 지
났습니다. 이 책은 제 첫 번째 책인《한국 부자들의 오피스 빌딩 투
자법》의 독자들의 질문과 궁금증으로 탄생한 책이라고 할 수 있습
니다. 상업용 부동산의 자산 관리라는 생소한 분야를 소개하고 부동
산 투자나 운영에 대해 설명하려는 목적으로 야심차게 첫 책을 출간
했습니다. 그런데 의도와는 달리 부동산을 공부하고 이 분야로 취업
을 준비하는 분들이나 타 업계에서 부동산 업계로 전직을 희망하는
분들도 제 책을 꽤나 많이 읽고 계셨습니다.

  첫 책을 출간하고 무료 지식 나눔의 일환으로 강의를 하게 되었습
니다. 책의 내용만으로는 부족하다는 생각에 부동산 취업과 관련된
내용을 더했습니다. 그렇게 긴장된 첫 번째 강의를 끝내고 보니 부
동산 업계 취업에 대한 정보를 사람들이 많이 궁금해하고 있다는 것
을 알게 되었습니다. 이후 독자들로부터 종종 취업 관련 질문을 받

기도 했습니다.

그렇게 취업 관련 질문들이 점점 많아지면서 부동산 직업에 대한 설명을 하는 책을 기획해 보면 어떨까 하는 아이디어가 떠올랐습니다. 찾아보니 부동산 직업 관련 책이 딱 한 권이 있었고, 그마저도 아주 오래전에 출간된 책으로 부동산 직업 전반을 다룬 것이 아닌 부동산 중개업에 대한 내용이었습니다. 그래서 제가 알고 있는 정보를 모은 것이 바로 이 책《부동산 직업의 세계와 취업의 모든 것》입니다.

부동산 직업에 대한 책을 쓰고 난 뒤 업계에서 시시각각 변화하는 모습을 여러분들에게 알려 주고자 다양한 활동을 해 왔습니다. 틈틈이 부동산 강의도 하고 취업준비생을 위해 무료 지식 나눔 강의도 여러 차례 진행했습니다. 그러는 동안 제 강의에 참석했던 분들이 부동산 업계로 들어와 함께 일하는 선후배 사이가 되기도 했습니다. 잊지 않고 인사를 건네기도 하고 직접 찾아와 감사의 뜻을 전하는 분들도 계셨습니다. 그럴 때마다 책을 쓰기 잘했다는 생각도 들었지만 한편으로는 부동산 직업에 대해 더 정확하고 유용한 정보를 제공해야겠다는 사명감도 갖게 되었습니다. 직업이라는 게 사람의 인생에 있어 큰 부분을 차지하는데 그런 중요한 선택의 기로에 있는 분들에게 어떤 식으로든 영향을 줄 수 있다고 생각했기 때문입니다.

제 책을 읽고 부동산 업계에 관심을 가진 분들, 부동산 직업을 찾다가 느낀 답답함을 해소하려는 분들, 면접을 앞두고 초조함을 해소하려는 분들 등 다양한 분들과 이메일을 주고받거나 직접 만나면서 그분들의 시선에서 과연 어떤 것을 알고 싶을까 생각해 보고 나름 최선을 다해 답변을 해 드렸습니다. 전업으로 책을 쓰거나 직업 관련 컨설팅 일을 하는 게 아니다 보니 한계가 있겠지만 각자의 고민과 고심을 조금이나마 해결할 수 있도록 진심을 다해 상담을 해 드렸습니다. 그렇게 5년 동안 여러분들과의 소통을 통해 얻은 생각과 정보를 더하여 《부동산 직업의 세계와 취업의 모든 것》의 개정판을 출간하게 되었습니다. 통상적인 개정의 범위를 넘어 원고를 대폭 보완했으며 구성에도 큰 변화를 주어 '전면개정판'이 되었습니다.

이번 개정판에서는 다양한 분야에서 활동하고 있는 현직자들의 인터뷰를 다수 보강하였습니다. 인터뷰에 참여해 주신 분들은 각 분야에서 누구보다 열정적으로 활동하고 있는, 후배들에게 귀감이 될 만한 분들입니다. 저도 다양한 분야를 전부 경험할 수 없기에 해당 분야 전문가의 생생한 이야기를 전해 드리는 게 이 책을 찾는 분들이 가장 원하는 게 아닐까 생각했습니다.

특히 부동산 업계 취업을 준비하는 분들이 많은 관심을 가지고 있는 부동산자산관리회사의 채용 담당자들의 인터뷰도 담았습니다. 회사의 채용 과정이나 인재상, 서류 심사 및 면접 시 주안점 등을 인사 담당자와 회사의 입장에서 정리하여 취업을 준비하는 분들에게 큰 도움이 될 것입니다.

초판에서는 다양한 분야를 다루고 직업에 대한 소개와 회사들에 대한 정보에 초점을 맞추었습니다. 이번 개정판에서는 부동산 업계에 대한 더 많은 이야기와 취업이나 전직을 위한 현실적인 팁과 사례를 충실하게 채워 넣었습니다. 또한 빠르게 변화하는 최근의 부동산 트렌드도 다루고 있어 긴 안목으로 미래의 직업을 찾는 분들에게 도움이 될 수 있도록 하였습니다.

이 책을 통해서 부동산 직업에 대한 모든 이야기를 할 수 없겠지만 첫걸음을 시작하는 여러분에게 작은 도움이 되기를 바랍니다. 책에서 못 다한 이야기는 부동산 강의나 세미나를 기획해서 더 자세하게 소개해 드리겠습니다. 제 블로그나 유튜브 채널 등 SNS를 통해서도 부동산 업계의 정보와 지식을 전달하고, 여러분과 교류할 수 있는 기회를 더 많이 만들어 나갈 것입니다. 앞으로 여러분들에게 제 유튜브 채널의 이름처럼 '친절한 부동산 선배'가 되어 함께 성장해 나갈 수 있는 일들을 꾸준히 기획하고 실행해 나가겠습니다. 제 책을 통해 새로운 목표를 세우고 그것을 이루기 위해 노력하는 분들을 항상 응원합니다.

2022년 3월
민성식

부동산 관련 일을 하고 싶습니까?

"부동산자산관리회사?"

2004년 가을, 대학교 졸업을 앞두고 우연히 취업 정보를 찾다가 부동산자산관리회사인 '(주)샘스'의 구인 공고를 보게 되었습니다. 놀랍게도 그 회사가 첫 직장이 되었습니다.

그 당시 필자는 부동산과 전혀 관계없는 국제통상학을 전공했고 으레 그렇듯 무역회사에 들어가려고 했습니다. 성적 또한 학사 경고를 세 번이나 받아 학점 보충하기에 바쁜 수준이었습니다. 토익 점수도 850점 정도로 소위 스펙으로는 큰 경쟁력이 없었습니다. 그래도 취업은 해야겠기에 이력서와 자기소개서를 열심히 준비하고 다듬으면서 여러 회사의 문을 두드리고 다녔습니다.

그러다 운명처럼 부동산 자산 관리라는 생소한 분야를 만나게 된 것입니다. 왠지 매력을 느껴 지원했고 면접까지 가는 기회를 잡았습니다. 쟁쟁한 부동산 전공자들을 제치고 합격까지 했습니다. 그때부터 줄곧 부동산 업계에서 일하고 있습니다. 필자가 비전공자임에도 취업할 수 있었던 것은 면접관이 성실한 태도와 비전공자로서의 새로운 시각을 긍정적으로 평가했기 때문입니다.

처음 담당한 업무는 외국계 부동산투자회사가 투자한 전국 38개 부동산의 자산 관리였습니다. 부동산 전공자가 아닌 만큼 낯선 용어와 업무 때문에 입사 3개월이 넘도록 매일같이 늦도록 일을 했습니다. 말 그대로 부동산 일자무식이었던 만큼 남들보다 더 많이 일하고 닥치는 대로 배우는 수밖에 없었습니다. 그 당시 여의도에서 의정부까지 출퇴근하는 상황이어서 집에 돌아가는 것도 힘에 부쳤습니다. 출퇴근하는 데만 세 시간 이상 걸렸고, 비전공자로서 정신적으로 힘들었지만 그래도 끝까지 해 보고 싶었습니다. 어느덧 시간이 흐르고 경력이 쌓이면서 회사에서 인정을 받게 되었습니다.

그렇지만 짧은 부동산 자산 관리 경력만으로는 남들과 차별화된 경쟁력을 가질 수 없었습니다. 전공자들보다 뒤처진 실력을 보충하기 위해 자격증 공부를 시작했습니다. 지금 제가 보유한 부동산 관련 자격증이나 수료증은 전부 취업 후에 취득한 것입니다. 틈틈이 공부하고 경력을 쌓은 후 부동산자산운용사로 이직을 하였습니다. 그곳에서 부동산 개발 및 투자 분야도 경험할 수 있었습니다. 비록 부동산 전공은 아니었지만 업계에 진입하여 훌륭한 선후배들과 인맥을 넓혀 갈 수 있었고 주변분들 덕분에 부동산 자산 관리 분야에 대해 나름대로 전문성도 갖게 되었습니다.

한 분야에서 오랫동안 일하다 보니 자연스럽게 직업에 대한 운도 따라 주었습니다. 우리나라에서 손꼽힐 만한 대형 프로젝트인 여의도 국제금융센터 IFC Seoul의 오피스 빌딩 자산 관리자로 이직을 하게 되었습니다. 초대형 복합 개발 프로젝트를 운영하고 관리하는 소중한 경험을 할 수 있었습니다.

10여 년간 부동산 업계 현장에서 겪었던 숱한 어려움과 경험, 노하우를 후배들이나 이 길에 관심 있는 사람들과 나누고 싶어 이 책을 쓰게 되었습니다. 현장에서 배운 부동산 지식과 노하우를 정리하여 오피스 빌딩 투자 및 관리를 다룬 《한국 부자들의 오피스 빌딩 투자법》과 《부동산 자산 관리 영문 용어 사전》을 출간한 후 강의할 기회가 늘었는데 의외로 부동산 업계에 어떻게 취업할 수 있는지에 대한 질문을 많이 받았습니다. 부동산과 관련한 재테크 책은 많지만 부동산 업계 취업에 대한 책은 없었습니다.

제가 취업할 당시에도 부동산 취업 정보가 턱없이 부족했는데 10년이 지나도 크게 달라진 게 없었습니다. 부동산 분야에 대한 변변한 취업서 하나 없는 데 비해 현장에서는 능력을 가진 사람을 찾는 데 어려움이 많습니다. 정말 아이러니한 일입니다. 부동산 업계는 계속 발전해 나가고 다양한 직종들이 생겨나는데 이를 담당할 능력 있는 사람은 항상 부족합니다.

물론 여기엔 그만한 이유가 있습니다. 부동산 하면 부동산 투기, 사기, 기획 부동산 등으로 부정적인 인상이 강한 게 사실입니다. 게다가 서점에 나가 보면 부동산 코너에는 경매나 토지 투자로 몇십억 벌기 등 자극적인 문구의 책들로 가득합니다. 하지만 부동산은 주식이나 채권과 같은 투자 수단으로 대체투자 분야에서 중요한 부분을 차지합니다. 이 분야에는 부동산 개발을 통해 우리 생활을 변화시키는 부동산 디벨로퍼(땅 매입부터 기획, 설계, 마케팅, 사후관리까지 총괄)에서부터 수천 억 원대 빌딩에 투자하는 부동산 펀드 매니저, 부동산 투자 자문을 하는 부동산 컨설턴트 등 매력적인 전문 직종이 다양합니다. 부동산 직업 하면 중개업을 주로 떠올리지만 계속 변화 발전해 가는 분야로서 다양한 직종과 기회가 있습니다.

책의 목차에서 알 수 있듯이 부동산의 다양한 분야에서부터 현장의 분위기를 짐작해 볼 만한 직무 소개까지 모두 담으려고 애썼습니다. 그리고 뒷부분에는 부동산 업계에서 전문가로 실력을 쌓을 수 있는 방법도 꼼꼼하게 실었습니다. 지금의 필자도 그렇고 앞으로 부동산 업계에 들어올 후배들도 계속 배움을 이어갈 수 있는 동기부여가 될 이야기를 담았습니다.

이 책이 부동산 분야에 진출하려고 마음먹은 학생들이나 취업준비생 그리고 부동산에 관심을 가진 일반인에게 희망이 될 수 있기를 바랍니다. 제가 그랬던 것처럼 조금 더 노력하고 관심을 가진다면 충분히 부동산 업계에 진출해서 자신의 능력을 발휘할 수 있다고 믿습니다. 평범한 필자도 맡은 분야에서 인정받으며 지금의 자리에 있는 것이 그 증거입니다. 책을 통해 모든 것을 설명 드리고 싶지만 미진한 부분이 있을 것입니다. 책에서 다 못 한 이야기는 업무 현장이나 강의를 통해 생생하게 전달할 수 있는 기회를 만들도록 하겠습니다.

차례

1부 부동산 직업의 세계

2부 부동산 취업의 모든 것

부동산
직업의 세계

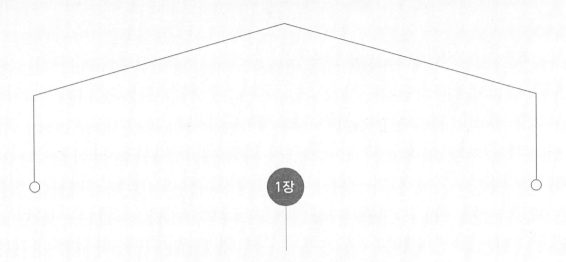

1장

부동산 업계를 알면
취업이 보인다

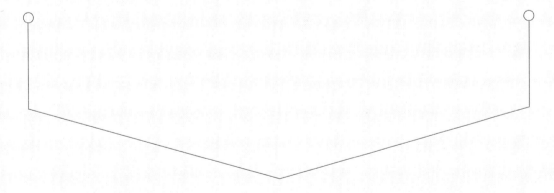

부동산 관련 직업이라고 하면 흔히들 공인중개사를 떠올린다. 하지만 부동산 업계에는 우리가 미처 알지 못하는 다양한 직업이 있다. 상세 직종을 알아보기에 앞서 부동산이 무엇인지, 부동산 업계가 어떻게 구성되어 있는지 파악하면 자신이 일하고 싶은 분야, 잘할 수 있는 직종을 명확히 정할 수 있을 것이다.

부동산 취업 시장은
내일도 맑음

요즘은 변화의 속도가 정말 빠릅니다. 과학기술이 발달하면서 새로 생겨나는 일자리가 많은 반면, 앞으로 사라질 일자리도 많을 거라고 전망합니다. 우리가 알고 있는 직업의 50%가 사라질 거라는 얘기도 들려오는 요즘 특히 취업할 때 직업 선택을 신중히 해야 합니다. 무엇보다도 본인이 하고자 하는 일이 첫 번째 선택 기준이 되어야 합니다. 이와 함께 그 직업의 성장 및 발전 가능성을 충분히 살펴봐야 합니다.

향후 부동산 관련 직업의 전망은 어떨까요? 제도적 측면, 부동산의 시장 변화, 그리고 선진국의 사례를 통해 부동산 관련 직업의 성장 가능성을 살펴볼 수 있습니다.

첫째 제도적인 측면에서 부동산업에 대한 지원이 확대될 예정입니다. 2016년 2월 국토교통부에서는 〈부동산 서비스산업 발전방안〉을 발표하고 부동산업을 부가가치가 높은 산업으로 육성하겠다고 밝혔습니다. 이렇게 국가에서 발전 방안을 내놓고 추진하는 것은 발전 가능성을 보고 지원을 한다는 방증입니다. 실제로 발표된 내용이 추진되는 것을 보면 말로만 그치는 것이 아니었습니다. (사)한국부동산경제단체연합회는 11월 11일을 '부동산 산업의 날'로 지정했고, 「부동산서비스산업 진흥법」도 2017년 12월 제정되어 2018년 6월부터 발효, 시행되고 있습니다. 2022년 1월 22일 국토교통부에서는 '공모,상장 활성화를 위한 리츠제도 개선방안'을 발표하여 공모형 리츠 시장이 더욱 활성화 될 것으로 예상됩니다.

둘째 부동산 업계의 트렌드 변화입니다. 상업용 부동산 업계의 주요 투자처는 대부분 대형 빌딩이었습니다. 그렇지만 최근에는 물류 창고, 호텔, 쇼핑몰 등 다양한 부동산을 이용한 부동산 투자 금융 상품들이 속속 나오고 있습니다. 이뿐만 아니라 뉴스테이(의무 임대 기간인 최소 8년 동안 상승률이 5% 이하인 임대료를 납부하는 민간 기업형 임대 주택) 등의 임대 주택과 주거용 부동산에도 부동산투자회사들이 관심을 갖고 새로운 상품을 만들어 내고 있습니다. 부동산의 투자 영역이 상업용 부동산뿐만 아니라 주거용 부동산으로도 넘어가는 것은 시장의 확대뿐만 아니라 부동산 전문 인력의 수요 증가를 예상하게 합니다.

그동안 부동산 투자 상품들이 대부분 일부 기관 투자자나 고액 자산가들만 투자할 수 있는 사모 형태의 투자 상품들이었습니다. 최근에는 일반인도 투자할 수 있는 공모형 부동산 펀드나 리츠가 이지스자산운용, 미래에셋자산운용, 코람코자산신탁, 신한리츠운용, 켄달스퀘어자산운용 등을 통해 새롭게 출시되고 있습니다. 이런 공모형 펀드의 등장은 일반 개인도 부동산 투자 상품에 쉽게 접근할 수 있는 근간을 마련해 주는 것으로 시장 확대에 큰 기여를 할 것으로 기대됩니다.

셋째 선진국의 부동산 시장과 비교해 보면 우리나라의 경우 부동산 산업의 발전 가능성이 아직 큽니다. 국토교통부가 2017년 2월에 발표한 보고서인 〈주요 선진국의 부동산 종합서비스 산업 성장사례 및 시사점 연구〉에 따르면 우리나라에서 부동산 분야가 GDP에서 차지하는 비율이 약 7.22%로, 미국, 영국, 일본 등 선진국들의 비율인 11.39~12.13%에 비해 낮은 편입니다. 그리고 부동산 간접 투자 상품에 있어 선진국인 일본이나 미국의 부동산투자회사의 투자 규모와 비교해 보면 아직까지 우리나라는 발전 가능성이 크다고 할 수 있습니다.

최근의 저금리 추세와 저성장 시대를 생각해 볼 때 부동산 산업만큼 안정된 수익을 가져다주는 것은 없습니다. 임대 수익과 처분 수익을 가져다주는 부동산이 주식이나 채권 같은 주요 투자 수단과 함께 대체투자로서 더욱 관심을 받고 있는 이유이기도 합니다. 인터넷 쇼핑과 홈쇼핑이 커져 갈 때 물류와 유통까지 커진 것을 주목해 볼 필요가 있습니다. 이와 마찬가지로 부동산 관계 산업이 발달할수록 이를 운영하고 관리하는 주체에 대한 수요는 늘어날 수밖에 없습니다.

최근 주식이나 채권 투자도 프로그램을 이용하여 데이터를 기반으로 사람 대신 프로그램이 자동으로 매매하는 시스템 트레이딩이 생겨났습니다. 컴퓨터가 사람의 직업을 대체하는 것입니다. 부동산에도 설비의 자동화로 시설 관리에 있어서는 일부분 사람의 일을 대체하는 부분도 있습니다. 그렇지만 부동산을 가지고 상품을 만들고 투자하고 관리하는 부분에 있어서는 컴퓨터가 대체할 수 없는 영역이 많습니다. 예를 들어 임차인을 관리하고 협상하는 일, 부동산에 임대를 유치하는 일, 그리고 임차인의 불만과 불편을 해소하는 일 등의 업무는 직접 사람과 대면해서 판단해야 하는 일들입니다. 이렇듯 우리나라 부동산 취업 시장은 다양한 면에서 앞으로 성장 가능성이 높습니다.

부동산 직종,
공인중개사가 전부다?

종종 모르는 사람들을 만났을 때 필자를 소개하거나 지금 하고 있는 일에 대해 설명해야 할 때가 있습니다. 그때마다 간단히 부동산 관련 일을 한다고 말하곤 합니다. 이렇게 대충 말해도 듣는 사람들은 잘 알아듣습니다. 더 이상 크게 부연 설명할 필요도 없습니다. 아마도 우리나라 사람들이 워낙 부동산에 관심이 많고 이해도가 높기 때문일 것입니다.

그런데 사실 부동산 관련 일을 간단히 설명하기는 어렵습니다. 생각보다 범주가 넓고 다양하기 때문입니다. 흔히 사람들은 부동산 관련 일이라고 하면 부동산 중개업을 하는 공인중개사를 떠올립니다. 하지만 부동산 관련 직종에서 중개업은 일부분에 불과합니다. 부동산과 관련된 여러 가지 직종이 있는데 잘 알려지지 않아 무엇이 있는지 모를 뿐입니다. 어떤 직종이 있는지 알아보기 전에 먼저 부동산이 무엇인지부터 명확히 살펴보겠습니다.

부동산이란 무엇일까요? 만약 여러분에게 묻는다면 다양한 대답이 나올 것입니다. 아마도 일상생활에서 부동산이라는 용어가 토지, 아파트, 주택, 상가, 공장 등 다양한 것들을 표현하는 대명사처럼 쓰이기 때문입니다. 명확하게는 법에서 규정하고 있습니다. 민법에서는 부동산을 '토지 및 그 정착물'이라고 표현합니다. 짧지만 모든 것을 포함하는 설명입니다.

그렇지만 법률적 용어만으로 우리가 알고자 하는 부동산 산업을 구체적으로 이해하기는 어렵습니다. 부동산학 개론이나 관련 책을 보면 여러 가지 기준으로 부동산을 구분합니다. 이 책은 취업을 위한 부동산 산업에 대한 이해를 돕는 게 목적이니만큼 사용 용도에 따라 분류하겠습니다.

다양한 부동산을 용도에 따라 분류하면 주거용, 상업용, 업무용, 산업용 등 크게 네 가지로 구분할 수 있습니다. 주거용은 우리가 흔히 알고 있는 아파트나 주택 등을 말하고 상업용은 상가라고 불리는 판매시설을 위한 부동산입니다. 그리고 업무용 부동산은 기업이 사용하는 사무실이 있는 오피스 빌딩을, 산업용 부동산은 공장이나 물류센터 등을 떠올리면 쉽게 이해할 수 있습니다. 이렇게 용도별로 부동산을 구분하면 부동산 산업에 대한 큰 그림을 볼 수가 있습니다.

한국표준산업분류에서는 기업체가 주로 수행하는 산업 활동을 기초로 유사성에 따라 부동산업을 구분하고 있습니다. 따라서 한국표준산업분류상의 부동산업 구분도 살펴볼 필요가 있습니다. 이 기준에 따르면 부동산업을 크게 부동산 임대 공급업과 부동산 관련 서비

부동산 용도별 분류	주거용	아파트, 주택
	상업용	상가, 쇼핑센터, 호텔
	업무용	오피스 빌딩, 지식산업센터
	산업용	공장, 물류센터, 데이터센터

부동산업	부동산 임대 및 공급업	부동산 임대업	주거용 건물 임대업
			비주거용 건물 임대업
			기타 부동산 임대업
		부동산 개발 및 공급업	주거용 건물 개발 및 공급업
			비주거용 건물 개발 및 공급업
			기타 부동산 개발 및 공급업
	부동산 관련 서비스업	부동산 관리업	주거용 부동산 관리업
			비주거용 부동산 관리업
		부동산 중개 및 감정평가업	부동산 자문 및 중개업
			부동산 감정평가업

스업으로 구분합니다. 최하위 단계를 보면 부동산 용도와 제공 업무에 따라 구분된 것을 볼 수 있습니다.

부동산 산업을 부동산의 생애주기(life cycle)를 기준으로 바라보기도 합니다. 부동산의 생애주기를 살펴보면 맨 처음 개발 전의 토지가 있고 여기에 건물을 지어 개발하게 됩니다. 이 과정에서 투자를 위해서는 부동산 금융의 도움과 이를 만드는 부동산 투자기구들이 있어야 합니다. 그 뒤에는 개발하거나 투자한 부동산을 운영하고 관리하다가 매각을 하기도 합니다. 시간이 지나면서 이 사이클이 수명을 다하면 다시 재개발을 하는 순환주기를 갖습니다. 부동산의 생애주기에 따라 토지, 투자 및 개발, 건설, 운영 및 관리, 매각, 재개발 등으로 나눠 업무를 구분해 볼 수도 있습니다. 이 밖에도 부동산 직종을 위한 각종 학회나 다양한 기관들이 있습니다.

그렇다면 직업으로서 부동산은 어떻게 분류될 수 있을까요? 무엇보다 어떤 업무와 서비스를 제공하는지를 아는 게 가장 정확한 기준이 됩니다. 이런 기준을 바탕으로 앞으로 내가 선택할 부동산 산업의 참여 주체들을 한눈에 살펴볼 수 있습니다. 다음 쪽의 '한눈에 보는 부동산 업계' 표를 살펴보면 자신이 일하고 싶은 분야를 좀 더 분명히 알 수 있습니다.

한눈에 보는 상업용 부동산 업계

관계 기관	부동산 개발
정부기관 부동산 관련 협회 부동산 관련 학회 부동산 연구기관 부동산 교육기관	시행사 부동산개발회사

컨설팅	자금 중개
부동산투자자문회사 신용평가회사 법무법인 감정평가법인 회계법인	증권사

투자자	투자 기구
연기금 공기업 공제회 조합 및 기금 생명보험사 손해보험사 은행 해외 투자회사 캐피탈회사	부동산 펀드(REF) 부동산투자회사(REITs) 신탁회사 일반사무수탁회사 펀드평가회사

시공	운영 및 관리
설계 및 감리회사 건설사	자산관리회사 시설관리회사 주차관리회사 중개법인 중소형자산관리회사

블루오션이거나
진입장벽이 높거나

블루오션이란 아직 발견되지 않은 시장이나 개척되지 않은 시장을 의미합니다. 부동산 관련 직업 중에서도 임대업만 놓고 보면 이미 경쟁이 치열한 레드오션입니다. 동네 주변에 중개업소가 우후죽순으로 생겨난 것만 봐도 알 수 있습니다. 이렇게 창업한 부동산 중개업소가 살아남을 확률이 아주 낮다는 것도 짐작해 볼 수 있습니다.

평소 흔히 보는 부동산 중개업소는 대부분 우리 생활과 밀접한 관련이 있는 주거용 부동산만을 다룹니다. 주거용 부동산 외에 상업용 부동산의 투자 및 자산 관리를 다루는 부동산 관련 직업은 아직도 미개척인 블루오션이라고 말할 수 있습니다. 아직까지 일반인에게 상업용 부동산 투자 및 자산 관리와 관련한 직업이 그리 많이 알려져 있지 않기 때문입니다. 현업에서 일하다 보면 부동산 산업의 성장과 확대에 비해 아직 전문 인력이 부족하다는 것을 자주 느끼곤 합니다. 대체로 부동산 투자나 자산 관리 분야에 진입하려면 부동산

학과를 졸업하거나 건축 관련 전공을 해야 합니다. 그렇지만 전공자들이 전부 부동산 관련 분야로 진출하는 것은 아닙니다. 수시로 주변에서 추천할 사람이 없는지 알아봐 달라는 요청을 받지만 쉽게 괜찮은 사람을 찾은 적이 없습니다. 부동산 산업의 성장 속도에 따른 인력 수요에 공급이 못 따라가는 것이라고 볼 수 있습니다.

부동산 강의를 하면서 만난 학생들이나 졸저인 《한국 부자들의 오피스 빌딩 투자법》을 읽은 독자들에게 받는 이메일을 보더라도 부동산 전공자인 학생들조차 부동산 투자 업계나 부동산 자산 관리업에 대해 자세히 알지는 못했습니다. 부동산학과는 아직까지도 다른 학과보다 인원도 적고 제대로 된 정보도 많이 부족하기 때문에 경쟁이 치열하지 않은 블루오션입니다.

부동산 관련업이 블루오션인지 좀 더 정확히 판단하려면 수요와 공급 법칙에 따라 공급보다 수요가 많은지를 확인하면 자명해집니다. 우리나라에 부동산 관련 학과가 많지 않고 그중에서 모든 부동산 전공자들이 부동산 관련 분야로 오지도 않습니다. 반면 부동산 간접 투자 시장은 갈수록 커져 가고 있습니다. 그리고 부동산 투자에 대한 사람들의 관심을 생각하면 부동산 투자나 자산 관리 시장은 앞으로 발전할 가능성이 더 큽니다.

발전 가능성을 전망하려면 정부의 정책 변화를 살펴보는 것도 한 방법입니다. 2016년 2월에는 국토부에서 부동산업 발전과 관련된 새로운 지원책인 〈부동산 서비스산업 발전방안〉을 발표했습니다. 또한 2019년 2월에는 국토부에서 경제 활성화 및 국민의 소득 증대를 위한 〈공모형 부동산간접투자 활성화 방안〉을 내놓았습니다. 이어 2022년 1월에는 〈공모, 상장 활성화를 위한 리츠제도 개선방안〉을 통해 경직적 규제와 투자환경을 개선하고 개인투자자 보호 강화를 하려는 정책을 준비하였습니다. 이를 통해 공모 부동산 펀드나 리츠에 대한 일반인들의 투자를 장려하고 각종 정책적 지원을 통해 산업을 키우겠다는 것으로 의지를 확인할 수 있습니다. 부동산 관련 분야를 지금도 발전하고 있고 앞으로 발전 가능성이 높은 분야로 보고 정책적으로 지원하는 것입니다.

대학에 부동산학과가 생긴 지도 불과 30년 정도밖에 안 됩니다. 부동산학과로 우리나라에서 가장 유명한 건국대 부동산학과가 1985년, 한성대 부동산학과가 1998년에 생겼습니다. 근래 들어 부동산업의 발전 추세에 맞춰 부동산 관련 학과들이 많이 생겨나고 있습니다. 최근에는 부동산 대학원도 많이 설립되어 현직자들이 직장을 다니면서 학업과 업무를 병행하는 경우도 많이 늘었습니다. 그렇지만 이는 대부분 업계 종사자들이 입학하는 것이어서 신규 부동산 전문 인력을 양성하는 역할은 하지 못합니다.

언젠가 부동산 특강을 하러 대학원에 간 적이 있었습니다. 부동산학과 교수님께서 하시는 말씀이 부동산 자산 관리 업계는 진입장벽이 높은 것 같다고 하셨습니다. 아무래도 경력자를 선호하는 특성 때문에 진입장벽이 높아 보인다고 한 것 같습니다. 진입장벽이 높다는 것은 거꾸로 보면 많은 사람들이 도전하지 않는다는 의미도 있습니다. 열심히 도전하면 업계에 들어갈 확률이 높다고 볼 수 있습니다.

부동산 직업이 매력적인
네 가지 이유

구직 시 회사를 선택할 때 대기업보다는 알찬 중소기업이 더 현명한 선택일 수 있습니다. 대기업이 연봉이나 복지 혜택이 좋을 수는 있지만 업무 세분화가 많이 되어 있어 다양한 경험을 할 수 없는 단점이 있습니다. 특별한 기회나 개인의 강한 의지가 없다면 잘못하다가는 그냥 부품처럼 부분적인 업무만 하다가 끝날 수 있습니다. 이런 경우 업무 전반에 대한 경험을 해 볼 기회가 비교적 적습니다. 그래서 몇십 년 동안 회사를 다녀도 활용할 만한 특별한 기술이나 능력을 갖추지 못할 가능성이 높습니다. 모든 사람이 그런 것은 아니지만 대기업을 다니다가 명퇴한 후 그간 해 온 업무와는 무관한, 전혀 경험이 없는 요식업이나 다른 사업을 하다가 망하는 경우를 주위에서 쉽게 찾아볼 수 있습니다.

그런 면에서 부동산업은 직무의 내용이 굉장히 실용적이라는 점이 직업으로서 첫 번째 매력입니다. 부동산 관련 업무는 실생활과 밀접한 법적, 경제적 측면을 주로 다루기 때문에 관련 지식을 일상에서 다양하게 활용할 수 있습니다. 나중에 사업을 하더라도 부동산 매매나 임대 계약은 해야 하고, 결혼을 하면 살 집을 구하기 위해서도 전세나 월세 계약을 한 번쯤 해야 합니다. 그리고 만약 부동산 자산 관리 업무를 해 봤다면 본인이 소유한 부동산도 잘 관리할 수 있는 능력을 가질 수 있습니다. 게다가 부동산 컨설팅이나 투자 쪽의 업무를 담당한 사람이라면 재산 증식의 방법으로 부동산 투자도 남들보다 더 나은 안목으로 할 수 있습니다. 실제로 현업에 있는 분들 중에서는 부동산 투자에 성공한 사람이 많고 마음이 통하는 지인들과 함께 소규모 공동 투자를 하는 사람도 있습니다. 이처럼 현업에서 배운 실무 지식을 유용하게 활용할 수 있습니다.

두 번째 장점으로 이런 실용적인 능력을 바탕으로 직장을 그만두더라도 창업을 할 수 있는 기회가 많다는 점입니다. 부동산 업계에 종사하는 분들이 자주 하는 농담 중에 '나중에 중개사라도 하면 되지'라는 말이 있습니다. 회사 업무에 힘들고 지쳐 그만두려는 마음이 들 때 누구나 한 번씩 생각해 보거나 내뱉는 말입니다. 물론 공인중개사사무소 창업이 말처럼 쉬운 일은 아니지만 그만큼 경험이나 네트워크를 바탕으로 일할 수 있기 때문에 나온 말이라고 생각합니다.

부동산 중개업소 외에 소규모 부동산 관련 투자컨설팅회사를 창업하여 부동산 애널리스트로 활동하거나 부동산자산관리회사나 시설관리회사를 창업하여 운영하는 사례도 있습니다. 이외에도 인테리어 공사나 다양한 빌딩 관련 시설물을 유지보수하는 업체 등 부동산 자산 관리를 위해 필요한 관련 업체를 창업해 운영할 수도 있습니다.

　무엇보다도 부동산은 개발하거나 건설할 때 고용 창출이 많이 이뤄집니다. 그래서 정부에서 경기 활성화 대책으로 신도시 개발이나 재개발 등의 부동산 정책을 자주 사용하는 것입니다. 그만큼 부동산과 연관된 산업이 많다는 뜻이기도 합니다. 더욱 중요한 것은 새로 지어지는 부동산들은 지속적인 관리가 필요하다는 사실입니다. 부동산은 한 번 만들어지면 그 수명이 다할 때까지 운영과 관리를 해 줘야 합니다. 일회성 소비재처럼 한 번 사면 끝이 아닙니다. 마치 자동차를 사고 나서 주기적으로 점검을 받고 유지 관리를 하는 것과 같습니다. 이런 특징 때문에 다양한 직업과 관련 업무로 창업할 수 있는 기회가 많습니다.

　최근에는 기술과 인터넷이 급속도로 발달하면서 새로운 형태의 온라인 부동산 중개 서비스나 부동산 관련 정보 제공 업체들도 많이 등장하고 있습니다. 그리고 부동산 금융과 관련된 투자 수단인 부동산 펀드나 리츠 관련 산업들도 새로운 금융 기법을 통해 더욱 발전하고 있습니다. 소액 자금을 모아 투자하는 크라우드 펀딩이나 부동산 온라인 중개 플랫폼인 다방이나 직방 등도 있습니다. 부동산 업계도 과거 모습 그대로 머물러 있는 게 아니라 빠르게 변화하는 시대에 맞춰 발전을 거듭하고 있습니다. 그 속에서 새로운 비즈니스를 창출할 기회가 계속 생길 것입니다.

세 번째 장점으로는 부동산 재테크, 투자 및 관리에 대한 노하우와 최신 정보를 가까이서 접할 수 있다는 점을 꼽을 수 있습니다. 부동산 개발 분야에서 일을 하면 주변 개발에 대한 정보를 얻을 수 있습니다. 게다가 전문가들이 만든 다양한 투자 및 컨설팅 보고서를 접할 수 있습니다. 만약 임대 분야 쪽에서 일을 한다면 주변 상권 분석이나 임대료 및 관리비 수준 등에 대한 고급 정보를 쉽게 접할 수 있습니다. 이런 정보들을 잘 활용하여 부동산 투자나 개인 자산 관리에 적용할 수 있습니다. 부동산 투기를 위한 방편으로 이런 정보를 사용해서는 안 되겠지만 자산 증식을 위한 재테크나 개인의 부동산 관리에 활용할 수 있다는 점은 직업으로서 매력적인 요소입니다.

우리나라에서는 누구나 부동산에 대한 관심이 높습니다. 게다가 가계 자산 대부분이 부동산으로 구성되어 있고, 자산 증식 수단으로 많은 사람들이 부동산을 활용하고 있습니다. 이렇게 중요한 분야를 업으로 하는 것은 큰 장점이 아닐 수 없습니다. 게다가 이런 지식들을 가지고 있으면 부동산 사기를 당할 확률이 낮고 잘못된 부동산 투자를 하지 않을 수 있습니다. 재정 면에서 안전장치를 스스로 갖출 수 있다는 점이 부동산 관련업의 매력입니다.

마지막으로 부동산 관련 업계에 진입을 하면 오랫동안 일을 할 수 있다는 장점도 있습니다. 물론 회사마다 정년이 있지만 급작스럽게 해고되거나 회사를 나와야 하는 확률이 다른 업종에 비해 낮은 편입니다. 부동산 관련 분야에 일단 진입만 한다면 직업적 안정성이 매우 높습니다. 물론 투자하거나 관리하던 부동산이 매각되거나 소유자 변경으로 변화가 있을 수 있습니다. 그럴 경우 기존 경력을 바탕으로 다른 조직에 흡수되거나 쉽게 이직이 가능합니다.

무엇보다도 부동산은 똑같은 물건이 없습니다. 동일하게 지은 빌딩이나 아파트라 하더라도 그 위치는 같을 수가 없습니다. 따라서 관리자의 경험이 굉장히 중요한 요소로 평가를 받습니다. 대부분의 다른 직업도 그렇지만 부동산 관련 분야에서는 경력이 오래될수록 능력을 인정받고 연봉 수준도 높아집니다. 그래서 노후 대비 직업으로서 각광받는 대표 직업입니다. 가장 많이들 도전해 포화 상태인 중개업 외에도 컨설팅 분야는 소규모 창업을 하기에 큰 부담이 없습니다. 부동산 자산 관리나 시설 관리 분야에 오랜 경험이 있다면 빌딩 관리소장이나 주택 관리를 하는 주택관리사로서 일할 수 있습니다.

앞으로도 부동산은 없어지지 않을 것이고 도심 재개발이나 재건축, 신도시 개발 등 지속적으로 재생산될 것입니다. 물론 경기에 따라서 시장의 사이클이 존재하지만 장기적으로는 돈을 벌 수 있는 기회가 많은 시장임에 틀림없습니다. 게다가 요즘같이 직장의 정년이 보장되지 않는 시대에 퇴직 후 제2의 삶을 시작할 수 있는 직업은 그리 많지 않습니다.

자신이 좋아하는 일을 하면서 만족을 느낀다면 그만큼 좋은 직업도 없습니다. 그렇지만 어떤 직업이든 개인을 완벽하게 만족시켜 줄 수는 없습니다. 게다가 회사는 무언가를 배우러 가는 곳도, 학원처럼 무언가를 가르쳐 주는 곳도 아닙니다. 기업이 영리 추구가 근본 목적이라는 사실을 알고 있음에도 오래 일하다 보면 '그래도 열심히 일했는데 회사가 나를 지켜주겠지' 하는 감상적인 믿음을 가지기도 합니다. 회사란 곳은 언젠가는 나와야 할 곳인데 말입니다.

그래서 회사를 다니면서 개인의 능력과 자질을 향상시킬 수 있다면 그것만큼 좋은 직업은 없습니다. 개인의 발전과 함께 회사의 이익도 높일 수 있다면 가장 좋은 선순환 구조가 됩니다. 그런 면에서 부동산 관련 직업은 업무 만족은 물론 실생활에 필요한 실무 지식이나 개인적 만족을 충족시켜 줄 수 있는 다양한 요소를 가지고 있습니다. 그래서 누구나 한 번쯤 직업으로 선택해도 후회가 없는 직종입니다.

TIP::::같은 듯 다른 부동산 펀드와 리츠

부동산 펀드는 「자본시장과 금융투자업에 관한 법률」(자본시장법)의 적용을 받고 금융감독원의 감독 하에 운용되는 부동산 간접 투자 상품이다. 그리고 리츠(REITs: Real Estate Investment Trusts)라고 불리는 부동산투자회사는 「부동산투자회사법」이 적용되고 국토교통부 관할 하에 운용되는 부동산 간접 투자 상품이다. 부동산 펀드나 리츠는 부동산 개발, 프로젝트 파이낸싱, 수익형 부동산의 매입 등을 통해 투자자들에게 수익을 돌려주는 부동산 간접 투자 상품이다. 관할하는 법규나 운용 방식과 제도에 따라 구분이 되지만 둘 다 부동산 투자를 위한 간접 투자 상품이라고 이해하면 된다. 최근 부동산 펀드와 리츠의 겸영이 허용되면서 그 경계가 점차 무너지고 있다. 부동산 금융 기법의 발달과 투자 환경의 변화로 제도적인 제한보다는 경쟁을 통한 새로운 부동산 투자 상품이 나올 수 있도록 투자 시장이 진화해 가고 있다.

부동산업에 대한
오해와 편견

예나 지금이나 우리나라에는 부동산으로 자산을 늘린 사례가 주변에 많습니다. 지금도 대부분 가구에서 부동산이 재산의 상당 부분을 차지하는 만큼 부동산은 전 국민의 관심사라고 해도 과언이 아닙니다. 그러나 업계를 바라보는 시선은 다소 부정적입니다. 10년 넘게 부동산 투자 및 자산 관리 분야에서 일해 왔지만 부동산 업계가 아닌 다른 주변 사람들에게 필자가 하는 일을 설명하면 조금은 의심스러운 눈초리로 쳐다보는 경우가 종종 있습니다. 부동산 관련 일을 한다고 하면 반신반의 하다가 나중에 자세한 설명을 듣고 나서야 오해를 푸는 경우가 많습니다. 이처럼 부동산 관련 분야에 대해 생각보다 많은 분들이 오해와 편견을 가지고 있었습니다.

'아니 땐 굴뚝에 연기 날까'라는 옛말처럼 부동산업에 대해 사람들이 오해하는 데는 그만한 이유가 있습니다. 무엇보다도 부동산 업계에는 투자 관련 사기가 기승을 부리고 실제 수익률보다 부풀린 과장

광고가 판을 치기 때문입니다. 부동산 투자나 개발로 인한 수익이 다른 투자 수단에 비해 비교적 크기 때문에 이런 일들이 빈번하게 일어납니다. 부동산 투자로 단기 매매 차익을 노리거나 투자나 중개 수수료를 챙겨 일확천금을 벌려는 사람들이 이를 악용합니다. 이뿐만 아니라 취업을 미끼로 하는 사기나 기획 부동산 사기, 과도한 성과 중심의 중개나 분양 업무에 사람들을 이용하려는 악덕 회사도 상당히 많습니다. 이들은 고객과의 신뢰나 관계는 안중에도 없고 크게 벌어서 치고 빠지는 게 목적인 부류입니다. 투자 수단으로서 한 방을 노리는 사람들이 많이 몰리는 만큼 질서와 안정보다는 편법이 앞서기 마련입니다. 이들로 인해 부동산 업계에 대한 오해와 편견은 사라지지 않고 있습니다.

부동산 업계에 사기나 부적절한 일들이 발생하는 또 다른 이유는 부동산은 개발하는 과정이나 운영하는 과정에서 수수료가 많이 발생하기 때문입니다. 이런 점은 딜러와 브로커의 차이를 확인해 보면 쉽게 이해할 수 있습니다.

딜러와 브로커는 어떤 물건을 중개한다는 의미에서는 동일한 역할을 합니다. 다른 점은 딜러는 중개하는 물건을 본인이 소유하고 있고 브로커는 단순 중개만 한다는 점입니다. 따라서 부동산 관련 업계에서는 딜러가 아닌 브로커가 많을 수밖에 없습니다. 부동산은 다른 재화에 비해 한정적일 수밖에 없고 이를 가진 사람은 소수이기 때문입니다. 그래서 브로커가 많이 활동할 수밖에 없는 환경입니다. 중고 자동차 상인들 중에는 브로커가 아닌 딜러가 많은 것을 보면 쉽게 이해할 수 있습니다.

딜러는 물건에 대해 브로커보다 훨씬 많이 알고 있습니다. 브로커는 단지 정보를 전달하는 수준의 서비스를 제공하지만 딜러는 자신의 재산을 파는 것이기 때문에 좀 더 신중하고 조심스럽게 접근합니다. 딜러와 브로커의 이런 차이점들로 인해 브로커가 많은 부동산 시장에서는 한탕으로 크게 벌려는 사람들이 끊임없이 생겨나고 신빙성 떨어지는 정보를 제공해 돈을 벌려는 사람들이 있는 것입니다.

자신이 소유한 물건이 아니더라도 소개를 잘해 주면 돈을 벌 수 있는 시장이 부동산 시장입니다. 따라서 거짓 정보나 허황된 계획으로 돈을 벌고자 하는 사람들도 있게 마련입니다. 그런 부류의 사람들이 부동산 업계에 대한 안 좋은 인식을 심는 주범입니다.

실제로 부동산 매각 수수료는 금액이 큰 편입니다. 매매 금액에 따라 다르지만 주택을 중개하는 경우만 따져 보더라도 조례로 매매 대금의 0.9% 한도를 정하고 있습니다. 만약 10억 원짜리 주택을 매매하면 한 번에 900만 원을 벌 수 있는 것입니다. 그런데 주택이 아닌 빌딩을 중개한다고 했을 때 이 수수료는 몇백만 원이 아니라 몇억 원에서 몇십억 원에 달할 수 있습니다. 1,000억 원짜리 빌딩을 중개한다면 9억 원을 받을 수도 있는 것입니다. 그래서 중소형이나 대형 빌딩 중개시장에는 중개에 대한 권한이 없음에도 브로커들이 넘쳐납니다.

그리고 부동산 매각을 미끼로 부동산 컨설팅을 진행해 주고 무리한 수수료를 요구하기도 합니다. 부동산 거래 금액 자체가 크고 브로커들이 수수료에 대한 자기 몫을 과도하게 챙기려는 욕심 때문에 중개수수료 분쟁도 자주 일어납니다. 브로커는 사려는 사람과 팔려

― 주택(주택의 부속토지, 주택분양권 포함)의 중개보수 요율 ―

(서울특별시 주택 중개보수에 관한 조례 제2조, 별표1) (2021.12.30 시행)

거래 내용	거래 금액	상한요율	한도액	중개보수 요율 결정	거래 금액 산정
매매·교환	5천만 원 미만	1천분의 6	25만 원	중개보수는 거래금액 × 상한요율 이내에서 결정 (단, 이때 계산된 금액은 한도액을 초과할 수 없음)	■ 매매: 매매 가격 ■ 교환: 교환 대상 중 가격이 큰 중개대상물 가격
	5천만 원 이상 ~ 2억 원 미만	1천분의 5	80만 원		
	2억 원 이상 ~ 9억 원 미만	1천분의 4	없음		
	9억 원 이상 ~ 12억 원 미만	1천분의 5	없음		
	12억 원 이상 ~15억원 미만	1천분의 6	없음		
	15억 원 이상	1천분의 7	없음		
임대차 등	5천만 원 미만	1천분의 5	20만 원	중개보수는 거래금액 × 상한요율 이내에서 결정 (단, 이때 계산된 금액은 한도액을 초과할 수 없음)	■ 전세 : 전세금 ■ 월세 : 보증금 + (월 차임액 × 100) 단, 이때 계산된 금액이 5천만 원 미만일 경우 : 보증금 + (월 차임액 × 70)
	5천만 원 이상 ~ 1억 원 미만	1천분의 4	30만 원		
	1억 원 이상 ~ 6억 원 미만	1천분의 3	없음		
	6억 원 이상 ~ 12억 원 미만	1천분의 4	없음		
	12억 원 이상 ~15억 원 미만	1천분의 5	없음		
	15억 원 이상	1천분의 6 이내에서 협의			

※분양권의 거래 금액 계산 : [거래 당시까지 불입한 금액(융자 포함) + 프리미엄] × 상한요율

— 오피스텔 중개보수 요율 —

(공인중개사법 시행규칙 제20조 제4항) (2015.1.6. 시행)

적용 대상	구분	상한요율	보수 요율 결정 및 거래 금액 산정
전용면적 85m² 이하, 일정설비(전용입식 부엌, 전용 수세식 화장실 및 목욕 시설 등)를 모두 갖춘 경우	매매·교환	1천분의 5	「주택」과 같음
	임대차 등	1천분의 4	
위 적용대상 외의 경우	매매·교환·임대차	1천분의 9 이내에서 협의	상한요율 1천분의 9 이내에서 개업공인중개사가 정한 좌측의 상한요율 이내에서 중개의뢰인과 개업공인중개사가 협의하여 요율 결정함

— 주택 오피스텔 이외 (토지, 상가 등)의 중개보수 요율 —

(공인중개사법 시행규칙 제20조 제4항) (2015.1.6. 시행)

거래 내용	상한요율	중개보수 요율 결정	거래 금액 산정
매매·교환·임대차 등	거래금액의 1천분의 ( ) 이내에서 협의	상한요율 1천분의 9 이내에서 개업공인중개사가 정한 좌측의 상한요율 이내에서 중개의뢰인과 개업공인중개사가 협의하여 요율 결정함	「주택」과 같음

는 사람을 이어 주는 역할을 하므로 당사자 간 중개수수료를 서면으로 약속하지 않는 이상 사기나 구두 약속 불이행은 일어날 수밖에 없습니다. 정보 제공을 대가로 수수료를 받는 서비스업의 특성을 교묘하게 악용하는 사람들이 존재하는 이상 앞으로 이런 일이 계속 발

생할 가능성이 있습니다.

뒤집어 생각해 보면 돈을 벌 수 있는 기회가 많은 만큼 불투명한 절차나 잘못된 관행에 편승하지 않고 정당하게 서비스를 제공한다면 신뢰와 부를 얻을 수 있다고 생각합니다. 모든 시장이 마찬가지겠지만 소비자에게 지속적인 신뢰를 주는 기업은 오랫동안 살아남습니다. 부동산 시장에서도 마찬가지입니다. 한 번에 큰돈을 벌고 시장에서 도태되는 사람보다 신뢰를 바탕으로 꾸준히 거래하는 좋은 사례도 많습니다.

지인 중에는 모 중소기업의 임대를 도맡아 해 주던 분이 있었습니다. 큰 회사는 아니었지만 신뢰 관계를 꾸준히 쌓아 오면서 그 회사의 임대차 업무를 대행해 주었습니다. 그 중소기업이 계속 사세를 확장하면서 중견 대기업 못지않게 커졌고, 해당 회사의 임대차 관련 업무를 전속으로 맡게 되었습니다. 그 회사에서 발생하는 임대 수수료는 회사의 확장과 함께 증가했고 다니는 회사에서도 인정을 받게 되었습니다. 만약 일회성 거래로 생각했다면 수수료 한 번 받고 끝났을 것입니다.

앞에서 살펴본 부동산 업계의 부정적 사례들은 일부 소규모 회사들의 비도덕적인 행위로 인한 것입니다. 사실 이런 회사들은 일부에 불과하고 법과 규율을 잘 지키면서 제도권 안에 있는 부동산 관련 회사들이 더 많습니다. 견실한 부동산자산운용사나 부동산투자회사들이 하는 투자 기법과 자산 관리 기법들을 시장에 많이 알리는 게 부동산 시장에 대한 오해와 편견을 없애는 길입니다. 부동산 시장이 혼탁해지지 않도록 업계 사람들의 노력과 더불어 일반 개인들도 한

탕주의나 일확천금에 대한 환상을 버려야 합니다.

앞으로 여러분도 꾸준히 실력을 쌓고 바른 정보를 제공한다면 업계도 그에 상응하는 보상과 대가를 줄 것입니다. 부동산 업계의 향후 발전 가능성을 내다보면서 특화된 서비스와 고객과의 신뢰를 추구한다면 개인이든 업계든 한층 더 발전할 수 있을 것입니다.

비전공자도
부동산 업계로 진입할 수 있다

부동산업은 아직까지 일반인들에게 특수한 분야로 여겨지고 있습니다. 그래서 많은 비전공자분들이 부동산 업계에 도전하는 것을 두려워합니다. 필자도 대학에서 부동산과는 관련 없는 국제통상학을 전공했습니다. 과거 부동산 업계에 지원을 하면서도 과연 내가 부동산 관련 회사에 들어갈 수 있을까 의구심이 일었습니다. 그 당시를 되돌아보면 부동산 관련 자격증 하나 없는 필자가 취업을 할 수 있었던 것은 매력적인 일을 해 보고 싶다는 도전 의지 때문이라 생각합니다.

물론 부동산학과를 졸업하거나 건축이나 도시계획 등을 배운 사람이 부동산에 대한 기본적인 지식이 더 많은 것은 너무나 당연합니다. 그렇다고 해서 비전공자가 부동산 업계에 도전하지 말라는 법은 없습니다. 다만, 본인이 관련 업계에 대한 정보가 부족하고 사전 지식이 없어 불안해하고 두려워할 뿐입니다. 누구도 막는 사람이 없는데 스스로 기회를 차단하는 것입니다. 취업 공고에는 부동산 관련 학과 우대라는 문구가 있지만 그렇다고 타 전공자는 지원하지 말라는 조건은 없습니다. 실제로 부동산 전공자들이 지원을 많이 하기 때문에 오히려 비전공자가 지원할 경우 호기심에 한 번 더 유심히 보게 됩니다. 마치 간호학과에 남자가 지원을 하면 관심을 더 받는 것과 같습니다.

현재 재직 중인 분들 중에는 대학교나 대학원에서 부동산을 전공하지 않은 경우가 상당합니다. 몇몇 분들은 부동산 관련 회사를 다니면서 야간 대학원이나 유학을 다녀와 부동산 전공자로 변모하는 경우도 있습니다.

비전공자가 부동산 업계로 진입하는 첫 번째 방법은 우선 부동산 관련 회사에 지원해 도전하는 것입니다. "비전공자인데 지원해도 될까요?"라고 물어보는 것 자체가 어리석은 질문입니다. 하고 싶은 일이라면 의지를 갖고 무엇을 준비해야 하는지를 생각하는 게 훨씬 현실적인 답을 찾을 수 있습니다.

대부분 부동산 관련 회사에서 신입 사원을 채용할 때 전공이나 인턴 경력 등을 검토하겠지만 그 사람의 됨됨이와 앞으로의 가능성을 보고 뽑는 경우가 많습니다. 신입 사원에게 큰 성과나 지대한 역할을 기대하고 채용하는 회사는 없습니다. 부동산에 대한 관심과 성실함을 충분히 보여 주면 비전공자여도 부동산 업계에 진입할 수 있습니다. 그런 가능성은 어떻게 보여 줄 수 있을까요?

비전공자가 부동산 업계에 취업을 원한다고 해서 전공 서적을 공부하는 것은 큰 의미가 없습니다. 무엇보다 필요한 것은 부동산 관런 자격증 취득입니다. 자격증은 단기간에 많은 지식을 한꺼번에 습득할 수 있는 가장 효과적인 방법이기도 합니다. 회사에서는 당장 현장에 나가서 사용할 수 있는 살아 있는 지식을 필요로 합니다.

어떤 분들은 자격증 취득이 필요하다고 하니 자격증 시험에 합격한 뒤에야 지원하리라 마음먹습니다. 스펙이 쌓여야 지원할 수 있다고 생각하기 때문입니다. 그러나 기회는 아무 때나 오지 않습니다. 자격증을 준비한다는 사실만으로도 충분하므로 원하는 회사의 구인 공고가 나면 지원하는 것이 중요합니다. 설사 합격하지 못하더라도 실패를 통해 배울 수 있는 것들이 있습니다. 어떤 능력을 더 키워야 하는지 알게 되고 경험이 축적됩니다.

그다음으로 부동산 업계 흐름을 파악할 수 있는 배경지식이 필요합니다. 비전공자뿐만 아니라 전공자에게도 해당됩니다. 언론이나 미디어에 나오는 부동산 관련 소식은 빠짐없이 읽고 최근의 정책이나 제도 변화에 대해서도 꼼꼼히 확인해 관련 지식을 넓혀야 합니다. 이런 내용들은 실무자 면접 때, 이력서를 작성할 때 매우 유용합니다. 물론 이는 취업을 준비하는 때뿐만 아니라 현업에 종사할 때도 꾸준히 공부해야 하는 부분이기도 합니다. 부동산은 워낙 사회, 경기 변화에 영향을 많이 받고 제도 변화도 자주 이뤄지는 분야여서 평생 학습이 필요합니다. 현직자들이 많이 활동하는 부동산 카페를 통하면 좀 더 수월하게 관련 정보를 접할 수 있습니다. 이외에 더 전문적인 지식을 얻고자 한다면 부동산자산관리회사에서 발간하는 시장 보고서를 읽는 것도 도움이 됩니다. 대체로 무료로 발간하며 최근 부동산 시장, 특히 상업용 부동산 시장의 흐름을 읽을 수 있는 양질의 정보로 가득 차 있습니다.

부동산은 소위 잡학이라고도 불립니다. 이는 부동산을 폄하하고자 하는 말이 아닙니다. 부동산 관련 지식과 제도들이 다양한 학문을 바탕으로 만들어졌기 때문에 만들어진 말입니다. 잡학이라는 의미를 생각해 보면 어떤 전공을 하든 부동산과 연관될 수 있다는 것으로 해석해 볼 수 있습니다. 내가 전공한 지식이 언제 어떻게 부동산 관련 업무에 적용될지 아무도 모릅니다. 예를 들어 심리학을 전공했다면 나중에 임차인과의 면담이나 세일즈 프레젠테이션에서 고객의 심리를 잘 읽어 좋은 결과를 낼 수도 있습니다. 국문학과를 나왔다면 고객과 메일을 주고받을 때 좀 더 원활한 커뮤니케이션을 할 수 있습니다.

요컨대 부동산 비전공자도 업계에 대한 정보를 파악하고 차근차근 준비한다면 누구나 다 부동산 업계로 진입할 수 있는 가능성이 있습니다. 요즘 같은 세상에 본인의 의지와 노력만 있다면 부동산 취업에 대한 정보는 인터넷에서 충분히 구할 수 있어 비전공자의 취업도 충분히 가능합니다.

상업용 부동산
전문가가 부족하다

취업을 준비한다면 앞서 본 용도별 부동산 분류에서 상업용 부동산을 관심 있게 봐야 합니다. 부동산 관련 직업들이 이 상업용 부동산에서 많이 파생되기 때문입니다. 그렇다면 상업용 부동산은 무엇일까요?

상업용 부동산은 개인이나 기업이 영업이나 업무를 위해 사용하는 부동산을 말합니다. 앞서 본 용도별 분류(28쪽 참조)에서 업무용 부동산은 상업용 부동산에 포함됩니다. 우리가 흔히 보는 오피스 빌딩, 쇼핑몰, 백화점, 소규모 점포 등이 상업용 부동산에 들어갑니다. 상업용 부동산의 목적은 수익성 추구입니다. 공간을 임대해 임대 수익을 창출하고자 하는 목적의 부동산을 일컫는 용어입니다. 그래서 때로는 수익형 부동산이라는 용어와 혼용합니다. 주거용이지만 임대 수익을 원해서 투자를 했다면 수익형 부동산이라고 말할 수 있습니다.

상업용 부동산은 주로 부동산 간접 투자 시장 참여자들의 투자 대상이 되기도 합니다. 부동산 간접 투자 시장은 우리가 신문이나 뉴스에서 접하는 부동산 펀드 또는 부동산투자회사 등을 통해 부동산에 투자하는 것을 말합니다. 예를 들면 개인이 홈 트레이딩 시스템(HTS)을 통해 주식을 직접 거래하는 것이 직접 투자입니다. 이와 반대로 주식형 펀드(개인이나 기관 투자자로부터 자금을 모집한 것)에 가입해 전문 펀드 매니저를 통해 투자하는 것이 간접 투자입니다. 간접 투자는 전문가에게 투자를 위탁하고 이에 대한 수수료를 지불하는 방식입니다. 일반인이 다루기 어려운 전문적인 분야에 투자하거나 투자에 시간을 많이 할애할 수 없을 경우 간접 투자 방식은 매우 유용한 투자 방법입니다.

재산 증식을 위한 전통적인 주요 투자 수단은 주식과 채권입니다. 최근에는 금리도 낮아지고 주식 투자의 변동성을 보완하기 위해 주식 및 채권 외에 대체투자 분야에도 관심이 많이 집중되고 있습니다. 최근 각광받는 대체투자 수단의 중심에 바로 부동산이 있습니다. 그중에서도 대형 상업용 부동산의 대표 주자인 오피스 빌딩을 비롯하여 각종 상업시설, 호텔, 물류 등의 물건에 투자하는 부동산 간접 투자가 주목받고 있습니다.

이렇게 상업용 부동산이 각광받는 이유는 다른 투자 수단에 비해 안정적인 수익률 때문입니다. 게다가 부동산은 한 번 오르면 잘 내려가지 않는 하방경직성이 있고 물가 상승 시에 부동산 가격도 함께 오르는 특성이 있어 투자 수단으로 매력적입니다. 또한 임대 수익은 물론 매각할 때 매매 차익을 얻을 수 있어 투자자들에게 두 종류의 수익을 주는 이점이 있습니다. 최근의 저금리 기조 속에서 부동산이

(단위: %)

구분	상업용 부동산				채권		금융상품		기타
	오피스	중대형 상가	소규모 상가	집합 상가	국고채 (3년)	회사채 (3년)	정기 예금	CD (91일)	아파트 (매매)
2002	12.15	13.02	–	–	5.78	6.56	4.71	4.81	22.8
2003	11.81	14.09	–	–	4.55	5.43	4.15	4.31	9.6
2004	9.42	9.54	–	–	4.11	4.73	3.75	3.79	-0.6
2005	8.53	8.66	–	–	4.27	4.68	3.57	3.65	5.9
2006	9.23	8.14	–	–	4.83	5.17	4.36	4.48	13.8
2007	9.28	8.20	–	–	5.23	5.70	5.1	5.16	2.1
2008	13.74	10.91	–	–	5.27	7.02	5.67	5.49	2.3
2009	4.77	5.19	–	–	4.04	5.81	3.23	2.63	1.6
2010	6.86	6.85	–	–	3.72	4.66	3.18	2.67	2.5
2011	6.97	6.66	–	–	3.62	4.41	3.69	3.44	6.1
2012	5.55	5.25	–	–	3.13	3.77	3.43	3.30	-1.4
2013	5.29	5.17	–	–	2.79	3.19	2.70	2.72	0.8
2014	5.91	6.16	–	6.39	2.59	2.98	2.42	2.49	2.7
2015	5.93	6.24	5.85	7.32	1.80	2.08	1.72	1.77	4.9
2016	5.80	6.34	5.93	6.93	1.44	1.89	1.47	1.49	0.8
2017	6.44	6.71	6.32	6.48	1.80	2.33	1.51	1.44	1.1
2018	7.61	6.91	6.35	7.23	2.10	2.65	1.84	1.68	0.1
2019	7.67	6.29	5.56	6.59	1.53	2.02	1.74	1.69	-1.4

* 2019년 상업용 부동산 투자 수익률은 5~7%대로 같은 기간의 채권(국고채 1.53%, 회사채 2.02%), 금융
상품(정기예금 1.74%, CD(91일물) 1.69%), 아파트 매매 가격 변동률(-1.4%) 보다 높은 것으로 나타남

출처: 한국감정원 2019년 4분기 상업용 부동산 임대 동향 조사 보고서

가져다주는 안정적인 임대 수익은 대체투자 수단으로서 각광받을 수밖에 없는 이유입니다.

　상업용 부동산을 다루는 시장이 커지면서 이를 개발하고 투자하고 관리하는 회사들도 함께 성장하고 있습니다. 앞에서 살펴본 주거용 부동산을 다루는 공인중개사는 우리 주변에서 많이 볼 수 있지만 아직까지 상업용 부동산을 주로 다루는 전문가들은 별로 없습니다. 시장 수요에 비해 전문가가 부족한 것이 현실입니다. 앞으로 상업용 부동산 업계를 잘 살피고 트렌드를 읽는다면 부동산 전문가로서 커나갈 수 있는 기회가 많을 것입니다.

알면 유용한
업계 분위기와 연봉

부동산 관련 회사에 진입하기 전에 업계 분위기를 파악하는 것은 직종을 선택할 때 도움이 됩니다. 자신이 생각했던 것과 일하는 환경이나 분위기가 다르다면 회사 적응이 어려울 수 있습니다. 우선 부동산 업무의 기본은 임장 활동입니다. 임장 활동이란 부동산의 이용 실태를 알아보기 위하여 부동산이 있는 현장에 직접 가 보는 활동을 말합니다. 부동산은 기본적으로 움직이지 않는 특징인 부동성과 위치에 따른 지역성을 가지고 있습니다. 그래서 부동산이 있는 현장에 직접 가서 확인을 하는 임장 활동은 필수 요소입니다. 외부에 나가거나 현장에 방문하는 일이 다반사입니다. 이런 특징 때문에 부동산 관련 회사들은 대체로 분위기가 자유롭습니다. 자유로운 분위기 속에서 다양한 경험을 할 수 있고 여러 지역을 방문할 수 있어 매력적인 일입니다. 물론 회사에 따라 사내 문화가 있고 고유한 분위기가 있기 마련입니다. 전반적인 분위기는 비슷하겠지만 회사마다 조금씩 업무 분위기가 다릅니다. 먼저 부동산자산관리회사의 특징을 보면 다른 분야도 어느 정도 분위기를 유추해 볼 수 있습니다.

우리나라 상업용 부동산 투자 및 관리 분야는 대기업의 부동산 자산 관리를 시작으로 커 온 국내 회사와 외국계 부동산자산관리회사를 중심으로 크게 발전해 왔습니다. 아무래도 국내 회사는 모기업의 부동산 자산 관리를 위해 설립된 회사가 많습니다. 이런 기업들의 형태를 보면 대부분 영업 지점이나 지사를 많이 가지고 있습니다. 대표적인 회사로 보험 업종을 들 수 있습니다. 삼성생명이나 교보생명은 전국적으로 부동산을 많이 소유하고 있어 이를 관리하는 계열사들이 지금의 부동산자산관리회사의 모태가 되었다고 해도 과언이 아닙니다. 이런 회사들은 해당 모기업의 사내 문화가 이어져 내려온다고 할 수 있습니다. 그래서 국내 부동산자산관리회사의 경우 대기업과 금융 업종의 다소 보수적인 문화를 가진 경우도 있습니다.

반면 외국계 부동산자산관리회사는 국내 회사에 비해서 자유로운 문화를 가지고 있습니다. 외국계 부동산회사에서는 외국인 임직원들과 함께 일하기 때문에 아무래도 외국의 문화가 조금은 반영될 수밖에 없습니다. 대부분의 외국계 회사들이 미국이나 영국 계열의 회사가 많다 보니 영미권 영향을 많이 받았습니다.

외국계 회사들은 대부분 경력직 위주로 채용을 합니다. 바로 업무에 투입하여 성과를 낼 수 있는 인력을 선호합니다. 외국어 능력과 업무 경력을 가진 사람들이 모여서 프로젝트를 위해 일하는 것입니다. 그래서 국내 회사에 비해 이직이나 이동이 다소 많은 편입니다.

외국계 회사는 능력 위주로 채용하기 때문에 성과에 대한 평가도 냉정합니다. 그래서 다른 누군가의 업무에 신경 쓸 만한 여력이 없습니다. 본인의 업무를 잘 해내기만 하면 됩니다. 공사가 확실히 구분되어 있고 내가 할 일과 동료가 할 일이 정확하게 나누어져 있습니다.

반면 국내 기업에서는 선임자가 후임자를 이끌어 가면서 가르쳐 주는 문화가 있습니다. 외국계 기업보다는 신입 사원을 뽑는 비율이 높기 때문에 교육과 훈련을 통해 인재를 육성하는 제도나 프로그램이 있습니다. 신입 사원에 대한 직무 교육 등을 통해서 현업에 필요한 지식과 기술을 익힐 수 있는 기회가 있습니다.

부동산 업계의 연봉 수준은 전문 자격증을 가지고 있거나 대기업의 공채가 아닌 일반 신입은 높지도 낮지도 않은 보통 기업의 평균 수준입니다. 그렇지만 3년 이상의 경력이 쌓이고 대리 직급이 되고 나면 그때부터는 업무 능력에 따라 연봉 상승률이 높아집니다. 그래서 3~5년 차 직원들의 이직이 많고 구인 시장에서 인기가 높습니다. 직장을 옮기면서 직급이나 연봉을 올리는 경우가 많습니다. 과장급 이후에는 업무 역량에 따라 차장 또는 부장 직급으로 쉽게 올라가기도 합니다. 그렇다고 연봉도 함께 올라간다고 볼 수는 없습니다. 업무를 위한 직급 상승도 있기 때문입니다. 예를 들어 자산운용사에서 근무하는데 자산관리회사와 업무를 진행할 때 너무 낮은 직급으로 일한다면 업무 지시나 의사 전달에 어려움이 생길 수 있어서입니다.

업계에서 가장 높은 연봉을 받는 분야는 어디일까요? 부동산 투자 및 금융 분야가 가장 높습니다. 많은 경력과 실력을 겸비해야 하기 때문입니다. 경력자들이 많이 포진해 있고 부동산 업계에 있는 많은 사람들이 한 번쯤 부동산 투자 및 금융 업무를 해 보고 싶어 합니다. 다만, 염두에 둬야 할 것은 그만큼 경쟁도 치열하고 영업이 그 근간을 이루고 있어 성과에 대한 부담도 큽니다.

외국계 부동산회사는 비교적 연봉 수준이 높습니다. 외국어 실력이 탁월하면 그에 합당한 대우를 받을 수 있습니다. 게다가 부동산 전문 지식과 외국어를 고루 잘하는 능력을 가진 인력이 시장에는 매우 부족합니다. 따라서 영어를 할 줄 아는 능력이 있다면 국내 회사는 물론 외국계 회사까지 선택의 폭이 넓어집니다.

상업용 부동산 투자 및 관리 분야를 살펴보면 업계 전반적인 분위기와 연봉을 짐작해 볼 수 있습니다. 어느 분야든 마찬가지지만 꾸준하게 경력과 평판을 관리하면 그에 합당한 연봉과 대우를 받을 수 있습니다. 그리고 어느 정도 경력이 되면 지인들로부터 이직 제안을 받기도 하고 헤드헌팅회사에서 연락을 받는 일도 잦아집니다. 이때 경력에 도움이 되고 본인이 진정 하고자 했던 일이라면 과감하게 선택해야 합니다. 망설이거나 현재에 안주하여 용기를 내지 못하면 계속 그 자리에 머물게 됩니다. 결국 본인의 커리어를 긴 안목에서 계획하고 기회가 왔을 때 이를 붙잡는다면 원하는 근무 환경에서 더 나은 연봉을 받으며 일할 수 있습니다.

부동산 업계만의
독특한 특징

어느 분야든 그 업계만이 가지고 있는 독특한 관습이나 문화가 있습니다. 부동산 업계도 다른 분야와 구별되는 특징이 있습니다. 특히 상업용 부동산과 관련된 일을 하는 회사들을 살펴보면 업계가 매우 좁다는 특징이 있습니다. 한때 세계적으로 화제가 된 미국 영화배우 '케빈 베이컨의 6단계 법칙'이 있습니다. 여섯 단계만 거치면 모르는 사람이 없다는 것인데 부동산 업계에서는 이보다 더 적은 단계가 작용합니다. 부동산 분야는 소위 '한 다리만 건너면 다 안다'라는 말이 딱 들어맞는 곳입니다. 그렇기 때문에 평소 자신에 대한 평판 관리가 필요합니다.

평판은 회사에 다니고 있을 때는 물론 이직 시에 굉장히 중요한 요소로 작용합니다. 개인의 업무 능력이나 실력 검증 이후에 꼭 빠지지 않는 게 평판 조회입니다. 가끔씩 주변 선후배를 통해 지원자에 대한 확인 요청을 받을 때가 있습니다. 가볍게 넘길 수도 있지만 평판 조회 때문에 탈락하거나 아예 면접 볼 기회조차 사라지는 경우가 실제로 빈번합니다.

부동산 업계는 사람과의 관계를 중요하게 여긴다는 특징이 있습니다. 부동산 거래나 관련 업무 내용이 외부로 유출되거나 누설되면 곤란한 정보를 많이 포함하기 때문입니다. 그래서 사람에 대한 신뢰나 됨됨이를 중요하게 여깁니다. 이런 연유로 부동산 업계에는 학연이나 지연으로 연결되는 경우가 많습니다. 함께 공부를 해 봤거나 일했던 사람은 따로 검증을 하지 않아도 어느 정도 믿음을 가질 수 있어서입니다. 그래서 대부분 새로운 인력을 채용한다면 먼저 주변에 추천자를 찾아봅니다.

부동산 업계가 좁고 사람과의 관계를 중요시하는 점은 부동산의 최종 사용자인 임차인에게도 영향을 줍니다. 업계에서 임차인은 소비자이기 때문에 항상 좋은 관계를 유지하는 것이 좋습니다. 앞서 확인한 것처럼 평판 관리를 잘해야 하는 것과 마찬가지입니다. 가끔 임차인과의 관계가 나빠져서 뜻하지 않은 피해를 볼 때도 있습니다. 대기업 계열의 회사들은 부동산 임차나 임대를 전담하는 부서가 따로 있습니다. 실례로 부동산 임대 업무를 담당하는 사람이 임차인과 사이가 틀어져서 전체 계열사의 신규 임대나 재계약을 할 때 해당 빌딩이 검토 대상에서 제외된 적도 있었습니다. 대형 임차인이 들어올 기회를 놓치고 말았던 것입니다. 부동산에서 관계가 얼마나 중요한 역할을 하는지 보여 주는 예입니다. 필자도 신입 사원 때 운영하던 빌딩에서 명도했던 임차인을 10년 뒤에 다른 빌딩에서 다시 만난 적이 있습니다. 담당자분도 그대로였고 조직이 크게 바뀌지도 않았습니다. 다행히 그 당시 계약이 종료될 때 별 문제 없이 정리가 되어서 기쁜 마음으로 다시 업무를 시작할 수 있었습니다.

　부동산 분야는 사람을 중심으로 연결됩니다. 같은 업계에 있다 보면 언젠가는 한 번 만나게 되고 나중에 간접적으로라도 관계가 이어집니다. 평소 주변 사람들과의 관계가 자신의 미래를 결정할 수 있다는 마음을 가지면 좋습니다. 독불장군처럼 무언가 혼자 결정할 수 있는 일보다 서로 협력하고 함께 만들어 나가는 일들이 더 많습니다. 시작은 업무로 연결되었다고 해도 나중에 개인적인 인맥으로 연결될 수 있습니다. 단기적인 이익보다는 멀리 내다보고 자신이 줄 수 있는 능력으로 주변을 도우며 자연스럽게 평판과 관계를 유지해 가는 게 좋습니다.

지금도 성장 중인
리츠에 대한 모든 것

코람코자산신탁 리츠부문 투자팀장 **장성권** 이사
guwapojang@gmail.com

Question.1   지금까지의 경력을 바탕으로 간단한 본인 소개 부탁드립니다.

Answer   코람코자산신탁 리츠부문 투자팀장으로 재직 중인 장성권 이사입니다. 2008년 4월부터 근무하면서 약 4.2조 원 규모의 리츠(총 12개)의 자산 관리 업무를 담당하였고, 2019년 5월부터는 리츠 투자 업무를 하고 있습니다. 최근 리츠를 통해 SK네트웍스 보유 주유소 187개를 매입하였고 8월에는 거래소 상장을 추진하고 있어, 성사되면 아시아 최초 주유소 상장 리츠가 될 것입니다.

저는 홍익대학교 건축학과를 졸업하고 인테리어 회사에서 직장 생활을 시작하였습니다. 업무를 하다 보니 시행사나 시공사, PM사 등 부동산 업계 사람들을 많이 알게 되었습니다. 2004년 중앙디자인 재직 시 리모델링 사업이 회사의 전략 추진 사업이 되어 연세대학교 부동산 디벨로퍼 과정을 이수하면서 부동산 분야에 자연스레 관심을 갖게 되었습니다. 그 후 삼일회계법인에서 CCIM(국제 부동산 투자 분석 전문가) 과정을 이수하였고, 상업용 부동산 투자·운용 업계 인맥을 쌓아 상업용 부동산회사로 이직을 결심하였습니다.

인테리어 업계에서 근무하는 동안 부동산 업계에 종사하는 학과 동문 선후배들을 많이 만나게 되었습니다. 동문 선배를 통해 입사 제안을 받아 2006년 미국계 부동산 컨설팅 회사인 쿠시먼앤드웨이크필드(Cushman&Wakefield)로 이직하여 부동산 업무를 본격적으로 시작했습니다. 부동산 업계 취업에 있어서는 네트워킹의 중요성을 실감할 수 있었으며, 2년간 씨티은행 보유 및 임차 부동산 관리 업무를 통해 기업 부동산 관리의 글로벌 스탠다드를 익히는 좋은 기회가 되었습니다.

상업용 부동산 및 간접 투자 시장에 대해서도 지속적인 관심을 갖던 중 코람코자산신탁에서 자산 운용 업무를 담당할 수 있는 기회가 주어졌으며, 약 10년간 국민연금(NPS)이 투자하는 자산을 전담 운용하였고, 일곱 개의 자산을 매각한 바 있습니다.

Question.2 리츠 자산관리회사에는 다양한 직무가 있고 부동산 분야 취업을 준비하는 분들에게는 다소 생소한 영역도 있을 것 같습니다. 혹시 그런 업무나 서비스 영역이 있다면 설명을 부탁드립니다.

Answer 저희 회사에는 리츠 업무 관련하여 투자, 자산 운용, 지원 등 세 개 팀으로 구성되어 있습니다. 투자팀의 주된 업무는 딜 소싱, 투자자 모집, 리츠 영업 인가(또는 등록), 매매 조건 협상입니다. 자산운용팀은 투자 물건 매입 전 투자팀과 시장 및 물리 실사 협업을 진행합니다. 소유권 이전 후에는 부동산관리회사 및 임대대행회사를 통한 안정적인 부동산 관리 업무, 리모델링, 임차인 교체 등의 부가가치 창출(Value-add)을 통해 순운영소득(NOI)을 극대화하여 적정 시기에 매각하는 업무를 수행합니다. 그리고 지원팀에서는 법무, 회계 및 세무, 기술, 부동산 리서치 전문가들이 리츠 투자 및 운용 시 필요한 자문을 제공합니다.

Question.3 리츠에 대한 관심이 높아지고 다양한 상품이 나오고 있습니다. 부동산 분야로 취업을 준비하는 분들에게 리츠 관련 업무를 하기 위해 앞으로 어떤 부분에 관심을 가져야 할지 설명을 부탁드립니다.

Answer 저금리 기조로 인해 리츠나 부동산 펀드와 같은 주식과 채권의 사이에 위치한 간접 투자 상품에 대한 개인 투자자들의 관심이 높아졌습니다. 초기에는 오피스를 기초 자산으로 한 리츠가 주를 이루었으나, 현재는 리테일, 호텔, 주택, 물류, 주유소 등 다양한 리츠 상품이 출시되고 있습니다. 최근에는 공모 리츠에만 보유세 분리 과세 혜택이 유지되어 롯데리츠, NH프라임리츠와 같은 상장 리츠의 출시로 개인 투자자들의 투자 기회가 확대되었고, 2020년 하반기에는 이지스밸류플러스리츠(국내 오피스), 이지스레지던스리츠(주택), 맵스제1호리츠(리테일), 제이알글로벌리츠(해외 오피스), 코람코에너지플러스리츠(주유소), 켄달스퀘어리츠(물류) 등 다양한 상장 리츠 출시가 예정되어 있습니다.

리츠는 상법상 주식회사이기 때문에 부동산에 대한 지식뿐만 아니라 기업 경영, 주식 시장에 대한 지식을 보유하면 향후 리츠 관련 업무에 많은 도움이 될 것입니다.

Question.4 한 회사에 오래 근속하신 것으로 알고 있습니다. 부동산 업계에는

이직이 잦은 편인데 묵묵히 오랫동안 일할 수 있었던 비결이 있으신가요?

Answer 재직 중인 코람코자산신탁은 조직 문화가 안정적이고, 연봉제이다 보니 근속 기간이 길어진 것 같습니다. 또한 자산 운용 업무를 11년간 하였는데, 리츠 운용은 단기간에 성과가 나는 업무가 아니다 보니 투자 업무보다는 상대적으로 근속 기간이 깁니다. 회사는 제가 경력직으로 입사할 당시 저의 잠재력을 보고 일할 수 있는 기회를 제공해 주었습니다. 또한 회사 선배들의 코칭과 멘토링, 동료들의 격려, 후배들의 팔로우십이 있었기 때문에 지금의 자리에 올 수 있었고, 그 덕분에 쉽사리 이직을 생각하기는 어려웠던 것 같습니다. 리츠 명가에서 근무한다는 자부심과 국민의 노후 대비와 안정적인 재테크 상품 공급에 기여한다는 사명감도 장기근속에 긍정적인 영향을 주었다고 생각합니다.

Question.5 마지막으로 부동산 업계 취업을 준비하는 분들에게 부동산 업계 전망, 커리어 조언, 응원과 격려 한마디 부탁드립니다.

Answer 부동산 업계 전반을 전망하는 것은 어렵겠습니다만, 제가 몸담고 있는 간접 투자 시장은 한동안 지속 성장할 것이라 생각합니다. 부동산 공급 측면에서는 코로나 이후 기업 구조조정 등에 따른 매물이 증가할 것이며, 간접 투자 상품 수요 측면에서는 고령화 및 저금리에 따른 유동성 증가가 긍정적인 영향을 미칠 것이라 생각합니다. 아울러 최근 성장세인 상장 리츠 투자는 부동산 직접 보유 시의 제약 사항인 환금성 측면에서도 유리하며, 각종 세제 혜택을 감안하면 부동산 직접 보유 수요를 흡수할 가능성이 높아 보입니다. 부동산 업계 취업을 준비 중인 후배들에게 드리고 싶은 말씀은 부동산에 대한 지식이나 경험만큼이나 열정(왜 부동산 업계에서 일하고 싶은가 명확해야 함), 직업 윤리(부동산 업계가 생각보다 좁고, 평판이 중요함), 네트워킹(꼭 업계 사람들이 아니더라도 주위 사람들과 좋은 관계 유지 필요)도 중요하다는 것입니다. 과거 저희 본부 및 팀에서 경력직을 채용할 때에도 위의 요건들을 감안하였고, 결과는 대만족이었습니다. 그리고 글로벌 시대에 맞게 유창하지는 않더라도 문서 및 대화에서 영어로 커뮤니케이션이 가능하면 좋을 것입니다. 혹시 취업을 준비하며 궁금한 사항이나 도움이 필요한 부분이 있다면 페이스북(https://www.facebook.com/sungkwon.jang.98)을 통하여 문의 바랍니다.

도시의 경관을 바꾸는 매력, 부동산 개발 분야

STS개발 신지혜 상무
jihyeshin@gmail.com

Question.1 지금까지의 경력을 바탕으로 간단한 본인 소개 부탁드립니다.

answer 저는 학부에서 지리학 전공, 언론정보학을 부전공하였고, 〈대형할인점이 지역, 공간에 미치는 파급효과 분석〉으로 석사 학위를 취득하였습니다. 경기연구원, 서울시정개발연구원을 거쳐, 2003년부터 상업용 부동산 개발업 분야에서 일하고 있습니다. 대형마트, 아울렛 같은 대형 상업시설이나, 오피스텔, CGV, 유니클로, 올리브영 등이 입점된 복합 쇼핑시설, 스타벅스 DT, 코리빙 등 각 수요자가 원하는 시설을 맞춤 건설 방식(BTS, Build To Suit)으로 개발하는 업무를 하고 있습니다. 저는 그중 상권 분석, 입지 선정, 상품 기획, 사업성 분석을 주로 맡고 있습니다. 곳곳에 있는 홈플러스, 롯데마트, CGV 복합시설 중에는 제가 참여한 개발 사업들이 숨어 있습니다.

Question.2 부동산의 꽃이 개발 업무라고 하는데 그 길을 가고자 하는 분들이 많습니다. 부동산 개발 업무를 하기 위해 꼭 갖춰야 하는 것들이 무엇이 있을까요?

Answer 사업의 처음부터 끝까지 살필 수 있는 기본 지식과 업무 역량을 갖추는 것이 중요합니다. 상권 분석, 입지 선정, 상품 기획, 인허가 검토, 사업 수지 분석, 파이낸싱, 시공사 선정 및 건축 관리, 각 용역사 관리, 프로젝트 관리, 엑시트 전략 설정, 자금 관리, 준공 후 관리, 운영까지, 한 사람의 힘으로는 할 수 없는 것이 디벨로퍼의 업무입니다. 따라서 전체적인 업무 절차에 대한 기본적 업무 역량과 지식, 예를 들면 엑셀 활용 능력, 상권 조사 능력과 함께 트렌드를 읽어 최적의 상품을 기획하는 센스, 그리고 협업을 위한 동료들과의 조화가 매우 중요합니다. 여기에 연계되는 모든 플레이어들의 의견을 빠르게 파악할 수 있는 네트워크 능력이 더해지면 금상첨화입니다.

Question.3   다양한 부동산 개발 프로젝트를 하신 것으로 알고 있습니다. 가장 기억에 남는 프로젝트와 가장 힘들었던 프로젝트가 있었다면 설명해 주시면 고맙겠습니다.

Answer   제가 2006년부터 근무해 온 STS개발은 2010년대 중반까지 홈플러스 열여덟 개, 롯데마트 두 개 등 대형마트를 BTS 방식으로 주로 개발하였습니다. 2015년부터 인구 구조 변화, 1인 가구의 증가, 온라인 쇼핑의 증가로 인한 쇼핑 패턴의 급변 등에 따라 대형마트의 소비와 개발 수요가 동시에 떨어지게 되었습니다. 그 당시 우리 회사에서 개발한 전주 효자동 홈플러스 바로 옆 부지에 시행한 쇼핑몰 개발 사업 프로젝트가 가장 기억에 남습니다. 회사가 보유하고 있던 약 2,300평의 일반 상업용지에 대형마트의 마스터 리스(master lease, 건물을 통째로 임대 관리하는 방식)가 아닌 CGV, 유니클로 등의 키 테넌트(key tenant, 핵심 점포)를 선 입점시킨 후 BTS 방식으로 개발한 멀티

테넌트의 쇼핑몰 개발 프로젝트입니다.

힘들었던 프로젝트는, 솔직히 모두 다 힘들었기 때문에 따로 짚을 게 없습니다. 우리 회사는 모든 분야의 전문가들이 있습니다. 부지 매입, 인허가, 건축 관리, 매각까지, 따라서 그분들과 협업하면서 한 단계 한 단계 사업을 만들어 나가기 때문에 다른 시행사에 비해 조금 덜 힘들기는 합니다.

Question.4 부동산 개발 사업이라는 게 정해진 답이 없고 개발 과정에서 많은 변수들이 있을 텐데요. 그렇기 때문에 다양한 경험과 문제 해결 능력이 필요하다고 생각이 듭니다. 쉽지 않고 험난한 직업이지만 부동산 개발 분야만의 매력이나 장점이라면 어떤 점이 있을까요?

Answer 도시의 경관을 바꿀 수 있는 몇 개 안 되는 직업입니다. 우리가 기획한 건물이, 유치한 테넌트가 내가 다니던 길가에 서 있는 것을 보면 다른 곳에서는 느낄 수 없는 뿌듯함을 가질 수 있습니다.

Question.5 마지막으로 부동산 업계 취업을 준비하는 분들에게 부동산 업계 전망, 커리어 조언, 응원과 격려 한마디 부탁드립니다.

Answer 부동산 개발은 범용성과 확장성을 늘 염두에 두어야 합니다. 따라서 이 업무를 준비하는 사람들이라면, 많이 보고, 많이 다니고, 많이 먹고(힙한 레스토랑에서), 많이 읽고, 많이 만나야 합니다. '내가 좋아하는 것이 시장이 좋아하는 것은 아니다' 라는 것을 늘 생각하면서 어떤 상품을 기획할지, 어떤 건물이 시장에서 먹힐지 늘 고민하는 것이 중요하다고 생각합니다.

특히 기록이 중요합니다. 인스타그램이나 페이스북에 자신의 일과 생각을 꾸준히 업로드하는 것이 향후에 매우 좋은 포트폴리오가 될 수 있다고 생각합니다. 카페의 외관과 디저트 한 접시만 찍는 것이 아니라, 거기에서 느낀 감상을 한 줄씩, 일주일에 한두 개씩 쓰다 보면 좋은 기행문이자 참고서가 될 것입니다. 이렇게 공간을 둘러본 다음에 인근 부동산에 들러 최근의 매매 동향, 실거래가, 어떤 임차인들이 점포를 찾고 있는지 등을 확인하는 것도 매우 유용할 것입니다.

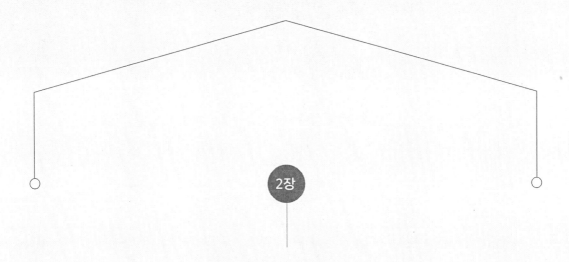

2장

부동산에서
내 일을 찾다

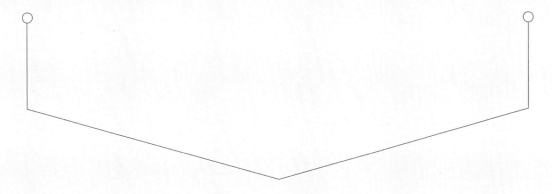

부동산 관련 직종은 매우 다양하다. 업무에 따른 부동산 직종의 구분을 살펴보고, 인기 있는 부동산 직업 17종의 업무 성격과 근무 환경, 채용 방식, 향후 전망을 정리했다. 여러 분야 중 자신이 어느 업무에 적합한지 아는 것이 무엇보다 중요하다. 직종별 업무 특성을 파악하면 더욱 효과적인 취업 전략을 세울 수 있을 것이다.

부동산 업계의
네 가지 업무 분류

자동차 운전면허를 따려고 한다면 먼저 차량의 종류나 크기에 따라 면허 종류가 1종이나 2종 또는 소형이나 보통 등으로 구분된다는 것을 알아야 합니다. 부동산 업계도 마찬가집니다. 역할이나 업무에 따라 부르는 용어가 다릅니다. 현업에서는 크게 AM(Asset Management), PM(Property Management), LM(Leasing Management), FM(Facility Management) 등 네 가지 카테고리로 구분하고 있습니다.

AM(Asset Management)은 개발이나 금융 투자 측면의 부동산 자산 관리를 말합니다. 이에 해당하는 회사로는 부동산개발회사, 부동산자산운용회사(부동산 펀드), 부동산투자회사(리츠) 등이 있습니다. 그리고 부동산에 투자하는 기관 투자자인 각종 연기금이나 은행, 증권사 등도 넓은 범주에서는 AM에 속합니다.

　AM 분야는 주로 투자 측면에서 부동산을 바라보기 때문에 금융 및 법률 지식, 협상 능력 등이 필요합니다. 부동산을 개발하고 부동산에 투자하는 금융 상품을 만드는 일을 주로 하게 됩니다. 따라서 부동산에 대한 많은 경험과 뛰어난 안목이 중요합니다. 부동산 투자는 궁극적으로 수익을 목적으로 하기 때문에 좋은 투자 상품을 만들기 위한 부동산 금융 관련 지식도 겸비해야 합니다. 당연히 신입보다는 경력자 위주의 채용이 많은 분야입니다. 인원 구성도 다른 분야에 비해 많지 않습니다. 투자 포트폴리오를 만들고 운용하지만 투자한 부동산을 직접 관리하지는 않기 때문입니다.

PM(Property Management) 분야는 부동산의 실질적인 운영에 초점을 맞춘 자산 관리를 말합니다. AM이 거시적 측면의 투자에 대한 자산 관리인 반면 PM은 실제 부동산을 운영하는 주체로서 자산 관리를 합니다. 즉, 소유자와 운영자가 다른 것입니다. 이렇게 소유와 운영이 분리되는 것은 부동산 펀드나 부동산투자회사들이 부동산 투자 상품을 만들고 그 부동산에 대해서는 PM 업무를 하는 회사에 위탁 관리를 맡기기 때문입니다. 이런 자산 관리 업무를 하는 곳이 부동산자산관리회사입니다. 현업에서는 PM사 또는 PM회사라고 부릅니다.

국내에 '부동산 자산 관리'라는 개념이 도입된 것은 2000년대 초반 무렵입니다. 주로 대기업 계열 회사의 부동산을 관리하면서 생겨난 국내 부동산자산관리회사와 외국계 부동산자산관리회사로 나누어 볼 수 있습니다. 국내 회사들은 기업의 계열사 소유 부동산을 관리하면서 수도권뿐만 아니라 전국적인 네트워크와 국내 회사들에

회사명	홈페이지	특징
메이트플러스	https://www.mateplus.net	국내 부동산자산관리회사
젠스타	https://www.mygenstar.com	국내 부동산자산관리회사
한화에스테이트	https://www.hanwhaestate.com	국내 부동산자산관리회사
에이커트리	http://www.acretree.com	국내 부동산자산관리회사
신영에셋	http://www.syasset.com	부동산 개발 관련 자산 관리에 강점
S&I(구 서브원)	http://www.sni.co.kr	LG 관련 부동산자산관리회사
S1(구 에버랜드)	https://www.s1.co.kr	삼성그룹 관련 부동산자산관리회사
한화63시티	https://www.63realty.co.kr	한화생명 관련 부동산자산관리회사
교보리얼코	https://www.kyoborealco.co.kr	교보생명 관련 부동산자산관리회사
포스코O&M	https://www.poscoonm.com	포스코 관련 부동산자산관리회사
HDC아이서비스	http://www.hdc-iservice.com	현대산업개발 관련 부동산자산관리회사
현대엔지니어링	https://www.hec.co.kr	현대그룹사 관련 부동산자산관리회사
미래에셋컨설팅	http://consulting.miraeasset.com	미래에셋 관련 부동산자산관리회사
우체국시설관리단	https://www.poma.or.kr	우체국 관련 부동산자산관리회사
한국도심공항 자산관리	http://www.tradecenteroffice.co.kr	무역센터 오피스 빌딩 자산관리회사
현대C&R	https://www.hdcnr.co.kr	현대해상 관련 부동산자산관리회사
CBRE	https://www.cbrekorea.com/ko-kr	글로벌 부동산자산관리회사
Savills	https://www.savills.co.kr	글로벌 부동산자산관리회사
에비슨영	https://www.avisonyoung.co.kr	글로벌 부동산자산관리회사
JLL (Jones Lang LaSalle)	https://www.jll.co.kr	글로벌 부동산자산관리회사
Cushman& Wakefield	https://www.cushmanwakefield.com/ko-kr/south-korea	글로벌 부동산자산관리회사

대한 정보력이 뛰어납니다. 반면에 외국계 자산관리회사는 오랜 역사를 바탕으로 글로벌 네트워크를 가지고 있다는 장점이 있습니다.

PM 분야는 AM 분야와 뒤에 설명할 FM의 중간에서 연결고리 역할을 합니다. 실제로 빌딩을 운영하는 주체이기 때문에 부동산의 사용자인 임차인 관리에서부터 빌딩 운영과 관련된 다양한 업무를 다룹니다. 자산 관리 업무를 위해서는 다양한 지식과 경험이 필요합니다. 부동산을 운영하기 위한 전반적인 부동산 지식과 기본적인 회계 관련 지식도 갖추어야 합니다.

PM 분야는 AM 분야에 비해 신입을 많이 채용하는 편입니다. 부동산 분야에 관심이 있거나 부동산학과를 전공한 사람들이 가장 먼저 도전해 볼 수 있는 분야이기도 합니다. 그리고 부동산자산관리회사에는 자산관리팀 외에도 임대팀, 컨설팅팀, 마케팅팀, 리테일팀, 물류팀 등 다양한 업무를 하는 팀들로 구성되어 있습니다.

LM(Leasing Management) 분야는 상업용 부동산의 임대를 담당합니다. 대개 부동산자산관리회사의 내부 조직에 임대팀을 두고 있는 회사들이 많습니다. 부동산에서 임대와 임차는 무엇보다도 중요한 요소입니다. 따라서 임대를 잘하는 회사가 부동산 자산 관리에서도 좋은 평가를 받습니다. 아무리 번듯하고 관리가 잘되는 빌딩이라도 임차인이 없으면 아무 의미가 없기 때문입니다. 최근에는 LM팀이 강한 회사에 자산 관리를 맡기는 사례가 많습니다. 그만큼 임대는 모든 부동산에 있어 근간을 이루는 부분입니다.

이런 LM 분야를 한마디로 하면 영업입니다. 부동산업에서 핵심 분야로 적극적인 성격과 외부 활동을 좋아하는 사람에게 더없이 적합한 영역입니다. 많은 회사들이 인센티브제와 같은 보상 제도를 운영합니다. 성과에 따른 동기부여를 원한다면 LM 분야 진출을 고려해 보는 것도 좋습니다. 다만, 상업용 부동산의 임대는 우리가 흔히 아는 주택이나 아파트 중개처럼 간단하지는 않습니다. 프로젝트에 따라서 짧게는 몇 개월, 길게는 1년 넘게 공을 들여야 성과를 올릴 수 있습니다. 그만큼 중개를 성사시켰을 때 발생하는 매출액이나 기쁨은 매우 큽니다.

마지막으로 FM(Facility Management) 분야는 부동산의 물리적 관리를 하는 분야입니다. 보통 시설 관리라고 불립니다. 부동산 자산의 물리적인 시설을 관리하는 분야도 상세하게 나뉩니다. 크게 엔지니어와

상업용 부동산 임대 중개수수료율 예시

부동산 용도별 분류	신규 계약	재계약
2년 미만	50%	20%
2년 이상 ~ 3년 미만	100%	30%
3년 이상 ~ 4년 미만	110%	40%
4년 이상 ~ 5년 미만	130%	50%
5년 이상	150%	60%

월 임대료 기준

일반 시설 관리자로 나눌 수 있습니다. 엔지니어는 건물의 설비나 시설 등 관리 영역에 따라 건축, 기계 설비, 전기, 방재로 나눌 수 있습니다. 그리고 일반 시설 관리 영역은 미화, 보안, 안내, 주차, 조경 등으로 세분화되어 있습니다. FM 분야는 건물이 살아 숨 쉴 수 있도록 하는 엔진과 같은 역할을 합니다. 부동산 분야에서 구성 인원이 가장 많은 분야이기도 합니다.

이처럼 현업에서는 부동산 분야를 크게 AM, PM, LM, FM으로 나누어 구분합니다. 분야별 구성 인원으로 보면 아래 그림처럼 피라미

부동산 업종 구조도

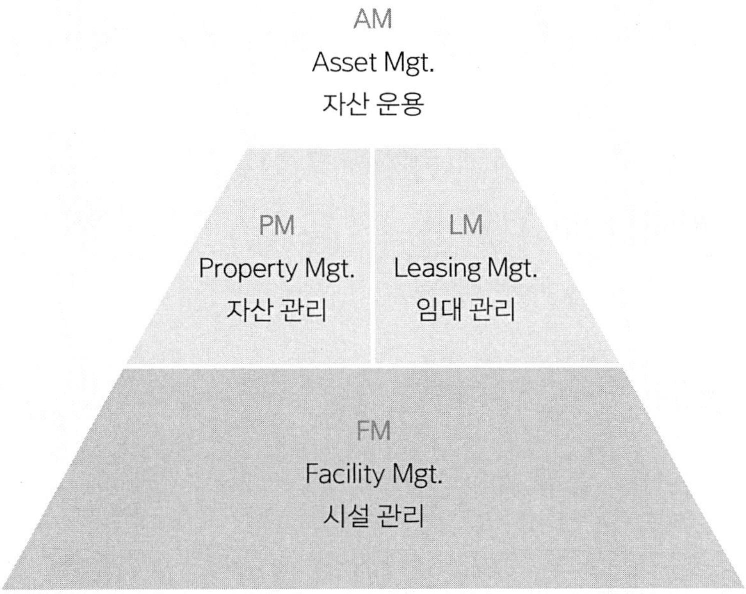

AM
Asset Mgt.
자산 운용

PM
Property Mgt.
자산 관리

LM
Leasing Mgt.
임대 관리

FM
Facility Mgt.
시설 관리

드 형태를 띱니다. 반드시 그런 것은 아니지만 일반적으로 피라미드 상위 부분으로 갈수록 연봉도 높아지는 경향이 있습니다.

업계 현장에서 부동산 직종을 어떻게 구분하는지를 알아야 어떤 분야에 도전해 볼 것인지 목표를 세울 수 있습니다. 자신의 적성과 성향을 고려해 원하는 분야를 선택하고 준비한다면 취업에 한 걸음 더 다가갈 수 있습니다. 일정 정도 수련 기간을 보내며 전문성을 키워 나갈 수도 있습니다.

특히 부동산업은 다양한 경험과 지식이 중요합니다. 가급적이면 위 네 가지 분야에 대한 경험을 고루 해 볼 것을 권합니다. 한 분야를 제대로 잘 아는 것도 나름 장점이 있겠지만 부동산에서는 다양한 경험이 불러오는 시너지 효과가 크다는 것을 현장에서 많이 느꼈습니다. 예를 들어 자산 관리 경험을 해 본 사람이 임차인의 마음을 더 잘 이해할 수 있고, 엔지니어 지식이 있으면 임차인들이 인테리어 공사를 할 때 효과적인 조언을 건넬 수 있습니다.

두루 경험을 쌓은 후 어느 정도 수준에 오르면 그때 좀 더 전문적으로 파고들 분야를 선택하는 것도 괜찮은 방법입니다. 부동산에서 경험만큼 값진 자산도 없습니다.

내 적성에 맞는
직무 찾기

고등학교를 졸업할 무렵 필자가 선택한 학과에 대해 누군가 구체적으로 설명을 해 줬다면 아마도 선택하지 않았을 것입니다. 괜찮아 보이는 학과 이름과 수능 점수에 맞춰 향후 진로가 어떻게 되는지도 모른 채 진학했습니다. 많은 이들이 이런 식으로 학과를 고릅니다. 일을 구할 때도 마찬가지라고 생각합니다. 현업에서 일하는 사람이 관련 업계에 대해 구체적인 업무 설명을 해 준다면 자신의 적성에 맞는지 아닌지를 파악해 좀 더 쉽게 일을 선택할 수 있습니다.

부동산 업계는 분야별로 업무의 특성이 다양합니다. 그러니 다양한 분야를 고루 경험해 보는 것이 장기적으로 좋습니다. 게다가 모든 부동산 업무들은 유기적으로 연결되어 있어서 한 가지만 깊이 안다고 해서 좋은 것은 아닙니다. 예를 들어 시공이나 건축 쪽 업무를 한다고 해서 공사 관련 업무나 건축 지식만 알아서는 곤란합니다.

건물이 완성된 후 임차인의 사용이나 건물 관리까지 고려할 수 있는 넓은 시야를 가져야 부동산 전문가라고 불릴 수 있습니다. 그러려면 부동산 자산 관리나 운영에 대한 경험도 필요합니다.

처음부터 다양한 분야를 경험하기는 어렵습니다. 경력을 쌓아 가면서 차츰 그 범위를 넓혀 가면 됩니다. 먼저 자신의 성격이나 성향에 맞는 직종을 찾아 흥미로운 일을 선택합니다. 그러면 부동산 직무별로 어떤 특징이 있는지 알아보겠습니다. 그중에서 큰 흐름을 살펴보려면 상업용 부동산의 업계 구분이 효과적입니다.

앞서 설명한 상업용 부동산 업계를 구분하는 용어인 AM, PM, LM, FM은 상업용 부동산 업무 영역별 기준이 됩니다. 이러한 업무 영역을 바탕으로 부동산 관련 회사와 기관을 좀 더 넓은 범위에서 살펴보겠습니다. 다음 쪽에 있는 부동산 분야별 회사 및 기관 목록을 살펴보고 자신의 적성에 맞는 업무를 하려면 어떤 회사에 들어가야 하는지 확인해 볼 수 있습니다.

첫 번째, 부동산 개발 및 시공 관련 분야는 말 그대로 무에서 유를 창조하는 부동산의 프런티어들이 일하는 곳입니다. 부동산을 개발하는 과정은 토지를 선정하고 그 위에 어떤 건물을 시공하고 어떤 역할을 해야 하는지에 대한 종합적인 검토를 한 후 시작됩니다.

따라서 부동산 개발 및 시공 분야는 도전적이고 변화하는 다양한 상황을 즐기는 성격에 적합합니다. 매번 새로운 일과 변수들이 많이 생기는 분야가 부동산 개발 및 시공입니다. 그리고 한 장소에 머무르기보다 프로젝트에 따라 업무를 해야 하는 특성이 있습니다. 현장

분야	회사 및 기관 목록	직업 명칭
1. 부동산 개발 및 시공	부동산개발회사	부동산 디벨로퍼 분양 마케터 수주 영업 담당자 도시계획가 건설코디네이터
	부동산시행사	
	건설회사	
	건축설계사 및 감리회사	
2. 부동산 금융 및 투자	각종 연금	부동산 전략기획 담당자 부동산 관리 담당자 재무 담당자 부동산 금융 전문가 부동산 투자 심사역
	조합 및 기금	
	생명보험사 및 손해보험사	
	은행	
	해외 투자회사	
	캐피털회사	
3. 부동산 투자기구	부동산자산운용사(부동산 펀드)	부동산 펀드 매니저 부동산 금융 전문가 부동산 신탁 관리자 신용평가사 준법감시인
	부동산투자회사(리츠)	
	일반사무수탁회사	
	펀드평가회사	
	신탁회사	
4. 부동산 컨설팅 및 자문	부동산투자자문회사	부동산 컨설턴트 감정평가사 회계사 변호사 법무사
	신용평가회사	
	법무법인	
	감정평가법인	
	회계법인	
5. 부동산 운영 및 자산 관리	부동산자산관리회사	부동산 자산 관리자 부동산 시설 관리자 부동산 컨설턴트 공인중개사 주택관리사
	부동산시설관리회사	
	주차관리회사	
	중개법인	
6. 기타 부동산 관련 기관	부동산 협회	부동산 연구원 부동산 정책전문가
	부동산 학회	
	부동산 연구기관	
	부동산 교육기관	

에서 주로 일하다 보니 튼튼한 체력과 자기 관리를 잘하는 사람에게 적합합니다.

두 번째는 부동산 금융 및 투자 분야는 부동산의 꽃이라고 할 수 있습니다. 이 분야는 소위 말하는 기관 투자자들이 있는 곳입니다. 기관 투자자들은 우리가 은행, 증권, 보험 등에 맡긴 돈을 운용하여 수익을 내는 전문가 집단입니다. 대형 오피스 빌딩, 물류 창고 등 수익형 부동산의 투자 및 부동산 개발 금융 등에 참여합니다. 각 기관에서 운용하는 자금을 효과적으로 투자하여 수익을 발생시켜야 합니다. 업무 특성상 해박한 금융 지식, 특히 부동산 금융에 대한 이해가 높아야 합니다. 부동산 투자기구에서 만든 투자 상품 중 투자할 곳을 찾는 것이 주요 업무입니다. 수백억에서 수천억 원 하는 부동산에 투자할지 말지를 판단하는 것입니다. 따라서 다양한 투자 제안서를 읽고 투자안에 대한 심의를 하는 것이 주요한 일입니다. 기관 투자자들이 일하는 투자회사는 국내 회사도 있지만 다양한 국가의 외국계 부동산투자회사들이 많습니다.

세 번째는 부동산 간접 투자 상품을 만드는 부동산 투자기구입니다. 뉴스나 신문에 많이 나오는 부동산 펀드나 리츠 상품을 만드는 곳입니다. 부동산 펀드는 부동산자산운용회사에서 만들고 리츠 상품은 부동산투자회사에서 만듭니다. 이 두 가지 투자기구는 관할하는 법에 따라 그 명칭이 구분된 것이고 투자하는 방법과 유형은 거의 비슷합니다.

부동산 투자 상품을 만드는 회사에서는 부동산 개발자와 부동산 투자자들의 요구와 입맛에 맞는 투자 상품을 만들어 냅니다. 부동산 자금이 부족한 개발자들에게는 프로젝트의 투자 자금을 댈 수 있도록 프로젝트 파이낸싱(PF) 상품을 만들기도 하고 대형 오피스 빌딩에 투자하는 부동산 투자 펀드나 리츠 상품을 만들기도 합니다.

부동산 투자 상품을 만드는 데는 다양한 투자자, 부동산 개발업자, 부동산컨설팅회사, 부동산자산관리회사 등 다양한 주체가 참여합니다. 많은 이해관계자들을 설득하고 관리하는 것이 필수입니다. 계속 상품을 만들고 운영해야 하므로 실적에 대한 압박감이 다소 높은 편입니다. 결국은 투자 상품을 팔아야 하기 때문에 업무 추진 능력과 함께 업계 내에 다양한 인맥이 있으면 유리합니다. 이런 이유로 부동산 금융 및 투자 분야와 마찬가지로 구인할 때 경력직을 선호합니다.

네 번째로는 투자안에 대한 판단에 도움을 줄 수 있는 정보를 제공하는 부동산 컨설팅 및 자문 분야가 있습니다. 부동산에 투자하기 전에 투자에 대한 타당성 검토를 합니다. 다른 투자 분야보다 거액이 장기적으로 투자되기 때문에 더욱 신중할 수밖에 없습니다. 부동산 컨설팅 및 자문 분야에는 경제적, 법적, 물리적 자산 평가를 우선적으로 검토합니다. 이를 통해 해당 투자에 대한 근거와 자료를 만들어 주는 업무를 합니다. 업무 특성상 전문 지식이 요구되기 때문에 주로 감정평가사나 회계사, 변호사 등 전문가와 함께 협업하는 일이 많습니다.

다섯 번째로는 부동산을 살아 숨 쉬게 하는 부동산 운영 및 자산 관리 분야가 있습니다. 앞서 살펴본 모든 분야는 결국 부동산 운영을 위한 준비 단계입니다. 부동산의 최종 사용자들인 임차인들이 최적의 환경에서 지낼 수 있도록 만들어 주는 분야가 부동산 운영 및 자산 관리입니다. 그리고 투자 자산으로서 부동산이 잘 운영될 수 있도록 부동산자산관리회사나 시설관리회사들이 그 역할을 맡습니다. 부동산을 잘 운영하고 어떻게 관리하는지에 따라 부동산 자산 가치가 달라집니다. 또한 아무리 좋은 부동산이더라도 임대가 되지 않는다면 소용이 없습니다.

부동산 운영 및 자산 관리는 부동산 소유자와 임차인 사이에서 연결고리 역할을 합니다. 소유자에게는 자산 관리를 통해 궁극적으로 자산 가치를 높여 줘야 합니다. 동시에 그 부동산을 사용하는 임차인들을 만족시킬 수 있어야 합니다. 운영 및 자산 관리는 다른 분야에 비해 규칙적이며 한곳에서 일합니다. 매월 또는 매년 주기적으로 해야 하는 일들이 있습니다. 그런데 부동산을 사용하는 임차인은 계속 드나들고 각기 특성이 다르므로 돌발적인 일들이 생길 수 있습니다. 이 분야는 커뮤니케이션 능력이 뛰어나고 정기적인 업무와 중간 중간 발생하는 일들에 잘 대처할 수 있는 침착하고 차분한 성격의 사람에게 적합합니다.

마지막으로 부동산 관련 기관이 있습니다. 부동산 관련 협회나 학회 그리고 부동산 연구 및 교육기관 등이 있습니다. 협회나 학회 등은 부동산 관련 업종 회원사들이 모여 활동하는 곳입니다. 이런 곳에서는 각종 세미나나 행사 등을 하기도 하고 때로는 전문 교육 프로그램을 만들어서 운영하기도 합니다. 이와 비슷하게 부동산 연구기관이나 교육기관이 있습니다. 부동산 관련 제도나 법을 연구 및 개정하거나 부동산 관련 트렌드나 새로운 지식 등에 대해 조사하고 발표하기도 합니다. 따라서 이런 분야는 학문적인 연구나 지식 습득에 관심이 있는 사람들에게 알맞습니다.

TIP::::프로젝트 파이낸싱이란

금융기관이 대출받는 기업의 현재 자산이나 신용도를 통해 돈을 빌려주는 것이 아니라 석유 탐사, 탄광 채굴, 아파트나 고속도로 건설 등 당해 사업의 수익성과 그 프로젝트를 통해 들어올 현금을 담보로 필요한 자금을 대출해 준 뒤 사업 진행 중 들어오는 현금으로 원리금을 상환받는 금융 기법이다.

인기 부동산 직업 17

① 부동산 펀드 매니저

- 업무 영역 및 성격　부동산 간접 투자 상품인 부동산 펀드를 발굴해 투자하고 관리하는 업무를 합니다. 오피스 빌딩, 상업용 시설, 물류, 호텔, 임대 주택 등 다양한 부동산에 자기자본 또는 대출 형태로 투자하여 수익을 창출하는 투자 상품을 만듭니다. 부동산을 매개로 투자 및 운영 전략을 수립하고 투자 기간 동안 자산 가치를 극대화하여 투자자들에게 수익 배분을 하는 것이 주된 업무입니다. 「자본시장법」에 따라 투자자산운용사 또는 부동산 자산운용 전문인력의 자격을 갖춰야 합니다. 이외에 부동산개발 전문인력이나 공인중개사, CCIM 등의 자격증을 취득하면 업무에 도움이 됩니다.

- 보수 및 근무 환경　부동산 펀드 매니저는 대체투자 분야의 한 영역을

차지합니다. 금융업의 성격이 강하고 경력직 위주로 채용하기 때문에 연봉 수준은 부동산 업계 상위 수준에 속합니다. 부동산 투자 물건 검토와 자산 관리를 해야 하므로 외부 미팅이나 현장 방문 등의 업무가 많아 외향적이고 적극적인 성격의 사람에게 적합한 직업입니다. 국내외 기관들의 해외 투자가 증가하면서 외국어 구사 능력이 좋다면 고액 연봉을 받을 수 있습니다.

- 채용 다양한 형태의 부동산에 대한 검토와 투자 의사 결정 능력이 필요하기 때문에 신입보다는 경력직 위주로 채용하는 것이 대부분입니다. 자산운용사는 업무 특성상 부동산 투자 상품을 만드는 데 중점을 둡니다. 따라서 투자 물건을 발굴하고 관리하는 인력이 많이 필요하지 않습니다. 여러 업무를 위탁 운영하기 때문에 인력을 많이 채용하지 않습니다. 정기적인 공채보다는 수시 채용을 통해 필요에 따라 인력을 수급하는 편입니다. 보통 부동산자산관리회사에서 경력을 쌓고 이직을 통해 부동산 펀드 매니저가 되는 사례가 많습니다.

- 향후 전망 부동산 분야가 대체투자 영역에서 투자 금액이 해마다 꾸준히 증가하고 있고 다양화되는 추세여서 향후 전망은 긍정적입니다. 다만, 부동산자산운용사 설립 증가와 투자 물건 수주의 경쟁 심화 등의 상황도 함께 고려해야 합니다. 최근 국내 투자뿐만 아니라 해외 투자에 대한 수요가 증가하고 투자 자산의 다양화로 발전 가능성이 높습니다. 금융투자협회의 통계를 조사한 결과(2021년 12월 기준) 자산운용회사는 338개가 있고 자산운용사, 신탁업, 증권사,

투자자문회사 등 금융투자업의 임직원 수는 49,718명이 있습니다. 2022년 2월 기준으로 부동산 펀드의 순자산총액은 138조 원으로 계속 증가하는 추세입니다.

② 부동산 자산 관리 전문가

- 업무 영역 및 성격 　부동산 펀드, 부동산투자회사, 개인 투자자 등 다양한 투자자들의 부동산을 위탁받아 실질적인 운영 및 관리하는 업무를 합니다. 부동산의 특성과 소유주의 투자 목적에 따라 자산의 일상 관리 업무를 처리합니다. 부동산 자산 관리 전문가는 부동산 운영에 필요한 예산 수립, 임대차 계약 체결 및 관리, 임차인과의 관계 관리, 자산 가치 향상 방안 수립 등 다양한 업무를 수행합니다. 공인중개사, CPM(미국 부동산자산관리사) 등의 자격증을 취득하면 실무를 하는 데 도움이 될 수 있습니다. 부동산 운영은 경제와 관련 제도 변화에 민감하기 때문에 부동산 시장의 변화와 흐름을 감지할 수 있도록 최신 부동산 동향을 수시로 습득할 필요가 있습니다.

- 보수 및 근무 환경 　부동산 운영과 관리에 대한 경험과 경력을 쌓으면 이에 따라 연봉도 상승합니다. 부동산 업계에서 중상위 정도의 연봉 수준을 유지하고 있습니다. 부동산의 규모나 위치에 따라 해당 건물에 상주하면서 근무하기도 합니다. 한 개의 단일 건물을 담당하여 관리하는 경우가 많고 자유롭게 업무를 할 수 있는 분위기입니다.

다만, 특정 지역에서 업무를 해야 하는 단점이 있습니다. 부동산의 운영과 자산 관리는 대개 정해진 일정에 따르기 때문에 다른 직종에 비해 업무 관리나 통제가 예측 가능하고 자유로운 편입니다.

- 채용 부동산자산관리회사에서는 정기적인 공채나 수시 채용이 다른 직종에 비해 많은 편입니다. 다른 분야에 비해 신입의 채용도 많은 분야입니다. 상업용 부동산 분야에 입문하여 경력을 쌓고 업무를 습득하기에 매우 좋은 직종에 속합니다. 또한, 경력자는 관련 부동산 운영 및 관리의 경험이 어느 정도 있으면 이직이나 업무 전환이 자유로운 편입니다. 부동산 펀드나 부동산투자회사인 리츠가 만들어지면 해당 부동산을 위탁 운영하기 때문에 부동산 자산 관리 전문가의 채용이 늘어나기도 합니다.

- 향후 전망 부동산 자산 관리와 운영은 점점 체계화되고 전문화되고 있습니다. 이런 요구에 따라 경력과 경험이 많은 부동산 자산 관리 전문가의 수요는 지속적으로 증가할 전망입니다. 특히 다양한 시설을 함께 개발하고 운영하는 복합 개발이 늘어나는데 이런 자산을 관리하고 운영할 수 있는 부동산 자산 관리 전문가가 부족하여 앞으로 전망이 밝습니다. 특히 대형 오피스 빌딩이나 상업시설은 운영과 관리가 쉽지 않아 대부분 전문 자산관리회사에 위탁 관리를 맡깁니다. 부동산 개발의 대형화와 부동산 간접 투자의 증가로 부동산 자산 관리 전문가의 수요는 꾸준할 것으로 기대됩니다.

③ 수주 영업 담당자

- 업무 영역 및 성격 부동산에서 수주 영업 담당자는 다양한 분야로 나눠볼 수 있습니다. 기본적으로 시공사에서는 건설 프로젝트 수주와 관련한 영업 업무를 수행합니다. 그리고 부동산자산관리회사나 시설관리회사에서는 부동산 자산에 대한 운영 및 관리 업무에 대한 수주 영업이 있습니다. 모든 비즈니스는 영업을 기반으로 하기 때문에 새로운 사람을 만나고 영업 활동을 좋아하는 사람에게 맞는 직업입니다. 특히 부동산과 관련된 수주 영업은 대부분 거래 금액이 크기 때문에 이를 위해 많은 노력과 오랜 시간이 필요합니다.

- 보수 및 근무 환경 직종 자체가 제안을 하고 영업을 통해 수주를 하는 부서이기 때문에 인센티브를 주기도 합니다. 그리고 영업을 하기 때문에 외근이 많고 다양한 고객들을 만나야 하는 직업입니다. 부동산 수주 영업 관련 프로젝트는 부동산의 특성상 진행할 수 있는 영업 건이 많이 발생하기 어렵지만 성공했을 때 성취감은 다른 업무 영역에 비해 매우 높습니다. 회사의 영업을 담당하는 최전방 부서이고 정보 수집 후 제안서를 작성하고 고객의 요구에 신속하게 대응해야 합니다.

- 채용 부동산 관련 수주 영업은 네트워크를 통한 영업이 큰 비중을 차지하여 대부분 직급이 높은 사람들이 주로 영업을 하는 구조입니다. 내부에서 사람을 발탁하거나 경력이 있는 외부 인원을 헤드헌

팅을 통해 채용하는 사례가 많아 신입이나 일반 채용은 흔하지 않은 편입니다.

- 향후 전망   각 분야의 수주 영업은 항상 일어나기 때문에 꾸준한 수요가 있는 분야입니다. 다만 부동산 업계에도 시장 진입자가 늘어나 경쟁이 치열해지고 부동산 경기에 따라 영향을 받기 때문에 영업 실적에 대한 스트레스가 큰 편입니다. 그리고 대형 프로젝트보다는 도심 재개발이나 재건축 위주의 영업이 많고 기존 경쟁자들의 수주 경쟁으로 수익성이 낮아지는 것도 고려해야 합니다. 건설 경기는 국내외 영향은 물론 정부의 정책 등에 영향을 많이 받기 때문에 업황을 정확하게 예측하기 어려운 면이 있습니다.

④ 부동산 연구원

- 업무 영역 및 성격   부동산은 경제 상황이나 각종 제도 변경에 매우 민감합니다. 따라서 이런 각종 정책이나 변화에 따라 부동산 시장의 변화와 영향을 미리 예측하고 대비할 필요가 있습니다. 변화무쌍한 부동산 시장을 조사하고 확인하여 전망이나 현상에 대한 의견을 내는 일을 주로 맡습니다. 이러한 정보를 토대로 개선 방안이나 활용 방안을 마련합니다.

- 보수 및 근무 환경   부동산 연구원은 대개 공공적인 성격을 가진 기관

이나 정부기관에서 채용합니다. 경력이 많은 사람을 채용하기 때문에 보수가 높은 편에 속하고 학문적인 연구나 부동산 지식에 대한 열의가 있는 사람에게 적합합니다. 특히 우리나라는 부동산 시장과 동향에 대한 관심이 높아 전문가가 되면 좋은 처우를 받고 다양한 활동을 할 수 있습니다.

- 채용 공공기관의 부동산 관련 정책 부서나 넓은 범위에서 금융기관 또는 경제연구소 같은 부동산 관련 회사에서 애널리스트 등으로 부동산 연구원을 채용합니다. 부동산 분야에 대한 연구나 전문적인 의견을 필요로 하는 수요는 증가하고 있지만 직종 특성상 많은 인원을 채용하지는 않습니다.

- 향후 전망 부동산 시장에 대한 관심과 수요는 꾸준하고 경기의 좋고 나쁨에 관계없이 투자 의견이나 전망 그리고 시장에 대한 분석은 항상 필요합니다. 그래서 부동산 연구원에 대한 향후 전망은 밝다고 할 수 있습니다. 다만 최근에는 부동산 투자 상품이나 투자 구조들도 복잡해지고 있어 전문적인 실무 지식과 빠른 변화에 적극 대처할 능력이 필요합니다. 특히 우리나라는 아직까지 부동산 투자에 대한 대표적인 투자 지수나 지표들이 없어 앞으로 연구하고 발전시켜 나가야 할 일들이 많은 영역입니다.

⑤ 부동산 시설 관리자

- 업무 영역 및 성격 부동산 시설 운영 및 관리를 위해서 다양한 직종의 사람들이 필요합니다. 특히 대형 오피스 빌딩이나 복합 건축물은 그 안에 설치된 기계 설비나 각종 장비 그리고 시설물들의 관리와 유지에 전문적인 기술을 요구합니다. 부동산 시설 관리자는 이런 시설들을 관리하고 운영하는 역할을 합니다. 부동산 시설 관리자는 담당 업무에 따라 건축, 기계, 전기, 방재, 미화, 보안, 안내, 조경 등으로 구분이 됩니다.

- 보수 및 근무 환경 부동산 시설 관리자는 업무 특성상 전문적인 기술이 필요하고 비교적 다양한 분야의 직종이 있습니다. 연봉 수준은 업계 진입 시 낮은 편에 속하지만 전문 영역에서 실력을 쌓으면 오랫동안 일할 수 있고 이에 합당한 처우를 받을 수 있습니다. 근무 환경은 일하고 있는 부동산의 종류나 상황에 따라 많이 달라지는 편입니다.

- 채용 부동산 운영을 위해서 필요한 일이고 다양하기 때문에 다른 분야에 비해서 채용 인원이 많은 편입니다. 다만 처우나 보수가 높은 편은 아니어서 이직이나 이동이 잦은 편입니다. 부동산 투자와 관리 업무를 분리해서 위탁 관리를 하는 부동산이 늘어나고 있어 해당 분야에 대한 채용 전망은 밝은 편입니다.

- 향후 전망   아직까지 우리나라에서 부동산 시설 관리자는 전문직으로 평가받지 못하고 있습니다. 그렇지만 부동산에 들어가는 시설물이 점점 대형화되고 운영을 위한 전문 기술이 필요해짐에 따라 점차 전문 영역으로 발전해 가고 있습니다. 우리나라보다 상업용 부동산 시장이 발달한 미국에서는 부동산 시설 관리자가 전문직으로 좋은 대우를 받습니다.

⑥ 부동산 디벨로퍼

- 업무 영역 및 성격   토지를 매입하여 직접 새로운 부동산을 개발하거나 기존에 있는 건축물 등을 재건축 또는 리모델링하여 새로운 건축물로 개발하는 것이 디벨로퍼의 주된 업무입니다. 부동산 개발의 시작과 마지막을 관할하는 전문가가 부동산 디벨로퍼입니다. 부동산 개발 업무는 부동산과 관련된 이해관계자들을 설득하고 협의해야 하는 역할을 합니다. 대개 부동산 개발 프로젝트는 투자금이 크기 때문에 단독 개발보다는 금융기관이나 대형 투자자들의 투자를 통해 실행되는 경우가 대부분입니다. 개발 과정에서 다양한 변수들이 발생하기 때문에 문제 해결 능력과 추진력이 요구되는 직업 중 하나입니다.

- 보수 및 근무 환경   국내에는 전문적으로 개발만 하는 대형 회사는 많지 않습니다. 대개 소규모 부지 개발로 시작하여 영역을 넓혀 가는

시행사들이 과거 부동산 디벨로퍼로서 많은 역할을 했습니다. 이런 곳은 부동산 개발이 성공하면 큰 수익을 얻는 구조가 많아 보수와 근무 환경에 대해 일률적으로 규정하기는 어렵습니다. 금융권에서는 부동산 개발 펀드나 부동산 개발 리츠들이 개발 자금 펀딩을 통해 디벨로퍼의 역할을 합니다. 경험과 금융 지식을 가진 고급 인력들로 구성되어 있고 업계에서도 연봉이 상위권에 속합니다. 개발업의 특성상 근무 환경은 자유롭고 편하지만 개발 과정에서 발생하는 문제들을 조율하고 해결해 나가야 하는 부담과 프로젝트를 성공시켜야 하는 압박이 큽니다.

- 채용   부동산 개발업의 특성상 프로젝트가 많지는 않아 정기적인 채용이나 지속적인 인력 수요가 발생하지는 않습니다. 다만, 최근에는 자사의 부지를 개발하는 회사들이 있는데 그런 곳에서는 정기적인 채용을 하기도 합니다. 부동산 개발업 등록을 위해 필요한 요건이 완화되고 크라우드 펀딩 등 개발 자금 공급원이 다양해져 소규모 개발도 활발하게 진행되므로 해당 분야의 채용도 증가할 것으로 보입니다. 국토교통부에서 발표하는 부동산개발업 등록 현황을 보면 2007년 「부동산개발업법」 시행 후 2008년 1,645개를 시작으로 2020년 6월 기준 2,349개, 2022년 1월 기준 2,585개로 해마다 증가하고 있습니다.

- 향후 전망   앞으로 부동산 개발은 대형화 추세가 이어질 것이고 복합 개발에 대한 수요와 전망이 밝을 것으로 예상됩니다. 이외에도

도심 재개발이나 재건축 같은 기존 건축물에 대한 개발은 간헐적이지만 지속적으로 생기기 때문에 향후 전망도 긍정적입니다. 그리고 「부동산개발업법」에 따라 부동산개발 전문인력 자격증을 갖춘 자를 개발 프로젝트 진행 시에 꼭 채용하도록 되어 있습니다. 따라서 이런 자격증을 취득하는 것도 향후 취업에 도움이 될 수 있습니다.

⑦ 부동산 관리 담당자

- 업무 영역 및 성격 부동산 관리 담당자는 주로 회사 소유의 부동산이 많은 곳에서 해당 자산을 관리하는 역할을 합니다. 이외에도 보험사, 은행 등 전국에 사무실 수요가 있고 지속적인 관리가 필요한 회사 등은 부동산 담당자가 있어 해당 업무를 관장합니다. 부동산 시설의 관리 업무에서부터 임대차 계약의 협의 및 체결 그리고 사무실의 원상복구 등에 이르기까지 다양한 업무를 하게 됩니다. 회사 상황에 따라 총무부 소속으로 일하는 사례도 많습니다.

- 보수 및 근무 환경 부동산 관리 담당자는 법인의 영업을 위한 지원 부서 역할이 강한 편입니다. 다양한 상황과 요구에 맞춰 관계자들과 협의할 일들과 관리해야 하는 업무가 많아 계획적이고 세심한 성격에 적합한 직업입니다. 다만, 관리하는 자산이 많으면 외부 출장이나 협의 업무 등 활동적인 업무도 많아집니다. 보수와 근무 환경은 해당 회사의 규정에 따르기 때문에 회사마다 차이가 나겠지만 연봉은

업계 중상위 정도 수준입니다.

- 채용 부동산 관리 업무에 많은 인력이 필요하지는 않습니다. 대개 최소 인원으로 많은 부동산을 담당하는데 때에 따라서는 외주 업체를 활용하기도 합니다. 정기 채용은 많이 없는 편이고 자리의 이동도 다른 분야에 비해 적은 편입니다. 부동산 투자나 자산 관리를 전문으로 하지 않지만 부동산을 많이 보유하고 있는 회사의 인사, 총무부 등에서 해당 업무를 하는 곳도 더러 있어 그런 회사들도 눈여겨볼 필요가 있습니다.

- 향후 전망 부동산 관리 담당 업무는 부동산의 경기 변동에 따라 크게 영향을 받기도 합니다. 업황에 따라 지점을 폐쇄하기도 하고 열기도 합니다. 그렇지만 업무 수요나 역할은 경기 변동과는 무관하게 일정한 업무를 해야 하므로 관리나 지원 업무는 매우 안정적인 직업이라고 할 수 있습니다. 다만, 최근 일부 외국계 회사들은 이런 지원 업무를 전문 회사에 위탁하는 경향도 있으니 이런 점은 참고해야 합니다.

⑧ 부동산 금융 전문가

- 업무 영역 및 성격 상업용 부동산 개발이나 투자에는 수백억에서 수천억 원에 달하는 큰 금액이 필요합니다. 투자금의 성격과 용도에

따라 투자 방식이나 요구하는 수익률이 다양한데 이런 자금을 활용하여 금융 구조를 만들고 투자 심사 또는 직접 투자를 하는 전문영역입니다. 넓게는 투자 자금의 중개 업무를 하는 역할도 부동산 금융 전문가의 영역입니다. 특정 직업이라기보다는 부동산 투자 분야에서 활동하는 전문가들을 부동산 금융 전문가라고 합니다.

- 보수 및 근무 환경 부동산 금융 분야는 프로젝트 성공 여부에 따라 인센티브가 지급되기도 하고 업계에서는 보수가 상위에 속하는 분야입니다. 금융 전문가로 활동하려면 프로젝트를 발굴하는 능력과 업계에서의 네트워크가 중요합니다.

- 채용 부동산 금융 전문가는 투자 물건의 검토와 상품 발굴 등이 주요 업무입니다. 프로젝트 발굴이 비정기적이어서 많은 인력을 채용하지는 않습니다. 대개 공개 채용보다는 추천이나 헤드헌팅을 통한 간헐적인 채용이 많습니다. 부동산 업계에서 다양한 경력과 지식이 필수이기 때문에 부동산 금융 전문가는 대부분 경력직 위주로 채용이 진행됩니다.

- 향후 전망 부동산 금융 분야는 투자 금액이 커지고 관계 참여자들의 다양한 요구로 인해 지속적으로 발전해 나가고 있습니다. 법적 변화와 제도의 변동에 따라 더욱 복잡하고 구조화된 부동산 금융으로 변화하고 있습니다. 부동산 산업의 성장이 예상되는 만큼 금융 전문가는 앞으로도 계속적인 수요가 있을 것입니다.

⑨ 부동산 컨설턴트

- 업무 영역 및 성격 상업용 부동산에는 부동산의 매입과 매각, 임대차 분야, 투자 분야 등 다양한 분야에 대한 컨설팅이 있습니다. 부동산 컨설팅은 다양한 상황과 현상을 분석하고 이를 정리하여 의사 결정에 도움을 주거나 판단할 수 있게 도와주는 역할을 합니다. 따라서 자료 수집과 분석 능력 그리고 이를 논리적으로 잘 꿸 수 있는 사람에게 적합합니다.

- 보수 및 근무 환경 부동산 컨설턴트에는 다양한 전문 분야가 존재합니다. 컨설팅을 통해 결국은 영업 제안을 하는 역할을 하기 때문에 일정 기간 내에 업무를 마무리하고 이에 대한 컨설팅 수수료를 받는 게 일반적입니다. 보수와 근무 환경은 업계 중간 정도 수준을 유지하고 있습니다. 고객의 요구에 따라 마감 기한이 정해지는 경우가 많아 업무 시간의 변동성이 큽니다.

- 채용 부동산자산관리회사 등에는 대부분 리서치 부서나 컨설팅 부서가 있습니다. 부동산업은 컨설팅이 차지하는 비중이 크고 필수 요소여서 꾸준히 채용하는 직종입니다. 부동산 컨설턴트는 다양한 경험과 경력이 중요하지만 부동산 관련 정보 수집이나 분석 업무가 중심이어서 신입을 채용하는 비중도 높은 편입니다.

- 향후 전망 부동산 컨설팅 분야는 어느 정도 정기적인 수요가 꾸준

히 있는 편입니다. 부동산 분야는 워낙 다양한 변수들이 생기고 동일한 사안이 거의 없어 부동산 컨설턴트의 역량이 매우 중요합니다. 꾸준히 경력을 쌓아 나간다면 오랫동안 일을 할 수 있는 분야입니다. 개인의 역량만 갖춘다면 1인기업이나 창업도 가능합니다.

⑩ 건설 코디네이터

- 업무 영역 및 성격 부동산을 개발할 때 시공사를 중심으로 다양한 관계 회사들과 협력 회사들이 존재합니다. 프로젝트 수주에서부터 마무리까지 다양한 업무를 조율하는 역할을 하는 게 건설 코디네이터입니다. 사업 진행을 원활하게 하는 역할이기 때문에 사람을 많이 만나고 여러 가지 일을 동시에 해결해 나가야 하는 업무 특성이 있습니다. 정해진 상황이 아닌 항상 새로운 일들을 해결해 나가는 것을 좋아하고 정적이기보다는 활동적인 사람에게 맞는 직업입니다. 상업용 부동산 분야에서는 프로젝트 매니저라고 부르기도 합니다.

- 보수 및 근무 환경 크게 보면 부동산업이지만 건설업에 속하고 업계에서는 상위의 연봉을 받는 직업입니다. 다만, 건설업종의 특성상 대기업을 제외하고는 초기 보수와 연봉은 낮을 수 있습니다. 프로젝트의 선정에서 완료까지 다양한 업무를 경험할 수 있는 장점이 있습니다. 다만, 여러 사람들과의 관계를 조율하고 해결하는 데 있어 육체적인 어려움보다는 정신적으로 힘든 일을 겪을 때가 많습니다. 프로

젝트마다 다양한 환경에 맞춰 일해야 하는 직업이기도 합니다.

- 채용 건설업은 특히 부동산 경기에 상당히 민감하기 때문에 이에 따라 채용 인원도 수시로 변합니다. 다만, 경력직은 경험과 경력을 바탕으로 이직이 자유로운 편이고 이에 따라 보수도 올라갑니다. 부동산 개발과도 긴밀한 연관을 가지기 때문에 부동산 디벨로퍼로 직종을 변경하여 이직하기도 합니다.

- 향후 전망 부동산 코디네이터는 부동산 개발에서부터 완료까지 전체적인 업무를 조율하는 고도의 전문 지식을 필요로 하는 전문직입니다. 경기 변동에 민감하지만 경력을 쌓아 가면 전문 직종으로 전망이 밝은 직업입니다. 국내에는 시공과 운영이 분리되어 있지만 미국같이 상업용 부동산이 앞서 발달한 곳에서는 이런 코디네이션 업무를 하는 전문 직종의 역할이 크기 때문에 국내에서도 비슷하게 수요가 늘어날 것으로 보입니다.

⑪ 분양 마케터

- 업무 영역 및 성격 부동산 개발 후 투자 자금을 회수하기 위해서 개별 매각해야 하는 부동산들이 있습니다. 이런 특징을 지닌 아파트나 오피스텔, 상가 등의 분양을 기획하고 홍보하는 일이 주요 업무입니다. 건설사들은 개발 자금의 회수가 분양의 성공 여부에 달려 있기

때문에 분양 마케팅에 큰 관심을 둡니다. 지역과 경기에 따라 변동성이 크고 최근에는 다양한 분양 마케팅 방법과 전략을 개발해 프로젝트가 성공하는 데 큰 역할을 합니다.

- 보수 및 근무 환경 분양 업무는 일정 기간 내에 정해진 물량이 해소되지 못하면 악성으로 남는 경우가 많아 대개 성공 보수의 개념으로 실적 위주로 보수를 지급합니다. 최근에는 대단지 개발이 많아 경쟁 업체와의 치열한 마케팅이 벌어지기도 합니다. 해당 부동산의 특징과 경기 변화 등 다양한 상황에서도 영업을 해야 하기 때문에 수요자의 욕구와 변화를 빨리 감지해 낼 수 있는 감각이 필요합니다. 분양 홍보관이나 해당 부동산이 소재한 곳에서 근무를 해야 하므로 프로젝트성으로 팀을 이루어 일합니다.

- 채용 분양 홍보와 마케팅이 주된 업무여서 해당 부동산 개발 수요에 따라 일시적인 채용이 많습니다. 분양 마케팅을 전문으로 하는 회사에 해당 업무를 위탁하는데 분양 전담팀을 만들어 홍보와 영업 활동을 하는 구조여서 수시 채용이 대부분입니다. 분양 마케팅을 하는 회사는 소규모 기업이 많아 지인을 통한 채용이 많은 비중을 차지합니다.

- 향후 전망 분양 마케팅은 최종 소비자인 사용자에게 부동산 판매를 하는 영업직의 최전선이라고 할 수 있습니다. 부동산 분양이 경기에 따라 변동이 심해 예측하기는 어려운 특징이 있지만 노력 여

하에 따라 보수가 달라질 수 있습니다. 따라서 적극적이고 활동적인 일과 영업 마인드를 고루 갖춘 사람들에게는 기회의 직업이 될 수 있습니다. 다른 분야에 비해 업계 진입이 어렵지 않고 부동산 마케팅 영역에 관심이 있다면 누구에게나 기회가 열려 있습니다. 다만, 부동산 분양 시장에 대한 규제와 건설 경기의 영향 등으로 수요가 감소될 가능성이 있습니다.

⑫ 부동산 전략기획 담당자

- 업무 영역 및 성격 부동산 전략기획 담당자는 부동산 시장에 대한 조사 및 연구를 비롯해 다양한 부동산 전략을 수립하는 일을 합니다. 보통 기업이 보유하는 부동산을 활용하여 이를 개발하기도 하고 수익을 낼 수 있도록 사업성 검토 업무를 포함합니다. 부동산 전략기획은 보유 자산에 대한 경영 계획 수립도 있지만 새로운 업무를 기획하는 경우가 많아 창의적이고 새로운 사업에 대한 방향 설정 등 도전적인 성향의 사람에게 적합합니다.

- 보수 및 근무 환경 전략기획을 담당하는 부서는 보통 기업 소유자의 직속으로 되어 있거나 독립적인 부서로 되어 있고 경력자 위주의 채용이 많아 업계에서는 높은 보수를 받는 분야에 속합니다. 새로운 사업 제안이나 보유 부동산에 대한 투자 및 운영 등에 대한 방향 설정을 하는 업무가 대부분이라 현장 활동보다는 컨설팅 업무에 더 많

은 시간을 할애합니다. 부동산을 통한 신규 사업의 기획 및 발굴은 시간이 오래 걸리고 결과를 내는 데 많은 노력이 필요해 끈기 있고 실행력이 강한 사람에게 적합합니다.

- 채용 부동산 전략기획은 업무 특성상 신입보다는 경력 위주의 채용이 많습니다. 부동산을 많이 보유한 대기업이나 그룹사, 금융기관 또는 개발회사에서 인력에 대한 수요가 있습니다. 최근 유휴 부동산에 대한 개발 및 투자를 하는 기업들에서 전략기획 인력을 채용합니다.

- 향후 전망 부동산은 어떤 방식으로 개발하고 운영 관리하느냐에 따라 보유 기관의 운영 수익이나 매각 시 처분 이익이 크게 달라집니다. 한 번 개발된 부동산이라도 환경이 바뀌고 시간이 지나면 이에 맞춰 재개발을 하거나 운영 방식을 바꿔야 하기 때문에 이런 업무를 하는 부동산 전략기획 담당자의 수요는 지속될 전망입니다. 전략기획 업무는 보통 개발 분야도 함께 검토하는 경우가 많아 경력을 쌓으면 전문가로서의 입지를 다질 수 있습니다.

⑬ 도시계획가

- 업무 영역 및 성격 부동산 개발 또는 재건축, 신도시 건설 등과 관련하여 부지를 설계하고 기획하는 역할을 합니다. 도시계획의 범위는

국토종합계획에서부터 세부적으로는 단지계획에 이르기까지 다양한 범주를 포괄합니다. 주변 환경과 지역 특성, 인구, 도로, 상하수도 등 환경 요소들을 고려하여 도시가 성장 발전할 수 있는 계획을 점검하고 감리하는 역할을 합니다.

- 보수 및 근무 환경 도시계획을 수립하는 과정에서 다양한 경험과 전문 지식을 통해 자문과 제안을 하는 업무를 하기 때문에 다양한 사람들과 의견을 조율하는 일이 많습니다. 특히, 지리 정보와 공간 정보에 대한 감각을 갖추고 장기적인 안목을 가져야 하기 때문에 경력과 근무처에 따라 보수와 근무 환경의 차이가 큽니다.

- 채용 업무 특성상 신입보다는 경력 위주의 채용이 많습니다. 부동산을 많이 보유한 대기업이나 그룹사, 금융기관 또는 개발회사에서 인력에 대한 수요가 있습니다. 직무의 특성상 공공기관이나 연구기관 또는 지방자치단체 등으로 취업이 가능하고 일반 기업의 건설 엔지니어링 쪽으로도 가능합니다.

- 향후 전망 도시는 시간이 흐름에 따라 변하고 생활 및 주거 환경도 바뀌는데 이를 개선하기 위한 도시 재개발이나 신도시의 건설은 지속적으로 발생합니다. 과거와는 달리 체계화된 도시계획에 대한 수요나 필요성이 많아 전문성을 쌓아 간다면 좋은 직업이 될 수 있습니다. 또한 민간 단위에서 도시 개발이나 계획에 많이 참여하면서 그 수요는 증가할 것입니다.

⑭ 감정평가사

- 업무 영역 및 성격 감정평가사는 부동산의 경제적 가치를 평가하고 이에 대한 거래 가격을 산정하는 업무를 하는 전문가를 말합니다. 정부에서 고시하는 공시지가 산정 관련 업무나 법인의 자산 재평가 등과 같은 다양한 업무를 수행합니다. 상업용 부동산 업계에서는 부동산 거래에 대한 공정가격을 산정하는 중요한 역할을 합니다.

- 보수 및 근무 환경 감정평가사의 업무 영역은 부동산 감정평가의 주 업무 외에도 부동산투자회사나 개발회사에서 실무를 하게 되는 등 업무나 경력에 따라 보수와 근무 환경에 차이가 납니다. 다만, 감정평가사 자격증은 취득이 쉽지 않고 시험 합격 후 실무 수습 기간이 있는 등 난도가 높은 자격증이어서 희소성 때문에 업계 연봉은 상위에 속합니다. 감정평가사협회에 따르면 2020년 6월 기준 전국에 4,191명의 감정평가사가 정회원으로 활동 중입니다.

- 채용 국가기관인 한국감정원 또는 부동산 관련 공공기관에 취업 수요가 있으며 일반 기업인 감정평가법인에서도 꾸준히 채용하고 있습니다. 이외에도 부동산 관련 일반 기업이나 금융기관에서도 감정평가사 자격증을 선호하는 회사들이 늘고 있습니다.

- 향후 전망 부동산 거래에 있어 적정한 기준을 조사하고 평가해야 하는 일들은 계속 발생할 수밖에 없습니다. 그리고 감정평가는 「부

동산 가격공시 및 감정평가에 관한 법률」에 규정되어 있어서 제도적으로 안정된 업무 영역입니다. 다만, 과거와는 달리 부동산 거래 정보들이 공개됨에 따라 부동산 관련 감정평가의 영역이 줄어들고 있습니다. 그렇지만 부동산 개발이나 투자 시에 감정평가사의 역할은 필수적이기 때문에 함께 성장해 나갈 여지도 충분히 남아 있습니다.

⑮ 부동산 신탁 관리자

- 업무 영역 및 성격 부동산 신탁이란 부동산을 수탁받고 해당 부동산을 목적에 따라 개발, 관리, 처분 등을 통해 위탁자에게 그 이익을 돌려주는 것을 말합니다. 부동산 신탁의 목적에 따라 담보신탁, 관리신탁, 처분신탁, 개발신탁으로 구분되는데 이를 관리하는 역할을 합니다.

- 보수 및 근무 환경 부동산 신탁 관리자는 부동산신탁회사에서 근무하면서 프로젝트에 따라 해당 업무를 합니다. 부동산 신탁 업무는 부동산의 개발이나 자산 관리 업무에 이르기까지 다양합니다. 신탁회사마다 다르지만 경력이 어느 정도 수준에 이르면 업계 중상위권 정도의 보수를 받을 수 있습니다.

- 채용 부동산신탁회사는 다른 분야에 비해 정기 채용도 많고 신입

사원에 대한 수요도 있습니다. 신입이나 경력 공채를 통한 채용이 많습니다. 경력직의 경우 건설회사나 부동산투자회사 등에서 쌓은 개발이나 투자 경력을 통해 이직을 하기도 합니다. 국내 신탁사는 2021년 12월 기준 14개 회사가 영업을 하고 있고 신탁을 통한 부동산 개발이나 투자 상품들이 지속적으로 출시되므로 꾸준한 인력 수요가 있는 분야입니다.

- **향후 전망** 최근 신탁사가 가지고 있는 신뢰도를 바탕으로 부동산 개발업이나 시행 사업들이 많이 이뤄지고 있습니다. 개발사뿐만 아니라 부동산투자회사인 리츠 설립을 통해 다양한 부동산 투자 상품 발굴이 부동산신탁사들을 통해 진행되고 있어 앞으로 인력에 대한 수요나 성장 가능성이 높습니다. 저금리와 저성장 시대, 주택 분양 시장의 호황이 계속되면 부동산신탁회사의 수익성 및 성장성이 개선될 수 있습니다. 다만, 향후 금융 시장 상황 및 부동산 경기 변동 시 수익성 악화 등의 위험 요소가 생길 수도 있습니다.

⑯ 공인중개사

- **업무 영역 및 성격** 공인중개사는 임대인과 임차인 또는 매도자와 매수자 사이에서 부동산 관련 거래를 중개하는 역할을 합니다. 공인중개사는 고객의 요구에 맞춰 시의적절한 물건을 제안합니다. 그러기 위해서는 해당 물건에 대해 상세히 알아야 합니다. 부동산 중개는

고액이 오가기 때문에 쌍방의 까다롭고 다양한 욕구를 잘 중재하는 능력이 중요합니다.

- **보수 및 근무 환경**　공인중개사 자격증을 가지고 취업을 하면 자격증 인정은 받지만 이에 따른 추가 수당이나 보수는 없습니다. 대개 부동산자산관리회사의 임대팀이나 컨설팅팀에서 일을 하게 되는데 업계 중상위 정도의 보수를 받습니다. 성과에 따른 인센티브를 제공하는 회사들도 있습니다. 근무 환경은 대부분 비슷하나 중개 업무의 특성상 외근이 많고 다양한 사람들을 만납니다.

- **채용**　부동산 중개 관련 소규모 회사에서부터 부동산자산관리회사에 이르기까지 공인중개사 자격을 가지고 있으면 채용하는 곳이 다양한 편입니다. 담당하는 지역에 따라 인원을 배치할 수밖에 없어 다른 업종에 비해 인력을 많이 채용하는 분야이기도 합니다. 진입장벽이 다른 분야에 비해 낮은 데 반해 부동산 거래가 경기 변동에 따라 수시로 바뀌기 때문에 꾸준한 성과를 내기가 쉽지 않습니다.

- **향후 전망**　공인중개사 자격증을 가지고 있으면 취업에도 유리하고 추후 개업할 수 있는 장점이 있습니다. 다만, 중개사무소의 개업은 이미 포화 상태여서 전망이 밝다고 하기는 어렵습니다. 국토교통부 통계누리 자료에 의하면 2019년 1/4분기 기준 개업 공인중개사는 공인중개사, 중개인, 중개법인을 포함하여 전국에 106,699명입니다. 다만, 단순한 중개가 아닌 경험과 노하우를 바탕으로 다양한 정보를

제공하는 컨설팅 등의 특화된 서비스를 제공한다면 경쟁력을 가질 수 있습니다.

⑰ 준법감시인

- 업무 영역 및 성격 금융기관에서는 따라야 하는 기본적인 절차와 기준이 있는데 이를 '내부 통제 기준'이라고 합니다. 준법감시인의 주요 업무는 회사의 내부 통제 기준을 직원들이 준수하는지 여부를 점검하고 내부 통제 기준에 어긋나는 행위가 발견될 경우 이를 조사하여 감사위원회에 보고하는 자를 말합니다. 국내에는 외환위기 이후 금융회사 내부 통제 기능의 중요성이 높아져 준법감시인 제도가 생겨났습니다. 이를 통해 회사 자체적으로 발생할 수 있는 사고를 예방하고 선량한 관리자의 의무로서 고객의 자금을 보호하고 관리하는 역할을 합니다. 내부 직원들의 업무를 관리해야 하므로 객관적인 입장과 독립적인 지위를 유지하는 것이 중요한데 그만큼 쉽지 않은 자리이기도 합니다.

- 보수 및 근무 환경 준법감시인은 그동안 다른 직원들보다 낮은 직위에 있거나 다양한 일을 겸직하는 등 현실적으로 지위에 걸맞지 않았습니다. 그렇지만 최근에는 법령으로서 준법감시인의 지위와 역할을 높일 수 있도록 개선이 되었고 이에 따라 보수와 근무 환경도 나아지고 있습니다.

- 채용 준법감시인은 금융 산업의 발전에 따라 인력 확충의 필요성이 점점 커져 가고 있습니다. 다만, 회사별로 많은 인원이 필요하지 않고 경력과 업무 능력에 대한 검증이 필요한 분야여서 신입보다는 업계 경력이 충분한 경력자 채용이 주를 이룹니다.

- 향후 전망 2015년에 제정된 「금융회사의 지배구조에 관한 법률」에는 준법감시인 지위 및 역할 강화 내용을 법으로 규정하고 있습니다. 뿐만 아니라 향후 금융 산업의 발전과 함께 준법감시인은 전문가로서 지위가 높아질 것으로 예상됩니다.

미리 들여다본
부동산회사 조직도

현업에서 과연 어떤 일을 할까요? 부동산회사의 조직도를 보면 하는 일의 양상을 좀 더 알 수 있습니다. 그렇지만 부동산회사도 종류가 다양해 모든 회사의 조직도를 살펴볼 수는 없습니다. 그렇다면 부동산 시장에서 가장 많은 인원을 뽑고 운영의 중심에 있는 부동산 자산관리회사와 부동산 간접 투자 상품을 만드는 부동산자산운용사와 부동산투자회사의 조직 구조를 살펴보겠습니다. 이 두 종류의 회사 조직을 살펴보면 대략 부동산 업계의 회사 조직을 어느 정도 이해할 수 있습니다.

우선 부동산자산관리회사의 조직을 살펴보면 크게 다음 조직도와 같습니다. 이 기본 조직 구성에 회사의 특성과 인원 구성에 따라 수주영업팀, 리테일팀, 기술안전팀 등이 따로 편성되는 경우도 있습니다.

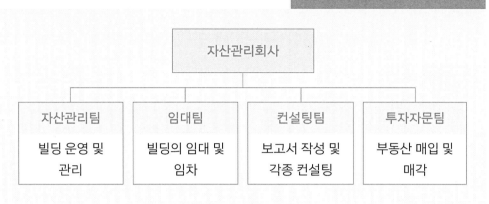

자산관리회사

자산관리팀	임대팀	컨설팅팀	투자자문팀
빌딩 운영 및 관리	빌딩의 임대 및 임차	보고서 작성 및 각종 컨설팅	부동산 매입 및 매각

가장 근간이 되는 팀은 자산관리팀입니다. 부동산 운영에 대한 업무를 합니다. 가장 중요한 임대 관리와 빌딩 시설 운영에 관한 업무를 관장합니다. 주요 업무는 빌딩 운영 예산 준비, 운영 관리 보고서 작성, 임차인 입주 및 퇴거 관리, 임대차 계약 관리, 빌딩 시설물의 운영 등 업무가 다양합니다. 부동산을 운영하고 소유자에게 수익을 극대화할 수 있는 다양한 제안을 하기도 합니다. 자산관리팀이 얼마나 많은 부동산을 보유하고 운영하느냐가 업계 순위를 매기는 판단 기준이 되기도 합니다. 이는 매출과 직결되므로 자산관리팀의 인력이 튼실해야 좋은 자산관리회사로 인정받습니다.

다음으로 임대팀이 있습니다. 보통 임대와 임차로 구분됩니다. 임대인을 대신해서 임차인을 찾아 주는 것을 보통 '임대'라고 부르고 임차인을 대신해서 빌딩이나 부동산을 찾아 주는 것을 '임차'라고 부릅니다. 임대팀은 자산관리팀과 더불어 자산관리회사의 주요 수입원을 담당하는 부서입니다. 일반적으로 자산관리팀에서 운영하는 빌딩에 대한 임대를 전담하기도 합니다. 따라서 자산관리팀과 임대팀이 유기적으로 상호 협조를 하면 시너지 효과를 낼 수 있습니다. 그리고 임대 시장이 좋지 않을 때 임대팀의 능력이나 성과 여부에 따라서 부동산 자산 관리 영업에 영향을 미치기도 합니다. 예를 들어 대형 빌딩 소유자가 자산관리회사를 선정할 때 대형 임차인을 데려와 공실을 해소할 수 있는 임대팀이 있는 회사에 빌딩의 운영을 맡기는 사례가 대표적입니다. 부동산의 성패는 결국 임차인의 유무이기 때문입니다.

임대팀에서는 임대 시장 조사 및 분석, 부동산 임대 기준가 책정, 임대 마케팅 전략 수립, 임차인 분석 등을 통해 임대차 계약 체결을 하는 업무를 담당합니다. 임대 측면에서는 빌딩에 새로운 임차인을 유치하여 공실이 없는 빌딩을 만드는 게 1차 목표입니다. 그리고 임차를 담당하게 된다면 의뢰 고객의 성향과 니즈를 반영해 최적의 부동산을 찾아 주는 게 목적이 됩니다. 이런 임대 시장에서 좋은 성과를 내려면 시장에 떠도는 정보를 발 빠르게 찾아 이를 원하는 당사자들에게 연결해 줘야 합니다. 따라서 다양한 네트워크와 종합적인 컨설팅 서비스를 제공할 수 있는 회사가 시장에서 경쟁력을 가집니다.

부동산 분야에서는 투자나 관리를 위해서 다양한 보고서 작성이나 컨설팅이 이뤄집니다. 부동산은 경제 상황이나 법적 변화 등에 따라 수시로 그 가치가 변하고, 어떤 시각으로 보느냐에 따라 다양한 판단을 내릴 수 있어서 객관적인 자료가 필요할 때가 많습니다. 이런 각종 보고서 작성과 컨설팅을 핵심 업무로 하는 컨설팅팀이 있습니다. 컨설팅팀에서는 많은 시간을 보고서 작성에 할애합니다. 그리고 부동산 시장에 대한 각종 자료를 조사합니다. 오피스 빌딩의 임대가나 공실률 조사뿐만 아니라 월간 또는 분기별 부동산 시장 동향을 정리하여 보고서 형태로 발간해 시장에 무료로 배포합니다. 컨설팅팀에서는 개발 컨설팅에서부터 부동산 투자의 사업성 분석뿐만 아니라 다양한 자료 조사 업무를 해야 하므로 빠른 정보력과 이를 일목요연하게 정리할 수 있는 전문 인력을 보유하고 있을수록 경쟁력 있는 회사로 인정받을 수 있습니다.

　마지막으로 부동산의 매입과 매각을 담당하는 투자자문팀이 있습니다. 부동산을 보유하면서 운영을 하는 것도 중요하지만 적정 가격에 매입하여 최상의 가격에 매각할 때 최대의 수익을 낼 수 있습니다. 게다가 상업용 부동산은 거래 금액이 워낙 크고 거래에 대한 정보도 매우 제한적입니다. 이런 매매를 위해서는 자산에 대한 실사에서 투자에 대한 타당성 검토 그리고 투자 금액 유치를 위한 부동산 금융까지 폭넓은 서비스를 제공해야 합니다. 투자자문팀은 부동산 거래를 할 때 중간에서 정보를 제공하고 당사자 간의 의견을 조율하여 이를 성사시키는 게 목표입니다. 그래서 아무나 찾기 힘든 부동산 정보를 빨리 찾아내어 이를 원하는 사람에게 제공하는 업무를 합니다. 투자자문팀의 이런 업무 특성상 결과물로 나오는 데 시간이 오래 걸립니다. 반면 거래가 성사되었을 때 받는 수수료는 그만큼 큽니다. 왜냐하면 대개 이런 거래의 수수료는 성공 보수 개념이고 매각이나 매입가의 몇 %에 해당하는 금액을 지급받기 때문입니다. 오래 공을 들여야 하는 만큼 매출도 큰 것입니다.

이외에 부동산 자산 관리를 위해 영업을 하는 수주영업팀이 따로 있기도 합니다. 그리고 상가나 판매시설을 전담하는 리테일팀 또는 물류시설에 특화된 물류팀이 별도로 있거나 부실자산을 다루는 NPL(Non Performing Loan, 금융회사의 부실채권)팀을 갖춘 회사도 있습니다.

다음으로 살펴볼 회사 조직은 부동산자산운용사와 부동산투자회사입니다. 부동산 간접 투자 상품을 만드는 이런 회사들은 생각보다 조직 구조가 간단합니다.

우선 부동산 투자 상품을 발굴하고 만드는 투자 부서가 있습니다. 투자팀에서는 부동산 펀드나 리츠 상품에 대한 제안서를 만들어 투자자들을 유치하는 것이 주된 업무입니다. 수익을 창출하는 상품을 만드는 최전선에 있습니다.

투자팀에서 만든 부동산 펀드나 리츠 상품을 운용 지시나 관리 업

부동산자산운용사의 조직도

자산운용사

투자팀
투자 상품 개발

관리팀
투자 상품 운용

무 등을 하면서 운영해 나가는 곳이 관리팀입니다. 만약 오피스 빌딩에 투자한 펀드라면 이를 운영하고 관리하는 업무를 하는 것입니다.

이외에 회사 운영을 지원하는 경영지원부가 있고 법에서 정한 바에 따라 의무적으로 고용해야 하는 준법감시인이 속한 법무팀이 있습니다. 이렇게 투자와 관리를 나누는 회사도 있지만 규모가 크지 않거나 정책적으로 분리하지 않고 투자한 팀에서 관리까지 함께하는 회사도 있습니다.

이와 같이 부동산 관련 회사들의 내부 조직들은 대부분 비슷한 조직 구조를 가지고 있습니다. 특히, 최근 부동산자산관리회사들은 사업 구조를 다각화하기 위해서 물류 부동산, NPL 자산 관리, 리테일 자산 관리 등 특화된 서비스를 제공하는 사업 분야를 운영하기도 합니다. 그렇기 때문에 부동산 트렌드에 따라 새로운 분야에 도전할 수 있는 기회가 많습니다.

직무 설명서는
취업의 나침반

제품을 사면 제품 사용 설명서가 있습니다. 직업에도 이와 비슷한 '직무 설명서'가 있습니다. 우리가 제품을 사면 먼저 사용 설명서를 읽고 어떻게 이용할지 아는 것처럼 직장을 구할 때도 이 직무 설명서를 먼저 확인해야 합니다. 영어로는 JD(Job Description)라고 줄여서 부르기도 합니다. 직무 설명서에는 해당 포지션이 어떤 업무를 해야 하는지 자세하게 설명되어 있습니다.

신입 사원 구인 공고가 올라오면 대부분 어떤 부문에 사람을 뽑는지만 나오고 자세한 업무에 대해서는 기술해 놓지 않습니다. 입사 후 육성하는 게 일반적이고 신입이기 때문에 직무 설명서에 맞는 사람을 찾는다는 것 자체가 알맞지 않습니다. 그렇기 때문에 직무 설명서는 경력직을 찾을 때 흔히 볼 수 있습니다.

그렇다고 직무 설명서가 신입 사원에게 중요하지 않은 것은 아닙니다. 보통 헤드헌팅을 통해 사람을 채용할 때 회사에서는 이러이러한 업무 능력이 있고 우리 회사의 성향에 맞는 사람을 찾아 달라고 요청합니다. 즉, 회사의 채용 기준을 제시합니다. 그렇다면 반대로 취업을 준비하는 사람이 이 문서를 자세히 읽는다면 앞으로 어떤 능력을 갖춰야 하고 무슨 공부를 해야 하는지 기준을 세울 수 있습니다.

직무마다 어떤 배경과 실무 능력이 있어야 하는지 조금만 조사를 해 보면 찾을 수 있습니다. 직무 설명서를 가장 쉽게 찾는 방법은 온라인 커뮤니티나 취업 사이트에 올라온 부동산 경력자 취업 공고를 살펴보는 것입니다. 그중에서도 회사에서 직접 올린 것보다는 헤드헌터들이 올린 글들에서 직무 설명서를 쉽게 구할 수 있습니다. 보통 자세한 직무 설명까지는 아니고 간략한 내용을 올리고 가망 있는 후보자들에게 자세한 직무 설명서를 제공합니다. 부동산 관련 직종들도 다양하게 있지만 직무 설명서를 찾아보면 대개 공통적으로 요구하는 항목이 있습니다. 그런 능력을 키워 나간다면 회사에서 찾는 인재가 될 것입니다.

회사마다 직원 채용에 들이는 시간을 아끼고 원하는 인재를 손쉽게 뽑기 위해 직무 설명서를 만듭니다. 처음부터 어떤 일을 하는지 알고 지원하도록 한다면 불필요한 면접을 하지 않아도 되고 좀 더 심층적인 대화를 나눌 수 있습니다. 이는 지원자 입장에서도 마찬가지입니다. 직장을 선택하는 것과 직무를 선택하는 것은 큰 차이가 있습니다. 하고 싶은 일을 쉽게 찾도록 하는 것이 직무 설명서입니다. 좋은 직장이지만 실제로 자신이 원하는 직무가 아닐 수 있습니다. 직무 설명서는 회사와 지원자가 서로 오해 없이 같은 선상에서 업무에 대한 이해를 돕는 역할을 합니다.

자산운용사 직무 설명서 예시

1) 부동산 투자 업무

★ 투자 대상 부동산에 대한 기초조사와 분석(Market Analysis, Preliminary review)-자산 실사(물리적, 재무적, 법률적) 진행과 3rd Party(지원 업체)와의 협업.
★ 투자에 대한 타당성 분석(Structuring, Valuation).
★ LOI, MOU, SPA에 대한 조사-REIT/PFV의 법인 설립과 영업 인가 업무(관련 서류의 준비, 대관 협의).
★ 매도자, 대출기관, 투자기관, 브로커와의 업무 협의와 네트워킹.
★ 상기 업무를 포함한 투자와 관련하여 투자 담당 임원의 업무 지원.

2) 부동산 자산 관리 및 운용 업무

★ 자산 관리와 관련해 PM, FM, 자산 보관, 사무 수탁, 회계법인 등 협력 업체와의 협업 및 업무 감독, 운용에 대한 지시.
★ 설정된 펀드 자산의 운용(Planning, Cash flow Management, Budgeting, Risk Management, 임차인 관리 및 임대차 계약, 자본적 지출, 보험 등).
★ 건설 중인 빌딩의 운용(공정 관리, 분양, 시공 관리, 자금 관리 등) - 설정된 펀드의 자금 관리, 세금 및 회계에 대한 관리 및 감독.
★ 펀드 자산의 매각 및 청산과 관련된 업무.
★ 투자자에 대한 보고서 작성, 이사회/주주총회의 개최.
★ 영업 보고서, 투자 보고서 등의 작성 및 정부기관에 대한 다양한 보고.
★ 투자자, 대출기관, 정부기관, 임차인, 브로커, 협력 업체와의 업무 조율과 네트워킹.
★ 상기 업무를 포함한 자산 관리와 관련하여 자산 관리 담당 임원의 업무 지원.

Property Management

* Assist to develop and implement operational strategies to maximize net operating income and enhance property reputation.

* Support to re-evaluate and adapt existing operating strategies and methods given changes in circumstances, such as property or market conditions.

* Foster long-term relationships with the property management team (internal and / or third parties), tenants, contract service providers, vendors and the local community.

* Assist to develop and update the annual budget for the properties, including the financial and business plan. Prepare and report operating and financial information including operating and capital budgets, building operations, revenue collection, and other issues on a scheduled basis.

* Conduct site inspections on a scheduled basis to assess the physical condition of the property, evaluate site personnel and review service provider performance. Develop and implement appropriate action steps to improve performance and reducing operating costs.

* Assist in the development of Emergency and Crisis Control Plans for the development.

* Assist in identifying, planning, executing and promoting cross marketing programs for the properties to increase revenues and differentiate.

* Build and maintain strong tenant relations with assigned tenants.

* Support the Marketing and office / retail leasing team(s) on marketing and leasing efforts.

평소 관심 있는 회사에서 올린 공고를 자세히 살펴 어떤 능력을 원하는지 살펴보는 게 좋습니다. 회사에서 원하는 능력을 꾸준히 키워 갈 수 있도록 계획을 세우고 공부해 나갈 필요가 있습니다. 그리고 어떤 전문 지식과 업무 능력이 경쟁력이 있는지 스스로 판단해야 합니다. 무작정 취업이나 이직을 준비하는 것보다 직무 설명서를 토대로 이력서를 작성하고 면접에 대비한다면 성공 확률을 크게 높일 수 있습니다.

부동산 리서치 업무의 미래를 묻다

세빌스코리아 Research & Consultancy 팀장 류강민 박사
locsword@hanmail.net

Question.1 지금까지의 경력을 바탕으로 간단한 본인 소개 부탁드립니다.

Answer 리서치 경력은 11년 정도 되는 것 같습니다. 2007년 부동산컨설팅 회사에서 주택 컨설팅 업무를 시작으로, 2008년부터 2010년까지 샘스와 메이트플러스에서 오피스 리서처로 재직했고, 2010년부터 2012년까지 미래에셋증권에서 부동산 지표개발과 보고서 작성 업무를 수행했습니다. 2014년부터 2015년까지 젠스타 오피스 리서처를 거쳐, 2015년부터 2021년 까지 이지스자산운용에서 상업용 부동산 리서치를 담당하였습니다. 2021년부터 지금까지 세빌스코리아에서 Research & Consultancy 팀장으로 업무를 하고 있습니다.

2015년 한양대에서 박사 학위를 받았고, 감정원에서 상업용 부동산 표본 설계에 참여하였으며, 국토부 비아파트(단독, 다가구, 연립, 다세대 주택) 실거래가 지수 개발에 참여하였습니다. 그리고 이를 바탕으로 2018년에 대신증권과 함께 '이지스-대신 서울 오피스 매매 지수'를 개발하였습니다.

Question.2 부동산 리서치 업무를 하시면서 데이터를 활용하고 이에 근거한 부동산 관련 해석을 많이 하셨습니다. 평소 리서치 업무를 위해 많이 참고하는 정보 매체나 관심을 가지고 보는 곳이 있으면 설명을 부탁드립니다.

Answer 상업용 부동산을 담당하고 있지만, 원래 전공은 주택이기 때문에 주택산업연구원과 같은 연구소나 각종 학회 논문 등을 많이 보려고 합니다. 주택 시장을 참고하는 이유는 시장이 오래되었으며, 우리가 궁금한 상황에 대해 많은 분석이 이루어져 있어 이를 상업용 부동산 시장에 적용할 수 있기 때문입니다.

상업용 부동산 시장 동향에 대해서는 세빌스, 에비슨영, 교보리얼코 등에서 나오는 시장 보고서를 보고 있으며, 최근에는 증권사에서도 관련 보고서를 내고 있어 이를 참조하고 있습니다.

또한 거시 경제 상황을 살피기 위해 한국은행의 보고서를 많이 보고 있고, 기타 경제나 부동산 관련 기사의 댓글도 많이 보고 있습니다. 댓글은 거칠지만, 나름대로 분위기와 문제점 등을 파악하는 데 의외로 유익한 경우가 있습니다.

Question.3 리서치 업무를 하는 분이 부동산 업계에는 많지 않습니다. 부동산 리서치 전문가를 목표로 하는 분들을 위해서 어떤 경로를 거치면 좋을지 조언해 주시면 좋겠습니다.

Answer 리서치 업무를 정말 하고 싶은지 묻고 싶습니다. 많은 사람들이 리서치는 향후 투자와 운용을 위해 지나가는 곳, 아니면 잠시 경험하는 코스 정도로 생각하고 있어서 리서치 인력이 자주 바뀌고 있습니다.

아직까지 우리나라에서 리서치 업무는 투자 및 운용에 필요한 정보를 제공하는 일이 1차적인 목표이고, 시장 동향 보고서 작성이 주를 이루고 있습니다. 실무와 약간 동떨어져 있기 때문에 수익 창출에도 직접적인 연관이 없고, 회사에서도 자료의 필요성에 대해서는 인지하고 있지만 '수익 창출보다는 비용을 지불해야 하는 파트' 정도로 생각하는 환경입니다.

그런데 리서처는 투자·운용팀이 매입·매도하려는 자산과 별개로 냉정히 그 시장을 평가할 수 있을까요? 그렇지 않습니다. 그렇게 말하고 싶어도 당장에 회사에 손해를 끼친다면, 회사에서 가만히 있지 않을 겁니다.

리서치 업무를 하려는 분들은 장기적으로 봤을 때 분석(통계 모형 등)을 경험하는 것이 좋습니다. 부동산 대학의 대학원에서 일부 학습할 수 있을 것이라 봅니다. 그러나 리서치 분야에서 오랫동안 전문가로 일하고 싶다면 어떤 리서처가 될 것인지 잘 생각해 봐야 합니다. 1)투자·운용팀에서 원하는 자료를 제공할 것인가? 2)시장 컨설팅과 데이터 판매 등을 통해 수익 창출을 할 것인가? 3)시장 전망과 콘텐츠가 담긴 양질의 보고서를 작성할 것인가? 정도를 생각해 볼 수 있습니다.

저도 리서치 업무를 하면서 이 분야의 미래에 대해 계속 고민하고 있고 아직까지 답을 찾지 못했습니다. 리서처를 하면 한 번쯤은 고민하게 됩니다. 그리고 답을 찾지 못해 투자·운용 분야로 전공을 많이들 바꾸기도 하지요. 저도 끊임없이 고민하고 있습니다.

Question.4　다양한 부동산 섹터에 대한 정보를 보고 해석을 하셨을 텐데요. 앞으로 국내에서 발전 가능성이 높은 분야나 꾸준한 성장을 보일 수 있는 자산이 있다면 어떤 것들이 있을까요?

Answer　물류나 데이터센터는 이미 많은 매체에서 언급하고 있기 때문에 제외하고, 저는 인프라 부분, 특히 쓰레기 처리장과 같은 환경 인프라 부분이 발전 가능성이 높다고 봅니다. 코로나 이슈 이후 미래 시장에 대해 많이들 궁금해하고, 많은 보고서가 있었는데요. 물류 시장에 대한 기사의 댓글에 '쓰레기 때문에 힘들다', '포장이 너무 많다' 등의 의견이 있었습니다. 생각해 보니 저도 택배 이용이 늘어 쓰레기가 문제되기도 했고요. 또한 중국이 쓰레기를 더 이상 받지 않는다는 기사, 님비(NIMBY) 시설이라는 점 등을 생각해 보면 수요는 많은데 공급이 쉽지 않은 시장이라고 봅니다. 그래서 저는 쓰레기 처리장과 같은 환경 인프라 시설이 앞으로 성장할 것으로 생각합니다.

Question.5　마지막으로 부동산 업계 취업을 준비하는 분들에게 부동산 업계 전망, 커리어 조언, 응원과 격려 한마디 부탁드립니다.

Answer　리서치를 하고자 하는 분은 끊임없이 무엇인가를 시도해야 한다고 봅니다. 앞서 말했던 리서치의 미래는 무엇인가를 생각하셔야 하고 차별적인 뭔가를 계속 생각해야 합니다. 저 역시 분석을 잘하기 위해 새로운 통계 모형을 공부하고 있습니다. 또한 시장 동향 보고서 이외에 콘텐츠 보고서를 매월 만들어 보고, 시장에 없는 지표를 고안하고 있습니다. 그리고 최근에는 4차 산업혁명, 특히 프롭테크의

도입에서 리서치가 어떻게 변해야 하는지를 팀원들과 생각하고, 꾸준히 새로운 것을 시도하고 있습니다. 그렇지 않으면 4차 산업혁명의 파도 아래에 매몰될 수 있습니다.

앞서 언급했듯 저는 리서치의 미래에 대해 고민을 많이 하고 있습니다. 리서처는 무엇을 해야 하는 것인가, 지원 업무(향후 프롭테크 등으로 인해 사라질 수도 있는)에서 벗어나 무엇을 할 수 있는지 깊게 생각하고 고민하고 있습니다.

임대 업무 전문가에서
매입·매각 업무 전문가로

에비슨영코리아 **조성욱 상무**
csw0204@naver.com

Question.1 지금까지의 경력을 바탕으로 간단한 본인 소개 부탁드립니다.

Answer 2000년 SK네트웍스에서 리테일 영업 마케팅 업무로 사회생활을 시작했고 2005년 샘스에 입사해 본격적인 부동산 관련 업무를 시작하였습니다. LM, PM 경험을 토대로 2007년부터 본격적으로 부동산 매입·매각 업무를 진행해 오고 있습니다.

메이트플러스, 컬리어스인터내셔널코리아, 현재 에비슨영코리아까지 국내 및 해외 투자자를 대상으로 주로 국내 상업용 부동산의 매매 업무를 담당하고 있습니다. 주요 고객은 국내 부동산 펀드·리츠 상품을 투자 운용하는 유수의 자산운용사와 금융회사, 대기업 등입니다.

서울 주요 권역 오피스 빌딩뿐만 아니라 백화점, 대형마트, 쇼핑몰 등 리테일 시설과 물류센터, 나대지까지 다양한 부동산 투자에 대한 자문 업무를 진행했습니다.

Question.2 대형 상업용 자산을 매각하면서 다양한 경험과 많은 정보를 얻을 수 있을 것 같습니다. 가장 보람이 있었거나 기억에 남는 일이나 프로젝트가 있었다면 소개를 부탁드립니다.

Answer   최근에 서울 주요 권역 초대형 오피스부터 대형마트 등 리테일까지 다양한 상업용 자산을 매각한 경험이 있으나 가장 기억에 남는 프로젝트는 2010~2011년에 진행했던 KT 보유 자산 유동화 업무였던 것 같습니다.

전국 각지에 위치한 KT 전화국사를 현장 답사하고 수익성 자산과 비수익성 자산을 구분하고 매각 가능한 자산들을 최종 분류하여 자산운용사에 매각을 추진한 사례였습니다. 전국 주요 구도심에 위치한 KT 전화국사를 직접 방문하는 특이한 경험이었고 전산 장비 성능 향상에 따른 변화 등 IT 강국의 변천사를 몸소 확인할 수 있었습니다. 또한 통신 시설 목적의 부동산을 수익형 부동산으로 매각하는, 기업 보유 부동산의 유동화 사례를 만들었다는 데 자부심이 있습니다.

Question.3   임대 업무를 하다가 매입·매각 컨설팅 업무로 전향을 하신 것으로 알고 있습니다. 임대와 매각 업무가 비슷하면서도 차이가 있을 텐데 이에 대해 설명을 부탁드립니다.

Answer   임대는 사용이 목적이고, 매각은 수익이 목적입니다. 목적에서부터 근본적인 차이가 있기 때문에 컨설팅 업무의 대상과 범위가 다르다고 할 수 있습니다. 영업 마케팅 대상에 있어서도 임대는 주로 실사용을 목적으로 하는 임차인을 모집하는 업무다 보니 법인 기업이 주를 이루고 있으나, 매각은 부동산 간접 투자 구조인 부동산 펀드나 리츠 상품을 만드는 자산운용사들을 대상으로 자문을 진행하고 있습니다. 대부분 거래 규모가 1,000억 원 수준을 넘는 물건이 많아 생명보험사, 증권사 등 금융권 자금이나 국민연금, 공제회 등 연기금 자금을 활용하거나, 국내 투자를 목적으로 조성된 펀딩을 통해 자금 조달을 하기 때문에 부동산 금융 지식이 가장 중요하다고 할 수 있습니다. 최근에는 풍부한 개인 자금이 부동산 간접 투자 시장에 적극 참여할 수 있도록 부동산 리츠 상장이 본격화 되면서 거래 활성화에도 크게 기여하고 있습니다.

주요 업무도 다릅니다. 임대는 임차 물건의 임대료 시세 비교 및 입주 가능한 자산의 물리적 조건 협의가 대부분이고, 매각은 임대료·관리비 등에 기반한 수익성 분석과 시장 상황을 고려한 예상 매각가 분석, 그에 따른 적정 매수자 물색이 주요 업무라고 할 수 있습니다. 부동산 매입·매각 업무는 객관적이고 정확하게 시장 상황을 분석하여 적정 자산 가치를 판단하는 것이 가장 중요합니다. 수익성 분석의 기초가 되는 임대가 적정성 및 임차인 분석 등 이전에 임대 업무를 하며 익혔던 실무 경험이 실질적인 도움이 되고 있습니다.

Question.4 부동산 매입·매각은 프로젝트가 빈번하지 않지만 거래 규모가 크기 때문에 매출 관리가 중요할 것 같습니다. 무엇보다 고객과의 관계 관리나 영업이 중요할 텐데 특별히 주안점을 두는 사항이나 신경을 더 쓰시는 부분이 있다면 설명을 부탁드립니다.

Answer 부동산 매입·매각은 거래 규모가 크고 횟수가 빈번하지 않아 일회성으로 생각하시는 분들이 많습니다. 하지만 부동산은 중장기적 관점에서 보면 금번 매수인이 몇 년 후 매도인의 위치가 되기도 하기 때문에 무엇보다도 고객의 신뢰가 매우 중요합니다. 제 역할은 객관적인 정보와 시장 분석으로 고객의 의사 결정에 도움을 주는 자문의 역할이므로 정확하고 투명한 업무 처리와 고객 지향적인 마인드와 행동이 가장 중요하다고 말씀드리고 싶습니다.

어느 비즈니스에서도 마찬가지이지만 실적에 일희일비하지 않고 어떤 상황에서든 고객의 입장에서 만족할 때까지 맡은 바 업무에 최선의 노력하는 것이 오랜 기간 매입·매각 분야에서 일할 수 있는 근간이라고 생각합니다.

Question.5 마지막으로 부동산 업계 취업을 준비하는 분들에게 부동산 업계 전망, 커리어 조언, 응원과 격려 한마디 부탁드립니다.

Answer 부동산 업계는 다양한 분야와 다양한 업무 영역이 있는 만큼 한 번 발을 딛고 경험을 쌓는다면 타 직종보다 좋은 조건으로 대우받으며 일할 수 있는 기회가 많습니다.

부동산 업무의 기초는 리서치, 자산 관리(PM), 임대(LM), 매입·매각 컨설팅이라고 할 수 있습니다. 제가 몸담고 있는 부동산종합컨설팅 회사의 자문 업무 경험을 통해 부동산 업계에 첫발을 딛는다면 향후 증권사, 자산운용사 등 다양한 부동산 업계에서 주요 키맨(Key man)으로 성장할 수 있는 중요한 밑거름이 될 것입니다.

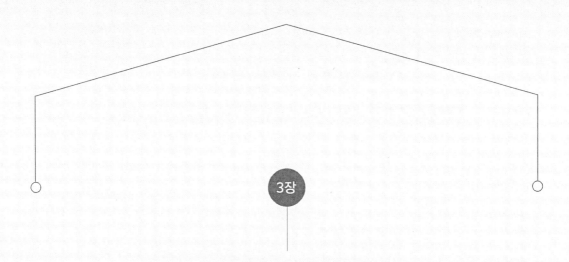

부동산 업계의
최신 흐름과 미래 전망

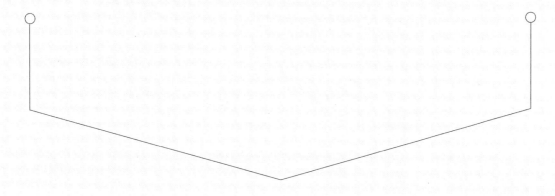

4차 산업혁명의 영향으로 부동산 직업이 없어질 것이라는 뉴스가 종종 들려온다. 하지만 부동산 직업은 새롭게 재편되고 있다. 프롭테크의 활성화, 상장 리츠의 성장, 물류 전문가의 수요 등 부동산 직업이 발전할 여지는 무궁무진하다. 부동산 업계의 최신 흐름을 통해 미래를 전망해 본다.

프롭테크의 발전,
부동산 직업은 재탄생하고 있다

4차 산업혁명의 영향으로 부동산 직업이 없어질 것이라는 뉴스가 자주 나오고 있습니다. 인공지능과 자동화 기술의 급속한 발달로 인해 앞으로 사라질 직업으로 부동산 중개인을 꼽는 글도 종종 보입니다. 2013년 옥스퍼드 대학에서 발표한 〈고용의 미래(The future of Employment)〉를 보면 702개의 직업 중에서 부동산 판매 중개인(Real Estate Sales Agents)이라는 직업의 사라질 확률이 86%로 497번째 순위를 차지했습니다.

국내 연구에서도 부동산 중개인의 입지는 좁은 것으로 나타났습니다. 2016년 한국고용정보원의 연구 보고서인 〈기술 변화에 따른 일자리 영향 연구〉에서 자동화 대체 가능성이 높은 직업으로 부동산 중개인이 13위에 올랐습니다. 이는 우리나라 현직자들을 대상으로 조사한 자료를 활용하여 분석한 결과입니다. 앞선 연구 결과가 남의 나라 이야기라고만 생각했던 것과 달리 국내를 대상으로 현실적인 조사를 한 내용이라 더 신빙성이 있습니다.

　우리나라는 워낙 부동산에 대한 애정과 관심이 커서인지, 부동산 관련 직업에 대해 관심은 많은 편입니다. 특히 공인중개사에 대한 관심이 높아 해마다 이 자격을 취득하려는 사람들이 줄어들지 않고 있습니다. 그런 분들에게 공인중개사라는 직업이 없어진다는 소식은 아무래도 불편할 수밖에 없습니다. 그렇지만 나쁜 소식만 있는 것은 아닙니다. 이 글의 제목처럼 현직자의 시선으로 볼 때 부동산 직업은 사라지는 게 아니라 새로운 모습으로 재탄생하고 있습니다.

　기술의 발달은 부동산 업계에도 큰 변화를 주고 있습니다. 이제는 더 이상 낯선 용어가 아닌 금융과 기술의 합성어인 핀테크(Fintech, Finance와 Technology의 합성어)처럼 부동산에도 프롭테크가 새로운 트렌드로 자리잡고 있습니다. 프롭테크는 Property와 Technology의 합성어입니다. 사물인터넷(IoT), 인공지능(AI), 빅데이터, 블록체인, 가상현실 등의 기술을 통해 새로운 부동산 서비스를 제공하는 것을 말합니다. 과거에는 생각하지 못했던 일들이 기술의 발전으로 더 나은 정보와 서비스를 제공할 수 있게 되었습니다.

　프롭테크는 이미 일상생활에서도 많이 활용되고 있습니다. 직방이나 다방 그리고 호갱노노 같은 부동산 플랫폼 서비스들이 그 대표적인 예입니다. 부동산 업계에서도 신성장동력으로 프롭테크에 주목하고 있습니다. 이런 관심을 반영하여 2019년 7월에 한국프롭테크포럼이 국토교통부로부터 사단법인 인가를 획득하였습니다. 한국프롭테크포럼에는 부동산 스타트업, 건축설계사, 금융투자사, 전자통신 대기업, 글로벌 부동산기업까지 300여 개가 넘는 다양한 기업이 참여하고 있습니다.

　프롭테크는 국내에서 이제 막 활성화되고 있는 단계입니다. 기술과 부동산의 결합은 어떤 아이디어를 어떻게 활용하느냐에 따라 그 영역이 무궁무진합니다. 이제는 너무나 유명해진 공유경제와 부동산을 활용한 모델로 공유 사무실의 대표적인 회사인 위워크(WeWork), 그리고 주택이나 주거용 부동산의 유휴 공간을 공유한 에어비앤비(Airbnb) 등은 아이디어만 있으면 누구나 프롭테크 비즈니스를 할 수 있다는 것을 보여 준 대표적인 사례입니다.

　우리나라 프롭테크 스타트업 중에서 스위트스팟(Sweetspot)이라는 회사가 있습니다. 이 회사는 건물의 유휴 공간을 중개하는 것을 주요 사업으로 하고 있습니다. 팝업스토어 중개 플랫폼 사업으로 유휴 공간과 IT를 접목하여 새로운 비즈니스를 창출했습니다. 이 회사는 영국의 팝업스토어 중개 스타트업 '어피어 히어(Appear Hear)'를 우연히 접하고 이에 영감을 얻어 국내에서 창업을 하게 되었다고 합니다. 해외의 성공한 프롭테크 기업의 아이디어를 신속하게 국내에 들여와 성공한 케이스입니다. 요즘같이 정보를 얻기가 쉬운 세상에서 실행력과 아이디어만 있으면 부동산 관련 창업이나 창직을 할 수 있음을 보여 주는 좋은 사례라고 할 수 있습니다.

　만약 해외의 비즈니스 모델이 언어 장벽으로 부담스럽다면 한국 프롭테크포럼의 회원사들을 살펴보면서 자신만의 니치 마켓을 찾아보는 것도 좋은 시도와 공부가 될 것 입니다. 부동산 금융 서비스를 특화한 P2P 서비스를 제공하는 회사들도 젊은 창업가들이 많이 도전한 영역입니다. 최근에는 부동산 스타트업에 투자하는 벤처회사들도 상당히 많습니다. 사업 아이디어만 좋다면 외부 투자를 통해서 사업을 키워나갈 수 있는 영역과 환경이 조성되었음을 체감할 수 있습니다.

앞서 이야기한 것처럼 부동산 직업은 없어지는 게 아니라 다른 형태로 계속 진화하고 있음을 인지해야 합니다. 부동산 중개업이 없어질 것이라고 말하는 것의 이면에는 그만큼 서비스가 단순하고 그 값에 상응하는 가치를 제공하지 못한다고 사람들이 인식하고 있기 때문일 수도 있습니다. 지금보다 더 효율적이고 가치를 창출할 수 있는 비즈니스를 생각하는 태도와 자세가 앞으로 부동산업의 미래를 결정할 것이라 생각합니다. 4차 산업의 등장은 기존의 비효율적인 직업을 새롭게 재편하는 것을 넘어 없던 영역을 만들어 내고, 새로운 일자리를 창출하고 있습니다. 누군가에게는 위기이지만 한편에서는 새로운 기회로 다가올 수 있습니다. 새로운 분야에 대해 준비하고 다가올 찬스를 노리는 사람에게 지금의 변화는 오히려 반가운 소식이 될 수도 있습니다.

인공지능도 대체할 수 없는 직업, 대체투자 전문가

자금을 많이 보유한 기관들의 투자를 구분할 때 전통적으로 주식, 채권, 대체투자 이렇게 세 분야로 크게 분류합니다. 최근 우리나라 투자 시장에서도 변화가 많이 일어나고 있습니다. 주식이나 채권 투자에 못지않게 부동산이나 인프라에 투자하는 대체투자의 비중이 높아지고 있습니다. 글로벌 시장의 영향을 많이 받는 주식은 변동성이 크고 예측하기도 어렵습니다. 금리는 계속 낮아져서 채권에 대한 매력도 많이 떨어지고 있는 추세입니다. 그래서 연금이나 공제회 기관에서는 지속적으로 대체투자의 비중을 늘려가고 있습니다.

앞서 설명한 공인중개사가 미래에 없어질 직업으로 지목된 것과 비슷하게 투자 분야에서도 기술의 발달이 펀드 매니저나 주식, 채권을 거래하는 트레이더들의 자리를 위협하고 있습니다. 세계적인 금융회사인 골드만삭스가 600명에 달하던 주식 매매 트레이더를 두 명으로 줄인 것은 컴퓨터 소프트웨어의 자동거래가 그들의 일자리

해외 대체투자 연도별 투자 비중

(단위: 조원, %)

구분	2021년 4분기		2020년		2019년	
	금액	비중	금액	비중	금액	비중
부동산	38	31.85%	31.3	34.51%	31.2	37.01%
인프라	30.2	25.31%	26	28.67%	23.7	28.11%
사모투자	47	39.40%	33.4	36.82%	29.4	34.88%
기타	4.1	3.44%	0	0.00%	0	0.00%
총계	119.3	100.00%	90.7	100.00%	84.3	100.00%

를 대신했기 때문입니다. 이처럼 투자 시장에서 주식이나 채권 등을 거래하던 고액 연봉자들이 사라지고 있습니다. 반면, 대체투자 시장의 매니저는 이와 반대로 품귀 현상이 일어나고 있습니다.

왜 그런지 그 이유를 알아보도록 하겠습니다. 대체투자의 자산은 실물 부동산을 기반으로 거래가 일어납니다. 주식이나 채권과는 달리 실물 자산이 있다 보니 자동화를 하기 위한 규격화가 어렵습니다. 또한 부동산의 특성상 현장을 직접 방문해야 하고, 그 자산을 사용하는 임차인들과의 관계를 유지해야 하는 독특한 특징이 있습니다. 거래가 쉽게 이루어지는 자산이 아니라는 점도 한몫을 합니다. 물론 부동산을 담보로 유동화하거나 주식 형태로 거래를 하기는 하지만 실물 자산이 존재하는 것이어서 주식이나 채권에 비해 현금화에 시간이 걸립니다. 이러한 대체투자 자산만의 고유성 때문에 기술이 발달하더라도 이를 운영하는 매니저는 획기적으로 그 인원을 줄일 수 없습니다. 오히려 위험을 줄이기 위해 더 많은 사람을 고용하여 다각적인 면에서 리스크 관리를 할 필요성이 있습니다.

전통적으로 투자 시장에서는 각 분야의 애널리스트가 좋은 연봉과 대우를 받았습니다. 시장에 대한 예측과 전망을 하는 중요한 역할을 했기 때문입니다. 하지만 최근에는 주식과 채권 애널리스트의 예상보다는 과학적 근거에 의한 투자 의사 결정에 더 무게를 두면서 설자리를 잃어 가고 있습니다. 반면, 대체투자 전문 애널리스트는 턱없이 부족합니다. 대체투자가 각광을 받고 부동산투자회사의 공모 리츠가 지속적으로 출시되면서 대체투자 애널리스트의 입지도 점차 넓어지고 있습니다. 앞으로 더 성장할 가능성이 높은 분야이기에 부동산 전문가를 꿈꾼다면 한 번 도전해 볼 만한 분야로 여겨집니다.

부동산이 대체투자 분야이고 기술의 발달로 전통적인 직업이 없어질 것이라고 예상해서 손을 놓고 있어서는 안 됩니다. 대체투자의 특성과 기술 그리고 거기에 새로운 아이디어를 더하면 새로운 길을 모색할 수도 있습니다. 부동산 중개를 하는 분 중에는 사람의 발길로 가기 어려운 임야나 농지를 전문으로 다루는 유튜버 중개사분도 있습니다. 나이가 많으심에도 불구하고 드론으로 중개할 물건을 촬영하여 이를 유튜브에 올려 거래를 하고 있습니다. 변화하는 시대의 물결을 잘 활용한 훌륭한 모범 사례로 볼 수 있습니다.

부동산이 가지는 고유한 특성에는 움직이지 않는다는 부동성과 더 이상 증가하지 않는다는 부증성, 그리고 동일한 형태가 없다는 다양성이 있습니다. 이로 인해 기술이나 자동화로 대체할 수 없는 영역이 반드시 존재합니다. 그런 점들을 잘 활용하면 다른 직업에 비해 더 오래 안정적으로 일할 수 있는 기반을 마련할 수 있을 것입니다. 위기 뒤에는 항상 기회도 함께 따라옵니다. 그런 점에 착안하여 여러분만의 고유한 영역을 개척해 나갈 수 있는 기회로 만들면 좋겠습니다.

상장 리츠가 증가할수록
부동산 직업도 늘어난다

부동산투자회사(REITs)는 투자 금액이 큰 부동산에 일반 개인들도 쉽게 투자를 할 수 있도록 주식시장에 상장을 시켜 거래할 수 있도록 한 데 의미가 있습니다. 이렇게 좋은 부동산 투자 방식이 지금까지는 특정 투자자들만 모아서 투자를 하는 사모 형태(49인 이하)위주로 진행되어 왔습니다. 사모 리츠는 주식 시장에 상장을 하지 않아도 되기 때문에 일반 개인이 투자를 하거나 거래할 수 있는 기회가 거의 없었습니다. 게다가 부동산투자회사와 관련된 횡령이나 사기 등의 불미스러운 사건들이 발생하면서 리츠가 좋은 투자 상품임에도 일반인에게 관심을 받지 못했습니다.

좋은 상품임에도 관심을 받지 못하는 상황을 해결하고자 정부에서는 2019년 9월 11일, 경제 활성화 및 국민의 소득 증대를 위해 〈공모형 부동산간접투자 활성화 방안〉을 발표하였습니다. 제목처럼 공모 리츠와 공모 펀드를 활성화해서 국민들의 소득 증대에 기여하고 주택시장으로 쏠리는 가계 유동성을 신사업 투자나 건설 투자 등 생산적 분야로 흡수하여 경제를 안정화하겠다는 목적입니다. 정부에서 지원하는 것이기 때문에 시장을 더 성장시키고 키울 수 있는 좋은 토대가 마련된 것입니다.

* 〈공모형 부동산간접투자 활성화 방안〉 요약

1. 공모 리츠, 부동산 펀드에 우량한 신규 자산 공급

2. 투자자 및 공모 리츠, 부동산 펀드에 세제 혜택 지원

3. 투자자가 안심하고 투자할 수 있는 여건 조성

4. 상품 다양화 및 사업성 강화를 위한 규제 합리화

이런 정부의 지원에 발맞춰서 부동산 업계에서도 상장 리츠를 잇달아 출시하면서 공모 부동산 투자 활성화에 큰 기여를 하고 있습니다. 일반인들의 관심도 함께 높아지면서 상장 리츠의 공모주들의 청약 경쟁률도 높아졌고 대규모 유동자금이 몰려들면서 흥행에도 큰 성공을 거두었습니다. 이 시기의 상장 리츠의 특징으로는 대기업 계열의 회사들이 설립한 리츠들이 상장되면서 그 신뢰도를 높였다는 점을 꼽을 수 있습니다. 누구나 알 만한 회사들이 우량한 자산을 리츠 투자 상품으로 출시하면서 일반 투자자들의 관심을 끌 수 있었던 것입니다.

정부의 이런 대책은 앞으로 부동산 산업을 육성하겠다는 뜻으로 해석할 수 있습니다. 이에 따라 부동산 업계에서도 공모 리츠나 펀드가 앞으로 더 성장할 가능성이 높다고 판단하여 관련 부서들을 신

종목	상장일	시가총액	투자자산
신한서부티엔디리츠	2021-12-10	2,775억	인천 스퀘어원 복합쇼핑몰, 용산 그랜드머큐어 호텔
미래에셋글로벌리츠	2021-12-03	1,651억	FedEx Tampa, Amazon Houston, FedEx Indiana, US
NH올원리츠	2021-11-18	2,199억	분당스퀘어, 비전월드, 도지물류센터, 에이원타워 당산, 에이원타워 인계
SK리츠	2021-09-14	9,658억	서린빌딩, SK에너지 (전국 116개 주유소)
디앤디플랫폼리츠	2021-08-27	3,478억	세미콜론 문래, 백암 FASSTO 1센터, 글로벌 이커머스사 일본 허브 물류센터
ESR켄달스퀘어리츠	2020-12-23	13,212억	부천, 고양, 용인, 이천, 김해, 평택 등 물류센터 포트폴리오
코람코에너지리츠	2020-08-31	4,553억	전국 171개 주유소
제이알글로벌리츠	2020-08-07	8,909억	벨기에 Finance Tower Complex
미래에셋맵스리츠	2020-08-05	980억	광교센트럴푸르지오시티 상업시설
이지스레지던스리츠	2020-08-05	1,100억	부평 더샵 민간임대주택, 홍대 코리빙 복 합시설, 디어스 명동, 디어스 판교
이지스밸류리츠	2020-07-16	1,775억	태평로 빌딩, 여주 쿠팡 물류센터, 이천YM 물류센터, 북미 DC포트폴리오, 분당 Hostway IDC
NH프라임리츠	2019-12-05	900억	서울스퀘어, 강남N타워, 삼성SDS타워, 삼성물산 서초사옥
롯데리츠	2019-10-30	13,363억	롯데백화점 6개, 롯데마트 4개, 롯데프리미엄 아울렛 1개, 롯데아울렛과 마트 2개
신한알파리츠	2018-08-08	4,202억	크래프톤타워, 더프라임타워, 대일빌딩, 트윈시티 남산, 신한L타워, 와이즈타워, 삼성화재 역삼빌딩

이리츠코크렙	2018-06-27	3,788억	NC백화점 야탑점, 뉴코아 아울렛 일산점/평촌점, 2001 아울렛 중계점/분당점
모두투어리츠	2016-09-22	359억	스타즈호텔 명동 1,2호점, 동탄점, 독삼점, 해동본타워, 홈플러스 5개 지점
케이탑리츠	2012-01-31	719억	쥬디스태화 본관빌딩, 완정빌딩, 화정빌딩, 미원빌딩, 서초빌딩, 김포빌딩, AJ비전타워, AJ빌딩
에이리츠	2011-07-14	302억	e편한세상문래 에듀플라츠, 대구 주상복합 신축사업

설하고 전담 조직을 만들어 인력을 대거 보강하거나 기존에 있던 부서의 인력을 더 충원하여 전문적인 조직으로 확대 개편하고 있습니다. 공모 부동산 투자가 부동산 업계의 신성장동력이라는 것을 보여주는 사례입니다.

공모 부동산 투자 상품이 많아지면 기본적인 인력 수요가 증가하는 것은 자연스러운 현상입니다. 특히 공모 부동산 투자는 다수의 투자자를 상대로 하기 때문에 업무량이 사모 부동산 투자에 비해 많을 수밖에 없습니다. 공모이기 때문에 다수의 일반인을 상대로 공시 및 응대 업무를 해야 합니다. 이처럼 업무량이 많아진다면 추가 인력이 더 필요할 수밖에 없을 것입니다.

리츠라는 투자 상품이 이제야 우리나라에서 관심을 받기 시작하고 있습니다만, 해외에서는 이미 대체투자의 대표적인 상품으로 자리를 잡았습니다. 우리보다 앞서 발달한 해외 리츠 시장을 살펴보는 것도 국내 시장의 미래를 예측하는데 큰 도움이 됩니다.

미국은 전 세계에서 가장 먼저 리츠 제도를 도입한 나라입니다. 1960년부터 시작을 했으니 벌써 60년이라는 긴 기간 동안 이런 제도를 운영하면서 지속적으로 성장 발전하였습니다. 미국 리츠 협회 홈페이지(http://www.reit.com)에 들어가면 다양한 리츠 관련 정보를 찾아 볼 수 있습니다. 특히 눈여겨볼 만한 것은 다양한 리츠 섹터가 있다는 것입니다. 'REIT Sector' 항목의 내용을 살펴보면 다양한 리츠 상품들을 확인할 수 있습니다. 오랜 기간 리츠 상품을 운영해 온 해외의 사례를 바탕으로 어떤 투자처가 앞으로 유망할지 예상해 보는 것도 좋은 방법이 될 수 있습니다.

★ 다양한 리츠 섹터

- OFFIC REITs: 오피스 빌딩에 투자 운영하는 리츠
- Industrial REITs: 물류센터 등 산업 부동산에 투자 운영하는 리츠
- Retail REITs: 쇼핑몰, 아울렛 등 리테일 부동산에 투자 운영하는 리츠
- Lodging REITs: 호텔, 리조트 등 숙박시설 등에 투자 운영하는 리츠
- Residential REITs: 레지던스 같은 주거용 부동산에 투자 운영하는 리츠
- Timberland REITs: 목재나 삼림 등에 투자 운영하는 리츠
- Health Care REITs: 요양시설, 병원 등 의료나 건강 관련 시설에 투자 운영하는 리츠
- Self-storage REITs: 셀프 스토리지, 개인 창고에 투자 운영하는 리츠
- Infrastructure REITs: 통신 케이블, 무선 통신, 통신 타워 등에 투자 운영하는 리츠

- **Data Center REITs:** 데이터센터에 투자 운영하는 리츠
- **Diversified REITs:** 위의 여러가지 자산을 섞어서 투자 운영하는 리츠
- **Specialty REITs:** 영화관, 카지노, 농장, 옥외 광고물 등 특수한 자산
  에 투자 운영하는 리츠

앞으로 다가올 시대의 모습을 예상해 본다면 기회를 잡을 수 있습니다. 모든 미디어가 휴대폰으로 통합되면서 동영상 시청 시간이 증가했다는 사실을 통해 통신 인프라 설비에 대한 투자 증가를 예상해 볼 수 있습니다. 전자상거래의 증가는 자연스럽게 물류센터의 폭발적인 수요를 창출할 것입니다. 또한 노인 인구의 증가는 건강이나 헬스케어와 관련된 분야가 성장할 것으로 판단해 볼 수 있습니다. 이처럼 앞으로 다가올 미래나 지금 우리나라에 없는 새로운 부동산 산업군에 관심을 두고 지속적으로 공부하고 연구하면 새로운 사업의 기회나 직업으로서 방향을 잡을 수 있을 것입니다. 최근에는 코람코자산신탁에서 전국의 주유소를 자산으로 한 리츠를 출시하였습니다. 이처럼 앞으로 다양한 부동산 자산을 활용한 리츠가 도입되면 새로운 일자리와 투자 기회도 만들어질 것입니다.

성장할 수밖에 없는
숨은 부동산 직업, 물류 전문가

부동산 직업은 많습니다. 우리가 아는 아파트, 빌라, 오피스텔 등 주거용 말고도 더 넓은 분야가 있습니다. 바로 상업용 부동산 영역입니다. 상업용 부동산에 대표적인 상품은 오피스 빌딩입니다. 오피스 빌딩의 자산 관리자 같은 직업은 이제 어느 정도 알려져 있습니다. 이번에 소개할 직종은 잘 알려지지 않았지만, 전망이 밝은 직종입니다. 소개에 앞서 전망이 밝다는 것은 어떤 의미일지 생각해 보았습니다. 다음 세 요소를 갖추고 있다면 유망 직종으로 볼 수 있을 것 같습니다.

유망 직종의 세 가지 요건

1) 성장 가능성

산업이 성장해야 그 안에서 매출이 발생하고 그 이익을 통해 사람을 고용하면서 산업이 더 발전하고 커질 수 있습니다. 당연한 말이지만 사양 산업에서 직업의 미래를 찾는 사람은 없을 것입니다. 미래가 밝고 성장 가능성이 있는 분야에서 일을 해야 더 높은 연봉과 처우를 받을 수 있습니다. 돈이 있는 곳에 좋은 직업이 있습니다.

2) 지속 가능성

한때 반짝하고 없어지는 산업과 직업들도 많습니다. 특히 요즘은 기술과 인공지능의 발달로 몇 년 안에 없어진다는 직업이 많습니다. 그런 면에서 앞으로 계속해서 살아남을 직업을 찾아야 합니다. 오래 지속 가능한 산업에 종사해야 안정적으로 일할 수 있습니다.

3) 전문성과 안정성

아무나 할 수 있는 일에 돈을 많이 주는 직장은 없습니다. 전문성이 필요한 직종이어야만 안정성을 확보할 수 있습니다. 누구나 쉽게 할 수 있는 일은 좋은 일자리라고 할 수 없습니다. 무인 계산대가 생겨나는 패스트푸드점을 보면 쉽게 이해할 수 있습니다. 전문성은 곧 직업의 안정성과 연결될 수 있습니다.

최근 상업용 부동산 업계에서 위의 세 가지 요건을 만족하여 각광받는 직종이 있습니다. 바로 물류 전문가입니다.

유망 직종 요건에 비추어 본 물류 전문가

최근 전자상거래의 발전으로 인해 물류에 대한 수요가 폭발적으로 증가하고 있습니다. 물류 산업이 발전하면 물류센터들을 개발하게 됩니다. 자연스럽게 그 자산을 관리해야 하는 물류 자산 관리자가 필요합니다. 오피스 빌딩을 개발하고 나면 그 자산을 운영하는 자산 관리자가 필요한 것처럼, 물류 부동산에도 현장에 상주하면서 자산을 운영하고 임차인을 관리할 전문가가 필요합니다. 앞서 말한 세 가지 요건을 물류 산업에 대입해 보면 앞으로 물류 전문가가 왜 유망 직종인지 쉽게 확인할 수 있습니다.

1) 성장 가능성: 물류 부동산의 수요 급증

최근 모바일 간편결제 시스템의 발전으로 온라인 쇼핑 비중이 크게 증가했습니다. 특히 요즘 새벽배송과 같은 신선식품의 배송이 증가하고 있고, 신발이나 의복과 같은 제품들의 온라인 구매 비중도 증가하고 있습니다. 그에 따라 물류센터의 공급량은 최근 3년간 10%씩 계속 증가하고 있습니다.

2) 지속 가능성: 없어질 수 없는 산업

전자상거래의 성장은 온라인으로 연결된 플랫폼을 통해 이루어지지만 실제 물건을 주고받는 것은 오프라인에서 이루어집니다. 물류는 물적 유통의 줄임말로 필요한 물품을 신속하고 효율적으로 원하는 장소에 때맞춰 보낼 수 있도록 함으로써 가치를 창출하는 경제 활동을 말합니다. 결국 상품은 물류를 통해 보관하고 이동합니다. 따라서 물류는 앞으로 없어질 수 없는 산업입니다.

3) 전문성과 안정성: 물류에 대한 전문성 필요

자산 관리자는 건축 설비 등 시설에 대한 배경지식을 가진 부동산 전문가입니다. 부동산 자산은 이러한 전문 지식을 갖춘 자산 관리자에 의해서 관리가 되어야 합니다. 물류 부동산 역시 마찬가지입니다. 물류 부동산의 특성을 잘 알고 있는 전문가에 의한 관리를 필요로 합니다. 하지만 아직까지 부동산 지식을 가지고 있고, 동시에 물류에 대한 이해도가 높은 전문가는 부동산 업계에 그리 많지 않습니다. 그러다 보니 전문성을 가진 사람이 희소할 수밖에 없고, 이는 직업 안정성으로 이어집니다.

불황일수록 물류 산업은 성장한다는 말이 있습니다. 경기가 좋지 않을수록 오프라인 쇼핑보다는 조금 더 저렴한 온라인 쇼핑 시장으로 넘어갈 수밖에 없기 때문입니다. 물류 부동산도 점점 더 대형화되어 가는 추세입니다. 대형 물류 부동산이 공급이 되면 그 자산을 관리하는 인력은 자연스럽게 필요할 것입니다.

또한 물류 부동산의 개발을 통한 수익률이 높아지면서 부동산자산운용사들이나 부동산개발회사들의 투자가 어느 때보다 활발한 상황입니다. 투자가 활발하니 공급이 늘어나는 것은 당연한 결과입니다. 하지만 그 공급을 따라갈 만한 적절한 인재가 시장에는 많이 부족합니다. 그러니 매력적인 전문 직종이 될 것이라고 예상해 볼 수 있습니다. 상업용 부동산 직업 중 새로운 분야에 도전해 보려는 사람이라면 물류 부동산 자산 관리자에 한 번쯤 관심을 가져도 좋을 것입니다.

부동산 전문 인력,
이제 국내에만 머물지 않는다

국내 상업용 부동산 업계는 계속 성장하고 있습니다. 2019년 부동산 컨설팅회사인 에비슨영에서는 서울 오피스 빌딩 거래액에 대한 인터뷰를 했습니다. 한 해 동안 서울 오피스 빌딩 거래액은 12조 1,000억 원으로 역대 최대 거래액을 경신했다는 소식이었습니다. 상업용 부동산의 대표적인 상품으로 각광받는 오피스 빌딩의 거래액이 늘어남에 따라 이와 관련된 일을 담당하는 전문 인력의 수요가 증가하는 것은 자연스러운 일입니다. 대형 오피스에 투자하고 운영 및 관리하는 사람들은 상업용 부동산 업계의 전문가들이기 때문입니다. 그만큼 거래가 활발하다는 것은 관련 매출이 증가하고 일자리도 늘어나리라는 것을 의미합니다. 어느 산업이든 마찬가지이지만 돈이 있는 곳에 일자리가 늘어납니다. 돈을 벌지 못하는 곳에 새로운 일자리가 생기는 것을 기대할 수는 없습니다.

거래가 많다는 것은 그만큼 경쟁자들도 시장에 많이 진입하는 것으로 볼 수 있습니다. 실제로 2015년 정부에서 사모 펀드 설립 규제를 완화하면서 자산운용사들도 많이 생겨났습니다. 자산운용사를 설립하려면 전문 인력을 의무적으로 보유해야 하기 때문에 부동산 전문 인력에 대한 수요도 늘어났습니다. 이뿐 아니라 부동산 시장에서 투자 물건에 대한 경쟁이 갈수록 치열해져 투자 수익률도 과거보다 많이 떨어지고 있습니다. 경쟁적으로 매입 가격을 높였기 때문에 부동산 투자 수익률은 자연스럽게 하락할 수밖에 없었습니다.

국내 부동산 투자에 대한 치열한 경쟁과 국내 유동자금의 투자처 부족으로 인해 국내 투자자들도 해외로 그 영역을 넓혀 가고 있습니다. 국민연금이나 여타 공제회 등 기관 투자자들은 이미 해외 투자

국민연금 중기자산배분 및 2021년도 기금운용계획안 개요

구분	2020년 말		2021년 말		2025년 말
	금액(조원)	비중(%)	금액(조원)	비중(%)	비중(%)
주식	**314.8**	**39.6**	**355.7**	**41.9**	**50% 내외**
국내 주식	137.7	17.3	142.5	16.8	15% 내외
해외 주식	177.1	22.3	213.2	25.1	35% 내외
채권	**376.4**	**47.4**	**381.4**	**44.9**	**35% 내외**
국내 채권	332.7	47.9	322.0	37.9	25% 내외
해외 채권	43.7	5.5	59.4	7.0	10% 내외
대체투자	**102.9**	**13.0**	**122.3**	**13.2**	**15% 내외**
금융부문 계	794.1	100.0	849.4	100.0	100%

출처: 국민연금 기금운용위원회

를 하고 있고, 앞으로 투자 금액을 더 늘릴 계획을 가지고 있습니다. 해외로 투자 영역을 넓혀 가다 보니 외국어 능력을 가진 인재에 대한 수요도 크게 높아졌습니다. 특히 부동산 지식을 가진 전문가면서 외국어 능력을 가진 인재는 찾기가 쉽지 않습니다. 결국 고액 연봉을 주면서 경쟁적으로 인재를 영입할 수밖에 없어 그런 능력을 가진 인재들의 몸값은 계속 올라갈 것입니다.

해외 부동산 투자는 현지의 네트워크가 굉장히 중요합니다. 부동산의 특성상 그 나라의 법규나 사정을 잘 알지 못하면 투자 기회를 찾기도 어렵고 투자 후 수익을 제대로 내기가 어렵습니다. 그래서 해외 투자를 할 때 대부분 현지 국가와 파트너십을 맺은 회사들과 함께 하는 일이 많았습니다. 하지만 최근에는 국내 회사들도 현지 지점을 직접 열어 해외 투자에 나서는 사례도 많아지고 있습니다.

한강에셋자산운용은 해외 투자에 전문성을 높이고 빠른 정보 습득을 하기 위해 회사 설립 초기부터 해외 지사인 미국 법인을 설립해서 운영하고 있습니다. 또한 부동산자산운용사로 급속한 성장을 보여 주면서 시장 장악력을 높이고 있는 이지스자산운용도 해외 현지 지사를 보유하고 있습니다. 국내 부동산 못지않게 해외 부동산에 투자를 하면서 부동산자산운용회사나 부동산투자회사들이 포트폴리오를 넓혀 가고 있습니다. 이제는 부동산 투자 시장이 국내에 국한된 게 아니라 전 세계 부동산으로 그 영역이 확장되었습니다. 특정 회사만 해외 투자 부문이 있는 게 아니라 이제는 어느 정도 투자 규모가 갖춰진 회사라면 대부분 해외 투자팀을 보유하고 있습니다.

앞으로 해외 부동산 투자에 대한 개인 투자자들의 수요도 계속해

(단위: 억 원)

기준일자	해외 부동산 펀드		국내 부동산 펀드		합계	
	설정원본 +계약금	펀드수 +계약건수	설정원본 +계약금	펀드수 +계약건수	설정원본 +계약금	펀드수 +계약건수
2021-12-31	675,244	954	606,631	1,342	1,281,875	2,296
2020-12-31	607,158	866	534,268	1,252	1,141,426	2,118
2019-12-31	542,452	767	468,803	1,168	1,011,255	1,935
2018-12-31	394,672	571	391,649	937	786,321	1,508
2017-12-29	300,903	416	330,130	760	631,033	1,176

출처 : 금융투자협회

서 증가할 것입니다. 국내 시장이 좋지 못하다 보니 개인들도 전 세계 시장을 바라보는 것입니다. 게다가 기술의 발달과 빠른 정보의 유통으로 투자가 쉬워진 것도 한몫을 하고 있습니다. 최근에는 배당주 투자의 매력으로 부동산투자회사 리츠에 대한 수요와 관심이 많아지고 있습니다. 이런 관심은 해외 리츠에 대한 투자로도 이어지고 있습니다. 이전에는 우리나라보다 앞서 발달한 해외 리츠에 은행이나 증권 PB들을 통해 고액 자산가들만 투자를 했던 게 현실이었습니다. 최근에는 일반 개인들도 해외 리츠에 손쉽게 투자를 할 수 있는 시스템들이 속속 등장하고 있습니다. KB증권에서는 해외 리츠를 원화로 바로 거래할 수 있는 시스템을 선보였고, 삼성증권에서는 싱가포르 상장 리츠를 환전 없이 홈 트레이딩 시스템(HTS)이나 모바일

트레이딩 시스템(MTS)으로 거래할 수 있는 서비스를 제공하고 있습니다. 간접 투자 상품인 부동산 리츠의 거래가 증가되면 이에 따른 전문 인력 수요도 자연스럽게 늘어날 것을 예상해 볼 수 있습니다.

상업용 부동산 투자가 이렇게 전 세계적으로 확장되면서 기본적인 인력 수요도 늘어났습니다. 그러나 빠른 수요 증가에 비해 부동산 전문 인력의 공급은 더디기만 합니다. 아무래도 경험과 경력을 갖춘 사람을 원하기 때문입니다. 더불어 그런 부동산 커리어와 노하우에 어학이라는 강점을 가진 사람을 찾는 것은 더욱 어려운 일이 되었습니다. 그렇기 때문에 부동산 업계를 준비하고 도전하는 사람들은 어학의 필요성을 인지해야 합니다. 단순히 스펙을 위한 점수가 아닌 현업에서 사용을 할 진짜 실력을 키우는 게 중요합니다. 무엇보다 앞으로 꿈을 확장하는데 국내뿐만 아니라 해외에도 도전해 볼 수 있도록 시야를 넓혔으면 합니다.

부동산 시장의 흐름을
쉽게 이해하는 법

강물 밖에 있는 사람은 흐르는 물에 발을 담그는 것을 망설일 수밖에 없습니다. 겉으로 보는 것과 달리 막상 물속으로 들어갔을 때 그 속도가 다를 수 있기 때문입니다. 부동산 현업에 있는 사람들은 물속에 있는 물고기와 같이 이미 유속에 적응을 한 상태입니다. 반면 취업을 준비하시는 분들이나 처음 부동산 업계를 접하신 분들은 쉽게 따라가기가 어려운 게 사실입니다. 그래도 부동산 업계에 진입하고 적응을 하려면 부동산 시장의 흐름에 발맞춰 가야 합니다.

부동산 시장은 시시각각 변합니다. 전국 각지에서 매일매일 다양한 정보들이 쏟아져 나옵니다. 이런 일들을 전부 다 알 수는 없지만 짧은 시간에 효과적으로 익힐 방법은 있습니다. 바로 뉴스 검색을 하거나 관련 정보를 알고 있는 사람들과 인터뷰를 해 보는 것입니다. 하지만 뉴스를 찾아보는 일에 많은 시간을 쓸 수도 없습니다. 그렇다면 부동산 전문가들이 보내 주는 뉴스레터를 구독하는 것도 한 가지 대안이 될 수 있습니다. 특히, 상업용 부동산 업계에서 일하는 사람이라면 관련 뉴스들만 골라서 보내 주는 뉴스레터를 활용하면 큰 도움이 됩니다. 불필요한 검색 시간을 줄여 주고 꼭 필요한 소식만을 전해 주기 때문에 한두 개쯤은 구독할 필요가 있습니다.

부동산 관련 정보는 단편적이지 않은 경우가 많습니다. 경제, 경영, 정치, 법 등 다양한 요소들이 얽혀 있는 경우가 대부분입니다. 그래서 표면적인 정보의 전달보다 그 이면에 있는 내용의 해석과 의미 파악이 더 중요할 때가 많습니다. 뉴스레터를 통해 읽는 기사는 기자들이 뉴스를 만들기 위해 다양한 자료들을 찾아내고 집약해서 그 뒤에 숨겨진 의미와 미칠 영향 등을 자세하게 분석해 줍니다. 짧은 시간에 다양하고 깊은 정보를 손쉽게 습득할 수 있는 것입니다. 그저 꾸준히 읽기만 해도 자연스럽게 부동산 공부가 됩니다.

부동산과 관련된 대부분의 정보는 매우 비밀스러운 것이어서 외부 사람들이 알기 어려운 일들도 많습니다. 그렇게 쉽게 접하기 어려운 일들도 기자들이 열심히 찾아서 뉴스로 제공합니다. 어떤 뉴스는 내부자들이 알고 있는 것보다 더 깊고 광범위한 내용을 담고 있는 경우가 있어 놀라기도 합니다.

뉴스레터를 정기적으로 구독하면 부동산 시장의 트렌드를 알 수 있습니다. 최근의 투자 경향은 어떤지, 부동산 매매나 임대 시장 상황은 호황인지 불황인지, 어떤 임차인들이 어느 지역에서 이전을 하는지, 개발 사업에는 어떤 부동산들이 관심을 받고 있는지 등 말 그대로 부동산 시장이 어떻게 돌아가는지 가늠할 수 있습니다. 물론 미래를 정확히 예측하는 것은 불가능하지만, 앞으로 어떤 것들이 각광을 받을 것인지에 대한 전망이나 유망한 부동산 등에 대한 정보를 얻을 수 있는 좋은 기회가 됩니다. 아래 상업용 부동산 뉴스레터를 보내 주는 회사들 중에 마음에 드는 곳을 골라 꾸준히 구독을 하면 부동산 정보를 얻는 것은 물론 부동산 직업에 대해서도 생각해 보는 좋은 계기가 될 수 있습니다.

* 뉴스레터를 제공하는 대표적인 회사들

서울프라퍼티인사이트(SPI) http://seoulpi.co.kr

한화호텔&리조트 https://www.hanwhaestate.com

젠스타메이트 http://genstarmate.com

보내 주는 뉴스를 꾸준히 읽기만 하는 것으로도 충분히 가치가 있습니다만 이보다 중요한 것은 자신만의 기준을 가지고 기사를 받아들이는 것입니다. 언론에서 보도한 것이라고 해서 무조건 정확하고 맞는 것은 아닙니다. 때로는 오보도 있고 지나치게 주관적인 견해가 포함된 기사도 있습니다. 처음부터 그런 것들을 걸러내는 능력을 갖출 수는 없겠지만 계속 읽어 나가다 보면 자신만의 주관과 관점을 가질 수 있을 것입니다.

　기사를 더 적극적으로 읽고 내 지식으로 만들고자 한다면 그 기사 안에 인용된 내용을 직접 확인해 보거나 뉴스에서 언급된 현장을 직접 찾아가 보는 것도 한 가지 방법입니다. 예를 들어 상업용 부동산과 관련된 보고서가 발간되었는데 이 자료를 인용한 기사가 있다면 직접 그 보고서의 원문을 찾아 읽어 보는 것입니다. 원문 전체를 읽다 보면 뉴스로 요약한 것보다 훨씬 더 넓고 깊은 정보를 얻을 수 있습니다.

그리고 기사에서 다룬 현장에 직접 가 보고 그 기사를 쓴 기자의 관점과 내가 읽고 본 것은 어떻게 다른지 느껴 보는 것도 좋은 경험이 될 것입니다. 부동산을 아무리 사실적으로 묘사하더라도 설명할 수 없는 부분이 있게 마련입니다. 그래서 부동산에서는 현장을 방문하는 임장 활동을 중요하게 여기는 것입니다. 부동산에는 그곳에 가봐야만 느낄 수 있는 뭔가가 분명 있습니다. 아무리 VR 기술이 발전한다 해도 현장감을 전달하기에는 분명 한계가 있을 것입니다. 특히 부동산 고유의 입지나 주변 환경의 영향 등은 직접 눈으로 확인해야 할 게 많습니다.

부동산에 관심을 가지고 있거나 현업에 있는 사람이라면 부동산 뉴스레터는 필히 구독하기를 권합니다. 물론 각 회사들이 보내는 뉴스에 중복되는 내용이 있기도 하지만 각자 나름대로의 스타일로 새로운 인사이트를 제시하는 뉴스레터들도 많아지고 있습니다. 회사의 담당자에 따라 어떤 때는 특집 기사를 싣기도 하고, 최근에 이슈가 많이 되는 업계의 소식을 집중적으로 다루기도 합니다. 뉴스레터를 발간하는 회사들이 이를 영업과 마케팅의 수단으로 발송하는 경우도 있지만 받는 사람이 어떻게 활용하느냐에 따라 그 가치는 천차만별이 될 수도 있습니다. 무료라고 내용이 절대 허술하지 않으니 꼭 구독해 보기를 바랍니다.

오디오 콘텐츠인 팟캐스트를 듣고 활용하는 것도 좋습니다. 부동산 분야에도 다양한 팟캐스트가 있지만 부동산 취업을 위해서는 상업용 업계 이야기를 많이 다루는 팟캐스트를 듣는 게 더 효과적입니다. 상업용 부동산 팟캐스트로 유명한 콘텐츠로 〈고병기 기자가 들려주는 상업용 부동산 이야기〉가 있습니다. 현직 기자가 상업용 부동산 업계의 다양한 사람들과 인터뷰 형태로 대화를 나누는 팟캐스트입니다. 출연자 한 사람 한 사람 해당 분야에 인사이트를 가진 사람들이어서 듣기만 해도 다양한 간접 경험을 할 수 있습니다. 이 팟캐스트는 현직자들이 출연도 많이 하고 있으며, 업계에 있는 분들도 많이 들을 만큼 그 전달하는 정보와 수준이 굉장히 높습니다.

세대와 공간에 대한 이해가
부동산의 미래다

아무리 새로운 것이라고 해도 미래를 완벽하게 대비할 수는 없습니다. 특히 요즘같이 빠르게 변화하는 시대에는 며칠만 지나도 트렌드에 뒤처지는 취급을 받기도 합니다. 더욱이 부동산의 최신 흐름을 따라 잡으려고 노력하는 일과 미래를 전망하는 것은 쉬운 일이 아닙니다. 시시각각 변하는 흐름을 감지하여 부동산과 연결하는 일에는 어쩔 수 없이 시차가 있을 수밖에 없습니다. 그래도 조금이나마 그 변화를 따라가려면 세대와 공간에 대한 이해가 필요합니다. 부동산의 특성상 쉽게 물리적인 변화를 줄 수는 없겠지만 운영하는 방식은 유연하게 바꿀 수 있기 때문입니다.

필자가 어렸을 때는 젊은 세대를 소위 X세대라고 불렀습니다. 지금은 촌스럽고 유치한 단어지만 그 당시 신세대라고 해서 많은 사람들의 입에 오르내리던 말이었습니다. 시간이 흐르면서 자연스럽게 새로운 세대가 등장합니다. 요즘에는 밀레니얼 세대가 화두입니다.

그들이 어떻게 생각하고 소비하는지 많은 사람들이 연구를 하고 관심을 가지고 있습니다. 이보다 더 나아가 밀레니얼 세대 다음 세대인 디지털 네이티브 세대에 대한 이야기도 어렵지 않게 들을 수 있습니다.

부동산 업계에서는 새로운 세대가 등장하는 것에 관심이 많습니다. 왜냐하면 새로운 세대에 대한 이해를 바탕으로 공간을 구성하고 그 안에서 제공할 서비스를 생각해야 하기 때문입니다. 우리나라는 이제 더 이상 제조업을 기반으로 성장하고 있지 않습니다. 대부분의 일자리가 지식산업이 되었습니다. 지식산업의 기반이 되는 공간은 공장이 아니라 사무실입니다. 이처럼 지식산업이 주류가 된 사회에서는 뛰어난 지식을 가진 한 사람이나 몇몇 사람들의 아이디어를 통해 어마어마한 매출을 발생시킬 수 있는 기회가 생기기도 합니다. 예를 들어 카카오톡의 이모티콘처럼 캐릭터 하나 잘 만들면 수많은 곳에 판매되고 활용되어 어마어마한 수익을 창출하기도 합니다.

그래서 지식산업에 기반을 둔 회사는 그곳에서 일하는 사람들이 더 나은 아이디어를 창출해 낼 수 있는 공간에 대한 연구를 할 수밖에 없습니다. 구글이나 애플 같은 세계적인 기업들이 직원들이 일하는 곳을 최고의 공간으로 만드는 것은 그런 이유에서입니다. 직원들이 일하는 공간이 좋아지면 더 나은 아이디어와 비즈니스 모델을 생각할 수 있습니다. 그런 사무 환경을 제공하려면 당연히 부동산이 있어야 합니다. 더 나아가 최적의 환경과 근무 조건을 만들기 위해서는 처음부터 그 부동산이 제공할 공간에 대해 이해하고 어떻게 서비스를 제공할지 고민해야 합니다. 그래서 앞으로 부동산 전문가가 되기 위해서는 세대와 공간에 대한 이해가 선행돼야 합니다.

　최근 기업에서도 요즘 세대가 어떤 곳을 선호하는지, 또 어떻게 일할 때 효율적으로 일할 수 있는지 고민합니다. 이런 트렌드를 읽지 못하는 기업은 최고의 인재를 끌어올 수도 없고, 세대를 이해하지 못한 환경을 제공한다면 금세 회사를 떠나기 때문입니다. 건축물을 개발하는 사람들도 새로운 세대가 어떻게 부동산을 사용할지 고민을 하여 공간을 기획합니다. 또 중개 에이전트들은 새로운 세대가 더 선호하는 입지와 환경을 가진 사무실을 찾고 제안한다면 더 많은 거래를 할 수 있습니다. 더 나아가서 부동산의 자산 관리자는 그런 환경을 제공할 수 있도록 부동산을 운영하고 관리를 해야 합니다.

　부동산과 밀접하게 관련된 회사들도 세대와 공간에 대해 심도 있게 연구합니다. 사무용 가구를 만드는 퍼시스(FURSYS)는 '사무 환경이 문화를 만듭니다'라는 캠페인을 통해서 사무용 가구가 사용자에게 어떤 영향을 끼치는지 지속적으로 알리고 있습니다. 업무 공간에서 사무용 가구에 배치에 따라 직원들의 생산성이 달라진다는 것을 책이나 잡지 출간, 정기적인 세미나를 통해 지속적으로 홍보하고 있습니다. 부동산회사는 아니지만, 공간에 대한 이해를 바탕으로 자사의 가구를 판매한다는 점에서 부동산회사가 배워야 할 것들이 많아 보입니다.

　글로벌 부동산자산관리회사인 JLL(Jones Lang LaSalle)은 홈페이지에 'Future of Work'라는 카테고리를 만들어 지속적인 연구와 홍보 활동을 하고 있습니다. JLL 홈페이지의 문구를 보면 미래의 일하는 방식이 부동산에 영향을 줄 것이라는 그들의 가치관을 알 수 있습니다. 이처럼 업무 공간에 대해 제대로 알아야 다가오는 새로운 시대에 부동산 산업에서 경쟁자와 차별화된 새로운 가치를 만들 수 있음을 글로벌 리딩 회사는 이미 간파한 것입니다.

부동산업이라는 게 단순히 싸게 사서 비싸게 파는 투자 상품이 아니라 그 공간을 효율적으로 사용할 수 있도록 제공하는 게 근본 목적임을 잊지 않아야 합니다. 부동산 투자로 인한 매각 차익이 크기 때문에 정작 중요한 운용 수익의 중요성을 간과할 수 있습니다. 임차인이 원하는 공간을 제공해야 운용 수익의 핵심인 임대료를 제대로 받을 수 있습니다. 그리고 부동산을 사용하는 사람들이 그곳에서 가치를 창출해야 그 효용이 높아지고, 자연스럽게 부동산 가격도 상승한다는 기본 원리를 잊지 않아야 합니다.

부동산 산업의 미래에 대해 호기심을 가지고 학습하고 연구하는 것은 부동산 취업을 준비하는 사람뿐만 아니라 현업에서 일하는 전문가들도 해야 할 일입니다. 상품의 사용자가 누군지 정확하게 파악하고 그들이 무엇을 좋아하는지 끊임없이 탐구하는 자세가 필요합니다.

부동산을 통해 돈을 버는 것도 중요하지만 지금 하고 있는 일을 통해 다른 사람에게 어떤 기여를 할 수 있고 또 세상을 어떻게 변화시킬 수 있을까 고민하는 직업적 소명을 갖는 것도 중요합니다. 이런 근본적인 것들을 잘 생각하고 있어야 일을 하면서 흔들리지 않고 자신만의 길을 가는 원동력이 될 수 있습니다. 앞으로 부동산 업계는 계속 변화할 것입니다. 어제의 지식이 노하우가 될 수는 있겠지만 새로운 문제를 완전히 해결해 줄 수는 없을 수도 있습니다. 결국 부동산 전문가로 성장하고자 한다면 부동산의 최신 흐름에 항상 관심을 갖고 새로운 시도를 하는 데 두려움이 없어야 합니다. 물론 다른 세대를 이해하는 일은 쉽지 않은 일이며 공간을 사용하는 사람들의 생각도 천차만별일 것입니다. 하지만 그런 도전적인 일들을 해결하는 과정을 수행해 나가다 보면 부동산 전문가로서의 역량도 향상되고 성취감도 느낄 수 있을 것입니다.

부동산 정보를
더욱 손쉽게

부동산 플랫폼 서비스 디스코(Disco) **배우순 대표**
leon821202@naver.com

Question.1 지금까지의 경력을 바탕으로 간단한 본인 소개 부탁드립니다.

Answer 안녕하세요. 저는 부동산 플랫폼 서비스 디스코를 개발하고 있는 배우순입니다. 디스코는 부동산과 관련된 모든 정보를 제공하는 것을 목표로 하는 회사입니다. 우리나라에서 가장 중요한 자산인 부동산에 대한 모든 정보를 쉽고 빠르게 찾을 수 있는 서비스를 만들고 있습니다.

저는 부동산 감정평가와 컨설팅 업무를 2009년부터 2016년까지 7년간 수행했습니다. 마트나 쇼핑몰 같은 대형 상업시설, 업무용 빌딩, 삼성동 한국전력 부지와 같은 개발 부지, 물류 창고 등 다양한 부동산에 대한 평가와 컨설팅 업무를 수행했습니다. 이처럼 규모가 큰 부동산은 다양한 정보를 기반으로 거래와 투자가 이루어지지만, 작은 부동산은 정보가 충분하지 않은 상태에서 거래를 하는 경우가 많습니다. 이런 시장의 취약점을 IT 기술로 채울 수 있다고 생각하여 디스코라는 서비스를 시작하게 되었습니다.

Question.2 디스코 회사 소개를 부탁드립니다. 주요 제공 서비스가 어떤 것이고 궁극적인 목표가 무엇인지 궁금합니다. 또, 회사 이름에도 재미있는

에피소드가 있을 것 같습니다. 어떤 의미로 회사명을 만들었는지 궁금합니다.

Answer 디스코는 우리나라에 있는 모든 부동산에 대한 정보를 제공하는 것을 목표로 하는 회사입니다. 주요한 정보로는 부동산 실거래가, 토지 대장, 건축물 대장, 경매 정보, 등기 정보, 매물 정보가 있습니다. 디스코의 목표는 부동산 정보가 필요한 모든 사람들이 디스코에서 원하는 정보를 찾을 수 있게 하는 것입니다. 그 목표를 위해 지금도 수많은 부동산 정보를 모으고 있고, 그 정보를 이용자에게 잘 제공하기 위해 노력하고 있습니다.

디스코라는 이름은 'Discover Real Estate' 라는 의미를 담고 있습니다. 어떤 부동산이든, 어떤 부동산 정보든 찾아 주는 서비스를 만들겠다는 뜻을 담아서 만들었습니다.

Question.3 프롭테크에 관심을 가지고 창업까지 하게 된 계기가 궁금합니다. 그리고 프롭테크 스타트업을 하면서 가장 보람이 있었거나 큰 성취감을 맛보았던 경험이 있으면 말씀해 주시면 좋겠습니다. 반대로 어려움이나 힘든 점에 대해서도 설명을 부탁드립니다.

Answer 부동산 시장은 연간 수백조 원이 거래되는 큰 시장입니다. 그러나 부동산 정보는 공개되어 있지 않은 것이 많습니다. 즉, 폐쇄적인 시장 특성을 가지고 있습니다. 또한 부동산과 관련된 모든 정보를 제공하기 위해서는 인력으로 할 수 없는 부분이 있습니다. 예를 들어 디스코에서는 매일매일 실거래가 정보를 업데이트 하고 있는데, 이런 부분은 사람이 직접 입력할 수 없습니다. 그렇지만 IT 기술을 활용한다면 빅데이터를 관리하고 제공할 수 있을 것이라 생각했습니다.

저희의 서비스를 통해서 사용자들이 필요한 정보를 잘 확인하셨을 때 보람을 느낍니다. 디스코를 통해 자기 집의 가압류 내용을 확인했다거나, 위법한 건축물을 확인했다는 분들이 있습니다. 최근에는 부동산 중개업을 하시는 공인중개사분들이 디스코를 이용해서 업무가 수월해졌다는 이야기를 해 주실 때 서비스를 시작하길 잘했다는 생각이 듭니다.

어려운 점은 부동산 정보를 모으기 위해서 필요한 자본입니다. 디스코는 정보를 모아서 성장하는 플랫폼이고, 정보를 모으기 위해서는 비용이 들어갑니다. 하지만 디스코는 수익을 내는 부분이 없습니다. 매출을 어떻게 발생시킬 것인지에 대한 것은 모든 스타트업의 가장 큰 고민이라고 생각합니다. 디스코도 수익모델에 대한 고민이 많지만, 부동산 시장과 빅데이터의 가능성을 보고 한 걸음씩 나아가고 있습니다.

Question.4 디스코 사무실에 방문해 보니 회사가 아니라 카페 같은 느낌이었습니다. 부동산 스타트업 회사로서 사내 분위기나 근무 환경에 대해서 설명해 주시면 좋겠습니다. 추구하는 사내 문화나 업무 환경도 있다면 소개를 부탁드립니다.

Answer 저희 회사 문화는 구성원들이 가장 편안할 수 있는 환경을 만드는 것에 초점을 두고 있습니다. 사람들은 삶의 가장 많은 시간을 회사에서 보냅니다. 그런데 회사의 환경은 회사의 입장만으로 만들어지는 경우가 많습니다. 저희는 최대한 구성원이 원하는 기준에 맞추기 위해 노력하고 있습니다. 사무 공간, 일하는 방식, 식사, 휴가 등 일하면서 필요한 모든 것을 구성원이 받아들일 수 있도록 합니다.

Question.5 마지막으로 부동산 업계 취업을 준비하는 분들에게 부동산 업계 전망, 커리어 조언, 응원과 격려 한마디 부탁드립니다. 또는 부동산회사 창업을 준비하는 분들에게 한마디 부탁드립니다.

Answer 부동산업은 우리나라에서 가장 중요한 산업 중 하나입니다. 지금도 많은 전문가들이 부동산업의 여러 영역에서 활발하게 활동하고 있습니다. 특히 최근에는 IT 기술 기반의 프롭테크회사들과 기존 부동산회사들이 함께 다양한 시도를 하고 있습니다. 프롭테크를 통해서 한 단계 발전하고 있는 부동산 업계에서 새로운 기회를 찾으시길 바랍니다.

이제는
프롭테크가 대세다

기술 기반 부동산투자회사 위펀딩(Wefunding) **이지수 대표**
js.lee@wefunding.com

Question.1 지금까지의 경력을 바탕으로 간단한 본인 소개 부탁드립니다.

Answer 저는 감정평가사로 커리어를 시작하여 영국계 컨설팅회사인 DTZ 에서 주로 글로벌 기관 투자자의 투자 자문 업무를 수행하였습니다. 주 클라이언트는 국민연금, 삼성, LG, 롯데, KT, LIM, 싱가포르투자청, 도이치뱅크, CBRE GI, 아부다비투자청, MBK, GAW Capital, Invesco, 미국 국방부, STS개발 등이었습니다.

참여했던 프로젝트는 여의도 IFC, SFC, GFC, 스타필드고양, 현대카드사옥, KT 전국자산진단, 롯데쇼핑 자산 싱가포르 유동화, 명동 엠플라자, 분당스퀘어, 화성동탄물류단지, 안산로지스밸리, 케이트원타워, 삼성동 현대차부지 등이었습니다.

또한 싱가포르, 중국, 호주, 독일(함부르크, 프랑크푸르트), 일본(도쿄), 미국(뉴욕) 등에 부동산 투자 및 개발과 관련된 자문 업무를 수행하였습니다.

이 경험들을 토대로 부동산 투자를 기술과 접목한 온라인 부동산투자회사인 위펀딩을 창업하여 운영하고 있습니다.

Question.2 위펀딩 회사 소개와 무엇을 하는 곳인지 설명을 부탁드립니다. 주요 프로젝트가 있다면 간단히 소개해 주시면 좋겠습니다.

Answer   위펀딩은 기술 기반의 부동산투자회사입니다. 기존의 부동산 투자 시장의 불투명성과 비체계적이라는 한계점을 기술을 통해 해결해 나가고 있습니다. 온라인을 통해 누구나 쉽게 부동산에 투자할 수 있는 플랫폼 서비스를 고객에게 제공하고 있습니다. 현재는 P2P 금융을 통해 50~500억 원을 부동산에 투자하고 있으며 누적 750억 원을 투자하여 약 16.0%의 수익률을 달성하였습니다.

위펀딩은 프롭테크를 기반으로 리서치 센터에서 지역과 섹터별 분석을 통해 시점별 시장 상황에 부합하는 부동산 투자 전략을 수립 후 이에 부합하는 상품을 제공하고 있습니다. 향후에는 더 나아가 부동산 투자 포트폴리오 연구를 통해 최적의 비율을 도출하여 제공하려고 합니다.

최근의 시장 상황에는 물류센터, SH, LH에서 매입 약정된 주택 신축 프로젝트, 도시 재생 사업 프로젝트 등의 상품이 유망하다고 판단되어 이 분야의 상품 발굴과 상품화에 집중하고 있습니다.

Question.3   위펀딩에서 도시 재생 사업에 크라우드 펀딩을 통해 참여했다고 들었습니다. 어떤 방식이었는지 설명해 주시면 좋겠습니다.

Answer   인천에 개항로라는 지역이 있는데, 이 지역은 과거 일본인들이 살았던 지역으로 일본 양식의 노후화된 건축물들이 공실 상태로 방치되어 있었습니다. 이 지역을 재생하기 위해 자본가, 유명 셰프, F&B 대표, 유명인 등이 모여 건축물을 매입하고 외관을 개선하여 개성 있는 점포를 입점시켰습니다. 위펀딩은 이 지역 재생 시도에서 제일 첫 번째 프로젝트에 참여하였습니다. 1970년대 신축한 병원을 리노베이션해서 복합 문화 공간으로 업사이클링하는 프로젝트였습니다. 현재 이곳은 많은 사람들이 찾고 있고 뮤직비디오 및 드라마 촬영지로도 각광받고 있으며, 특색 있는 점포들이 늘어나면서 지역이 활성화되고 있습니다.

이 프로젝트 이외에도 위펀딩은 다른 몇몇의 도시 재생 프로젝트에 참여하였고, 이 경험과 연구를 통해 도시 재생 사업의 성공 및 지속 가능성이 높은 모델을 구축하였습니다.

Question.4 회사 창업을 준비해 온 과정에 대해서 설명 부탁드립니다. 부동산회사를 다니다가 창업을 하신 것으로 들었습니다. 어떻게 준비를 하셨고 무엇을 목표로 창업에 도전하셨는지 궁금합니다.

Answer 직장 생활 중 스타트업 컨퍼런스를 다니며 스타트업을 통해 세상을 바꾸고 있는 사람들을 접하면서 막연하게 내 사업을 해 보고 싶다는 생각이 들었습니다. 이즈음에 알리바바의 앤트파이낸셜, 미국의 베러먼트 등의 회사에서 핀테크라는 개념이 대두되었는데, 내가 가지고 있는 부동산 투자의 경험과 노하우를 IT와 접목시킨 기술 기반의 부동산투자회사를 기획하게 되었습니다. 이후 스타트업 행사나 모임에 참석하여 스타트업 기업의 대표, 벤처캐피탈 임직원 분들과의 인터뷰를 통해 정보를 수집하였고, 부동산 업계의 종사자 분들에게 아이디어에 대한 검증을 받았습니다. 회사를 다니며 주말과 퇴근

이후에 팀원 모집, 사업모델 구체화 등을 진행하였습니다.

IT 중심의 시대 변화가 부동산 금융 투자 시장에도 적용될 것이고 이러한 변화에 미리 준비한다면 기존 시장의 문제를 해결하면서 큰 부를 창출할 수 있을 것이라 판단하여 시작하였습니다.

Question.5 감정평가사라고 알고 있습니다. 어떻게 관심을 가지고 취득하셨는지 궁금합니다. 자격증을 준비하는 분들에게 취득 과정, 취득 시 장점이나 준비할 때 노하우나 팁이 있으면 설명 부탁드립니다. 또, 지금의 창업을 하시는 데 어떤 도움이 되었는지 말씀해 주시면 좋겠습니다.

Answer 대학교 1학년 때 진로 고민 중에 이 자격증을 알게 되었고 많은 출장, 자유로운 출퇴근, 높은 소득 등을 이유로 취득하게 되었습니다. 자격증 취득을 위해서 평균적으로 2~3년 공부를 해야 하기 때문에 일정 기간 집중할 수 있는 환경을 만들고 시작하시는 것이 좋습니다. 개인마다 맞는 공부 방법이 모두 다르기 때문에 본인의 공부법을 찾는 것이 중요하다고 생각됩니다. 저의 경우 이를 위해 기존 합격자들의 공부 방법을 기록한 합격수기 100여 개를 수집 및 분석하여 저에게 맞는 공부 방법을 만들어 나갔습니다.

감정평가사 자격증 공부 시에 배운 내용과 취득 이후 업무를 통해 알게 된 지식과 경험도 창업에 도움이 많이 되었지만, 중장기적인 계획을 수립하고 하나씩 달성했던 경험이 사업에 많은 도움이 되었습니다.

Question.6 마지막으로 부동산 업계 취업을 준비하는 분들에게 부동산 업계 전
망, 커리어 조언, 응원과 격려 한마디 부탁드립니다.

Answer 최근 프롭테크 열풍으로 비부동산 업계 출신의 좋은 커리어를 가진
인력과 자본이 부동산 업계로 흘러들고 있어 기존의 부동산 업계 재
직자들과 경쟁이 더욱더 심화될 것이라고 생각됩니다. 이러한 상황
속에서 경쟁력을 갖기 위해서는 크게 세 가지 능력을 강조하고 싶습
니다. 네트워킹, 컴퓨터 활용 능력, 그리고 영어입니다. 각각의 중요
성은 누구나 다 알고 있을 것이라고 생각됩니다. 이 셋 모두 노력을
통해 얻을 수 있다고 판단되며 많이 가지면 가질수록 커리어 선택의
폭이 넓어질 것이라 생각됩니다.

커리어 결정 시 최근 스타트업과 연계된 업무와 시장 흐름을 고려해
보면 좋을 것 같습니다. 창업에 관심이 있는 경우 새로운 비즈니스
의 시작은 정말 신중하게 판단하시기를 권장합니다.

2부

부동산
취업의 모든 것

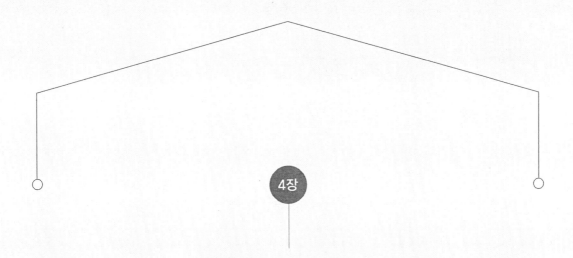

4장

한발 앞서가는
취업 전략

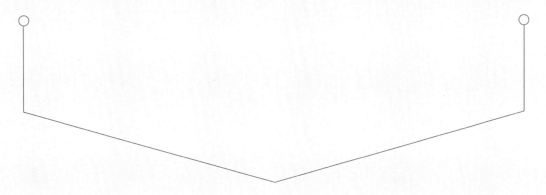

취업의 첫 관문, 이력서와 자기소개서는 어떻게 써야 하는지, 어떻게 취업 준비의 로드맵을 짜야 하는지, 구인 정보는 어디에서 구할 수 있는지 등 취업준비생이 궁금해하는 질문에 답을 보여 준다. 취업 준비는 말처럼 쉬운 일이 아니다. 그러나 성실함과 절박함이 있다면 성과는 따라오게 되어 있다.

확실한 목적과 동기부여가
취업으로 이끈다

무언가를 준비할 때 확실한 목적이 있으면 성취 가능성이 높아집니다. 취업도 마찬가지입니다. 그냥 취업을 해야 하니까 설렁설렁 준비하면 경쟁력이 떨어질 수밖에 없습니다. 최근 취업난이 심하다거나 일자리가 줄어서 취업준비생들이 어려움을 겪는다는 뉴스를 자주 접합니다. 취업이 잘 돼서 걱정이 없던 시기는 거의 없었습니다. 일자리 찾기는 늘 어려웠고 지금 자신이 겪는 고통이 가장 힘들 수밖에 없습니다. 한탄이나 자조보다 현실을 인정하고 자신이 원하는 일을 꼭 찾겠다는 희망을 갖는 편이 도움이 됩니다. 취업에 성공하려면 확실한 목적을 설정하고 이를 이루기 위한 준비와 계획을 세워야 합니다. 구체적으로 어떻게 취업 준비를 해야 할까요?

우선 취업 정보를 찾아야 합니다. 부동산회사의 취업을 준비한다면 업계 분위기를 파악할 수 있는 정보들을 취합합니다. 부동산 업계에는 어떤 회사들이 있는지 확인하고 정리해 볼 수 있습니다. 해당 회사들을 조사하면 회사에서 요구하는 직무에는 어떤 것이 있으며 어떤 인재상을 원하는지 확인할 수 있습니다. 조사한 자료를 바탕으로 이력서와 자기소개서를 작성하면 좀 더 효과적입니다.

취업 정보를 조사하는 과정에서 자신에게 부족한 능력은 무엇인지, 앞으로 어떤 자격증이나 학습이 필요한지 파악할 수 있습니다. 이후 단기 계획과 장기 계획으로 나눠 정리를 합니다. 당장 실행할 수 있는 것들이 있고 시간을 두고 해 나가야 할 일들이 있습니다. 만약 자격증을 목표로 한다면 시험 스케줄을 확인하고 언제까지 취득할 것인지 달력에 표시해 계획을 세우고 실천해 나갑니다. 막연히 공부하다가 준비되면 그때 자격증 시험을 봐야지 하는 것보다 확실한 목표를 설정하면 달성 가능성이 훨씬 높아집니다. 언제까지 자격증을 취득한다는 목표 설정만으로도 공부하는 데 동기부여가 됩니다.

이렇게 준비를 하면서 이력서와 자기소개서를 틈틈이 작성합니다. 원하는 회사의 취업 공고가 언제 나올지 모르기 때문입니다. 이력서와 자기소개서는 한 번 작성해 놓고 계속 쓰는 게 아니라 회사에 따라 내용을 수정하거나 읽어 보면서 부족한 부분을 꾸준히 업그레이드해야 합니다. 나를 소개하고 뽑아 달라는 문서를 소홀히 작성할 수는 없습니다.

부동산 관련 전공자라면 부동산 관련 지식이 어느 정도 있겠지만 만약 비전공자라면 경쟁자들보다 지식이 부족할 수 있습니다. 부동산 관련 자격증을 준비하면서 동시에 부동산 시장의 흐름을 파악할 수 있도록 관련 뉴스를 꼼꼼히 챙겨 읽는 것이 필요합니다. 부동산 관련 카페에서 뉴스를 스크랩하거나 부동산자산관리회사에서 발간하는 시장 보고서를 읽으면 도움이 될 것입니다. 이런 정보를 수집해 꾸준히 부동산 시장에 대한 흐름을 파악하고, 부족한 점들을 보완해 나갑니다. 더 나아가서는 어떤 직무를 하고 싶은지도 신중히 생각해 봅니다.

취업 준비는 말처럼 쉬운 일이 아닙니다. 불확실한 미래로 인해 불안, 초조에 시달리기 쉽습니다. 그렇지만 누구에게나 기회는 한 번쯤 오게 마련입니다. 준비된 사람만이 그 기회를 잡을 수 있습니다. 무엇보다도 성실함과 절박함이 있다면 성과는 따라오게 되어 있습니다. 노력은 조금 하고 좋은 결과를 기대하는 것은 요행을 바라는 것과 같습니다. 항상 긍정적이고 적극적인 자세로 취업 준비에 임하기를 바랍니다.

우리나라에 부동산 투자 및 자산 관리 업무가 본격적으로 도입된 것은 1997년 IMF 이후 외국계 부동산컨설팅회사 및 부동산투자회사들이 진출하면서이다. 아직 짧은 역사여서 상업용 부동산에 대한 전문 서적은 별로 없는 상황이다. 최근 들어 현직자들이 쓴 부동산 책들이 속속 출간되고 있다. 상업용 부동산 투자 분야에서 다루는 부동산 투자 방식이나 기법들이 나와 있어 살아 있는 지식을 습득할 수 있으며 매일매일 어떤 일을 하는지 등 앞으로 부동산 업계로 진출하고자 한다면 꼭 알아야 하는 내용들이 담겨 있다.

빌딩과 호흡하라 서브원 FM사업부 지음 | kmac

부동산자산관리회사인 서브원에서 발간한 책으로
빌딩 운영과 관련한 다양한 실제 사례를 살펴볼 수 있다.

부동산 투자 운영 매뉴얼 최인천 지음 | 매일경제신문사

기관 투자자들의 부동산 투자 기법과 현업에서
어떻게 업무를 하는지 기술하고 있다.

부동산금융 프로젝트 바이블 P&P 지음 | 한국경제신문사

현직 전문가들 인터뷰와 함께
부동산 금융 관련 직무에 대한 지식을 배울 수 있다.

리츠로 은퇴월급 만들기 고병기 지음 | 한스미디어

리츠에 대한 기본 지식과 다양한 리츠 사례가 잘 정리되어 있고
기관 투자자들의 투자 방법을 엿볼 수 있는 책이다.

한국 부자들의 오피스 빌딩 투자법 민성식 지음 | 알에이치코리아

오피스 빌딩을 바탕으로 부동산 투자 및 자산 관리에 대한
실무 지식을 정리한 책이다.

알짜 취업 정보를 찾아라

흔히 취업 정보는 구인구직 사이트를 통해 얻습니다. 그렇다면 부동산 업계 취업 정보는 어디에서 찾을 수 있을까요? 물론 구인구직 사이트에도 관련 정보가 올라오지만 대부분 신뢰도가 떨어집니다. 심지어 사기에 가까운 구인 정보가 올라오기도 합니다. 혹은 실적을 올려야만 급여를 주는 성과급 형태의 영업직이 대부분입니다. 이런 정보들로 인해 부동산 업계에 대한 오해가 생깁니다. 간혹 구직자들에게 월급을 제대로 주는 회사가 어디냐는 이메일을 받기도 합니다. 좋은 회사들이 많은데도 불구하고 몇몇 회사 때문에 부동산 관련 회사 전체가 부정적인 편견의 피해를 보는 것 같아 안타깝습니다. 견실하고 유망한 회사의 알짜 취업 정보가 있는 곳은 따로 있습니다.

부동산 업계 취업 정보를 얻으려면 부동산 전문가들이 활동하는 온라인 커뮤니티에 가입하는 것이 가장 효과적입니다. 부동산 투자 및 자산 운영 관련 업무를 하는 분들이 많이 모인 온라인 카페는 다

취업 관련 사이트	특징
1. P&P 부동산 금융 전문가 네트워크	네이버 카페로 부동산 투자 및 전문가들이 많이 가입되어 있다. 게시판 중에서 Job & Career에 가면 부동산 투자 및 관리 관련 회사들의 구인 정보들이 올라와 있다. 실무 담당자들이 직접 채용 공고를 올리기도 한다.
2. KKB, social network of finance	이곳도 네이버 카페로 금융권 회사 관련 구인 정보들을 찾아볼 수 있다. 부동산 투자도 대체투자의 한 분야이기 때문에 부동산자산운용사 및 투자회사들의 구인 정보들을 간간이 찾아볼 수 있다. 부동산 투자 관련 분야에 취업하고자 한다면 이 카페를 유심히 살펴보는 것이 좋다.
3. 금융투자협회	금융투자협회는 회원사들의 소식을 주기적으로 전하고 있다. 회원사 소식 탭을 클릭하면 채용 안내 페이지가 나온다. 주로 자산운용사의 구인 정보들이 자주 올라온다. 부동산자산운용사에 취업하고자 하는 사람이라면 놓치지 말아야 할 곳이다.
4. People & Job	외국계 기업 취업 전문 사이트로 외국계 부동산자산운용사나 투자회사에 취업을 원한다면 알고 있어야 하는 사이트다. 검색어에 '부동산'이나 'real estate'로 검색하면 부동산 관련 직종 또는 회사들의 구인 정보를 검색할 수 있다.

양한 정보를 교류하는 장소입니다. 취업 관련 고급 정보도 찾을 수 있습니다. 현직자들이 직접 올리는 구인 정보도 간혹 볼 수 있습니다. 이외에도 헤드헌팅회사에서 올리는 경력직 구인까지 업계의 구인과 관련한 많은 정보들이 올라옵니다. 이런 곳에서는 당연히 일반 취업 사이트에 올라오는 의심 가는 부동산회사들은 찾아보기 어렵습니다.

다른 방법으로 부동산자산관리회사의 홈페이지를 찾아볼 것을 권합니다. 부동산 관련 회사들은 정기 공개 채용이 별로 없습니다. 대부분 그때그때 필요한 인력을 수시로 채용하는 편입니다. 그나마 몇몇 부동산자산관리회사들은 공채를 진행하기도 하고 신입 사원을 정기적으로 뽑기도 합니다. 가고자 하는 회사를 선별해 놓고 홈페이지를 주기적으로 방문하여 취업 공고가 올라오는지 살펴봅니다. 매번 사이트를 방문하기가 어려울 때는 기존 취업 공고의 주기를 살펴보고 그에 맞춰 정기적으로 한 번씩 살펴보는 것도 방법입니다. 그리고 부동산자산관리회사들의 홈페이지에는 취업 정보뿐만 아니라 다양한 부동산 관련 보고서나 자료들이 많이 올라와 있습니다. 대부분의 자료가 무료이므로 주기적으로 부동산 정보를 찾아보면서 업계 현황을 파악해 보는 것도 좋습니다.

부동산 관련 각종 협회에서도 구인 공고를 찾아볼 수 있습니다. 협회는 분야별 회원사들이 모여 서로의 이익을 도모하는 단체입니다. 각 협회의 홈페이지에는 인력을 찾는 회원사들의 구인 공고가 올라옵니다. 협회에 따라 전문 인력풀을 만들어 놓고 관리하기도 합니다. 협회에서는 전문 인력에 대한 교육을 하기도 합니다. 전문가 과정의 교육에는 현업에서 일하는 분들이 직접 교육하는 경우가 많습니다. 생생한 실무를 배우고자 한다면 이런 교육에도 참여해 보는 것도 좋습니다.

무엇보다도 가장 좋은 취업 정보는 추천을 통하는 방법입니다. 부동산 업계에서는 다른 분야보다 인맥을 통해 후보자를 찾는 비중이 높습니다. 함께 일하는 사람을 통한 검증이 된 후보자를 선호하고, 대기업이나 공기업과 같은 취업 절차보다는 실무자의 판단이 더 큰 영향을 미칩니다. 따라서 학교 선후배나 관련 업계 지인들을 통한 후보자 추천이 많은데 이런 경우는 아예 취업 공고조차 올라오지 않습니다. 취업준비생들은 선배들을 통해 인턴이나 단기 취업 정보를 구해서 업계로 진입하는 방법을 찾을 수 있습니다. 그마저도 없다면 부동산 관련 교육을 들으면서 만들어진 인맥을 통해 정보를 얻을 수 있습니다.

마지막 방법으로 헤드헌팅회사를 통해서 구인 정보를 얻는 것입니다. 헤드헌팅회사는 후보자를 구하는 게 주된 목적이기 때문에 충분한 업무 능력이 있다면 다양한 직종에서 연락을 받을 가능성이 있습니다. 다만 헤드헌팅을 통한 취업은 대개 경력자 위주로 진행되어 취업준비생들에게는 상대적으로 기회가 적을 수밖에 없습니다.

이외에도 외국계 부동산회사에 취업을 원하는 경우 외국계 회사들의 취업 정보가 올라오는 사이트가 있으니 그곳에서 정보를 찾아볼 수 있습니다. 키워드 검색으로 'real estate'나 'property management' 등으로 검색하면 관련 구인 정보를 찾아볼 수 있습니다. 그러나 잘 알려지지 않은 작은 외국계 회사들은 헤드헌팅회사를 주로 이용하는 편이어서 취업준비생들이 도전하기에는 어려움이 있습니다.

TIP :::: 회사를 알아볼 때 주의할 점

제도권 안에서 건전하게 부동산 투자와 자산 관리 업무를 하는 곳이 많지만 일부 불순한 목적을 가지고 부동산 시장을 어지럽히는 회사가 있다. 어떤 점을 주의해야 하는지 알아보자.

1. 신입 사원에게 인센티브 제도를 적용한다.
보통 정상적인 회사에서는 신입 사원을 채용해 바로 성과를 낼 것이라고 기대하지 않는다. 그보다 신입 사원이 업무 능력을 키울 수 있도록 교육에 초점을 둔다. 그러니 처음부터 실적과 인센티브 이야기를 꺼낸다면 주의해야 한다.

2. 공식 명칭을 사용하는 업체인지 확인한다.
회사 이름에 '부동산투자회사'나 '자산운용'의 명칭을 붙이려면 관련 법에 따라 정식으로 인가를 받거나 허가를 받아야만 가능하다. 아래 협회에 들어가서 회원사인지 아닌지 확인하면 그 회사의 정체를 파악할 수 있다.

★ 금융투자협회 ★ 한국부동산개발협회 ★ 한국리츠협회 ★ 한국부동산리츠투자자문협회

부동산 업계에서 원하는 인재상

각 회사마다 원하는 인재상이 있습니다. 회사에서 원하는 능력과 회사 문화에 적응할 수 있는 인재를 뽑기 위해서 기준을 정해 놓는 것입니다. 각기 다른 회사의 모든 기준에 다 맞출 수는 없겠지만 부동산 업계에서도 어느 정도 공통된 인재상이 있습니다. 지금껏 일해 오면서 경험한 것을 정리해 보면 아래 다섯 가지로 요약할 수 있습니다.

첫 번째로 박학다식입니다. 부동산 업무를 하는 데 있어 다양한 분야의 많은 지식이 필요하고 많이 알수록 도움이 됩니다. 부동산학을 속칭 '잡학'이라고 부르기도 합니다. 이는 부동산학을 폄하하는 의미이지만 뒤집어 보면 많은 학문들이 연관되어 있어서 나온 말입니다. 현업에서 부동산 투자 및 운영 업무를 하려면 경제, 법학, 금융, 기술 등 다양한 지식을 갖고 있어야 합니다. 이런 지식이 단시간에 채워질 수 없다는 것은 당연합니다. 모든 분야가 그렇겠지만 부동산 전문가가 되기 위해서는 많은 시간과 노력이 필요합니다.

두 번째는 부동산 금융에 대한 기본 지식입니다. 부동산은 우리가 살아가고 활동하는 공간입니다. 이를 이용하여 경제적 이익을 내고 투자해 수익으로 이어질 수 있도록 하는 것이 부동산 업계 사람들이 하는 일입니다. 따라서 부동산을 매개로 일하는 모든 곳에는 금융이 바탕을 이룹니다. 게다가 부동산은 투자를 하거나 관리하여 수익을 내는 투자 상품의 한 종류이기도 합니다. 그래서 이와 관련된 업무를 위해 금융에 대한 기본적인 지식이 필요합니다. 특히 부동산과 관련된 금융 지식인 부동산 금융에 대한 이해가 있어야 합니다.

세 번째는 유연하고 열린 사고입니다. 부동산은 공산품이나 다른 일반 상품처럼 똑같은 것이 하나도 없습니다. 같은 모양이나 구조의 아파트라고 해도 그 위치가 다르고 그에 따라 그 안에 사는 사람의 환경이나 생활이 달라집니다. 그래서 이런 부동산을 개발하고 투자하고 관리하는 데는 똑같은 일이 벌어질 확률이 매우 낮습니다. 항상 새로운 일이 벌어지고 그런 일을 해결하고 헤쳐 나가려면 유연하고 열린 사고가 필요합니다. 특히 부동산 개발 분야는 워낙 변수도 많고 다양한 문제들이 발생합니다. 그때마다 순발력 있게 문제를 해결하지 못하면 개발 사업이 더 이상 진행되지 못하고 중단되는 경우도 발생합니다. 언젠가 부동산자산운용사에서 개발을 하던 과정에서 돌발적인 상황이 발생해 문제가 생긴 일이 있었습니다. 과거에 요정 자리였던 곳을 호텔로 개발하는 프로젝트였는데 예상치 못하게 요정 건물을 복원해야 건축 허가를 받을 수 있었습니다. 개발 프로젝트를 중단할 수는 없었기에 예상치 못한 비용을 들여 다른 곳에 요정을 복원한 후에야 사업을 진행할 수 있었습니다. 지금 그 호텔은 서울 시내 중심가에서 여행업의 호황과 함께 운영이 잘되고 있습니다. 이처럼 부동산에서 발생하는 변수들을 당황하지 않고 해결해 나가기 위해서는 유연하고 열린 사고가 필요합니다.

네 번째는 협상 능력과 문제 해결 능력입니다. 부동산의 궁극적 존재 목적은 그것을 사용하는 사람인 임차인을 위해서입니다. 부동산 자산 관리를 하다 보면 임차인과 좋은 관계를 유지할 때도 있지만 하루하루 발생하는 많은 문제들로 관계가 나빠지기도 합니다. 그런 문제들을 해결하는 것이 부동산 자산 관리자의 몫입니다. 임차인과 임대인은 임대차 계약이라는 문서로 관계가 규정됩니다. 임대차 계약을 체결하기 위해 임차인과 기나긴 협상을 해야 할 때도 있습니다. 오피스 빌딩의 임대차 계약 협상은 프로젝트에 따라서 1년 가까이 걸리는 것들도 있습니다. 특히 외국계 회사들과의 협상은 까다로운 검토와 승인 절차로 인해 시간이 오래 걸립니다. 다양한 임차인들과의 업무는 협상의 연속이라고 해도 과언이 아닙니다. 따라서 부동산 업계에서 능력을 발휘하려면 문제 해결 능력과 함께 협상 능력을 겸비하고 있어야 합니다.

마지막으로 대인관계 능력이 필요합니다. 부동산 관련 일은 매일매일 사람을 만나는 게 일이어서 대인관계가 무엇보다 중요합니다. 만약 사람 만나는 것을 어려워하거나 피한다면 부동산 관련 업무를 하기가 어렵습니다. 그렇다고 성격이 너무 강하거나 독특해도 주변 사람들과 조화를 이루기 어렵습니다. 두루 잘 어울릴 수 있는 무난한 성격이면 좋습니다.

부동산 업계에서 원하는 인재상이 그리 특별한 것은 아닙니다. 그렇다고 위에서 말한 요구 조건들을 모두 갖추는 것이 쉬운 일도 아닙니다. 앞으로 부동산 분야에서 활약을 펼치고 업무를 해 나가기 위해 위에 열거한 인재상의 조건들과 현재 자신의 모습을 비교하면서 변화하고자 하는 마음가짐을 갖기 바랍니다.

현직자처럼 공부하고 취업을 준비하는 법:
① 임대차 세일즈 분야 (LM)

부동산 분야 취업준비생들의 눈으로 부동산 업계를 바라본다면 어떤 느낌일까요? 아마도 필자가 18년 전 느꼈던 것과 비슷하지 않을까 싶습니다. 부동산학을 전공하거나 관련 수업을 수강하더라도 취업 시장은 정말 막막한 곳이기 때문입니다. 그래서인지 취업 관련 강의를 진행하면 질문이 쏟아지곤 합니다. 다음은 취업준비생이 주로 하는 질문을 꼽아 본 것입니다.

"어떤 자격증을 따야 하나요? 공인중개사 자격증이 도움이 될까요?"

"영어 점수는 어느 정도 필요한가요? 영어 회화도 잘해야 하지 않을까요?"

"부동산 비전공자인데 무엇을 준비해야 할까요?"

이처럼 대개 스펙이나 회사에 관한 질문이 많습니다. 어찌 보면 당연한 물음이라고 생각합니다. 회사에서도 이력서를 보고 사람을 판단할 때 가장 먼저 보는 기준들이기 때문입니다. 그렇지만 회사 생활을 하다 보면 취업 때 스펙은 그리 큰 요소가 아니라는 생각을 하게 됩니다. 그보다 더 중요한 것은 현업에서의 스킬이라고 생각합니다. 그래서 저는 '스펙은 짧고 내공은 길다'라는 말을 자주 떠올립니다. 여기서 말하는 '내공'은 학교에서 배운 이론이나 졸업장이 아닌 직접 경험하면서 터득한 현업에서의 지식입니다. 그렇다면 이와 같은 내공을 쌓는다면 취업에도 도움이 되지 않을까요? 현업이 하는 일을 직접 수행해 보고 포트폴리오를 작성한다면 채용 담당자에 눈에 띌 수 있지 않을까 생각해 봅니다.

　다른 산업 분야라면 모르겠지만 부동산 분야는 이런 준비가 가능하다고 생각합니다. 수많은 정보가 무료로 공유되고 있고 부동산의 특성상 움직이지 않고 항상 그곳에 있기 때문입니다. 기회가 누구에게나 열려 있습니다. 현업에서 어떤 일들을 하는지 미리 알아보고 직접 수행해 보는 일은 스펙을 쌓는 일보다 훨씬 값지고 장기적으로 자신의 내공을 키워가는 방법이 될 수 있습니다.

임대차 세일즈 분야 현직자 따라잡기

오피스 빌딩에서 가장 중요한 것은 임대라고 할 수 있습니다. 아무리 잘 지은 빌딩이라도 공실이 많으면 제대로 운영될 수 없기 때문입니다. 수익 창출이 되지 않는 빌딩은 상업용 부동산 업계에서는 아무런 의미가 없습니다. 그래서 세일즈가 중요합니다. 어떻게 하면 공간을 잘 팔 수 있을지 고민해 보면 임대 분야로 취업을 준비하기 위한 길을 찾을 수 있을 것입니다.

1) 임대 안내문 작성

빌딩의 세일즈를 위해 가장 기본적으로 필요한 게 바로 임대 안내문입니다. 이것을 하나 찾아서 똑같이 만들어 보면 도움이 될 것입니다. 인터넷에서 구할 수 있는 파일은 아마 PDF 파일이겠지만, 현업에서는 이 자료들을 엑셀이나 파워포인트로 작성합니다.

만들다 보면 알겠지만 정보를 찾는 일에서부터 템플릿을 만드는 일까지 실제로 해야 할 일이 정말 많습니다. 취업을 하면 이런 일은 누군가에게 맡기는 게 아니라 직접 해야 합니다. 이 작업을 통해 가장 먼저 엑셀이나 파워포인트를 다루는 본인의 능력을 확인할 수 있을 것입니다. 아마도 학생 때는 잘 사용하지 않았던 프로그램이기 때문에 힘들고 어색할게 분명하지만, 취업 전에 미리 이런 경험을 한다면 미리 대비를 할 수 있을 것입니다.

2) 임대가 조사

빌딩의 임대가는 어떻게 다를까요? 각 빌딩마다 어떤 기준으로 임대료를 산정하고 층마다 임대료는 어떻게 달라질까요? 이런 궁금증을 해결하기 위해 직접 조사를 해 보면 좋습니다. 가장 손쉽게 알 수 있는 방법은 앞서 말한 각 회사들의 임대 안내문을 찾아보는 것입니다. 이후에 주변 빌딩들을 직접 찾아가서 조사해 봅시다. 만약 그런 정보가 없다면 빌딩에 직접 찾아가서 담당자 인터뷰를 시도해 볼 수도 있습니다. 그곳에 갔는데 임대 관련 전화번호가 있다면 임대를 하는 척 전화를 걸어볼 수도 있습니다.

이런 경험들을 하고 나면 조금씩 부동산 시장에 대한 감이 올 것입니다. 현직자들이 어떻게 자료를 조사하고 이를 정리하는지 경험해 볼 수 있습니다. 미리 신입 사원이 되어 그 일을 경험한다는 생각으로 해 보면 됩니다. 인턴이 되는 일이 어렵다고 고민하지 말고 이런 일을 해 보는 건 어떨까요? 어쩌면 인턴으로 회사에서 하는 일보다 더 값진 경험이 될지도 모릅니다.

3) 빌딩 임차인 분석

임대차 시장에서 고객들의 움직임은 매출과 연결되어 있습니다. 어떤 임차인들이 무슨 빌딩을 좋아하는지 살펴보는 일도 영업의 출발점이 될 수 있습니다. 예를 들어 보험사의 영업 지점들이 선호하는 빌딩은 어디인지, 제조업, IT업종 등 각 산업에 따라 선호하는 지역과 빌딩의 특징은 무엇인지 살펴보는 것입니다. 이런 일은 쉽게 확인하기는 어렵습니다만, 그래도 여러 빌딩을 많이 돌아다니면서 다양한 임차인을 조사하다 보면 어느 정도 공통점을 찾을 수 있을 것입니다. 예를 들어 빌딩에 방문하여 임차인 명판을 보고 임차인 구성도를 그려 보는 일을 해 볼 수 있습니다. 자료를 정리하면 동종 업종이나 관련 업종들의 연관성을 찾아볼 수도 있을 것입니다. 어느 빌딩에 어떤 임차인들이 입주해 있는지도 자연스럽게 알게 됩니다.

그리고 뉴스를 통해 임차인의 동향을 접한 뒤 그 빌딩에 직접 가보고 그 분위기를 느껴 보는 것도 방법입니다. 뉴스를 통해 배경지식을 얻고, 현장에 가서 직접 체험을 하면 그 지식은 오래 남을 것입니다. 이렇게 직접 경험을 통해서 나만의 콘텐츠를 만들어 간다면 실력을 키울 수 있는 것은 물론 자기소개서나 인터뷰 때 할 말이 많아질 것입니다. 그리고 이런 방식은 취업한 이후에도 실력을 늘리는 방법으로 활용하면 좋습니다.

부동산 업계에 들어오기 위해서는 화려한 스펙이나 거창한 무언가가 필요한 것은 아닙니다. 앞서 설명한 것처럼 현업에서 하는 일을 직접 수행하며 실력을 쌓을 수 있습니다. 그리고 이 방법은 미리 자신에게 맞는 일이나 직업인지 시험해 볼 수 있는 좋은 기회가 될 수 있습니다. 자신이 생각하던 일이 아니라는 것을 발견하는 것도 취업 활동에 있어서 매우 중요한 일입니다.

임대차 세일즈 분야는 다양한 고객들을 만나 설득하고 연결하는 과정을 겪어야만 그 결과를 확인할 수 있습니다. 프로젝트에 따라 짧게는 수개월에서 길게는 1년 이상의 시간을 함께하는 경우도 있습니다. 이런 일이 지루하고 힘들 수도 있지만 그렇게 만들어진 고객은 회사의 자산임과 동시에 여러분의 자산이기도 합니다. 회사를 퇴사하거나 은퇴를 하더라도 그 관계가 지속되어 새로운 비즈니스로 연결되는 일이 많습니다.

임대차 세일즈 분야는 취업준비생의 눈으로 보면 화려해 보이지 않을 수 있습니다. 하지만 모든 회사들의 수익 원천은 당연히 영업 분야라는 것을 잊지 않았으면 합니다. 임대차 세일즈 분야는 회사마다 조금씩 다를 수 있겠지만 자신의 노력이나 성과에 따른 보상을 얻어갈 수 있는 분야이기도 합니다. 현직자의 활동을 따라해 보며 본인의 적성과 잘 맞는지 확인하는 것도 취업 준비 단계의 중요한 일 중 하나입니다.

현직자처럼 공부하고 취업을 준비하는 법:
② 자산 운용 분야 (AM)

부동산 업계로 취업을 준비하는 분들을 만나다 보면 선호하는 분야가 있는데, 그중 하나가 부동산 자산 운용 분야가 아닐까 싶습니다. 요즘 부동산자산운용회사와 부동산투자회사가 늘어나면서 이 분야의 채용도 많이 늘어나고 있는 추세입니다. 부동산의 특성상 거액의 자금을 투자하고 관리하는 모습을 상상하면 정말이지 멋진 분야가 아닐 수 없습니다.

일반적으로 부동산 자산 운용 분야는 많은 인원을 채용하지 않습니다. 투자 상품을 기획하고 구성하는 인력이 많이 필요하지 않은 구조적인 특성 때문입니다. 예를 들어 펀드 상품을 하나 만들었다면 이후 운영 업무는 위탁 업체에 맡깁니다. 그리고 또다시 새로운 투자 상품 발굴을 위해 새로운 프로젝트를 시작해야 합니다. 이렇게 계속해서 뭔가 만들어 내야 하는 특성 때문에 소수 정예 부대가 움직이는 것처럼 긴밀하게 움직여야 성과를 지속적으로 만들어 낼 수 있습니다. 그래서 비교적 규모가 작은 편이고, 신입 사원보다는 경력과 능력을 갖춘 사람들을 선호할 수밖에 없습니다.

그런데 자산운용업은 겉으로 드러나는 화려함 속에 숨겨진 고충이 많은 분야이기도 합니다. 물론 다른 분야도 마찬가지겠지만 자산운용 분야에서는 상품을 계속해서 발굴하지 못하면 점점 힘들어질 수밖에 없는 구조가 대부분입니다. 장기적인 실물 투자 상품을 만들었다면 이야기가 달라지겠지만, 이마저도 투자 기간이 정해져 있기는 마찬가지입니다. 단기간에 마무리되는 PF 상품이나 단순 대출 구조의 상품으로는 지속적인 수익을 창출해 내기가 쉽지 않습니다. 그래서 끊임없이 노를 저어야 하는 게 부동산 자산 운용 분야라고 할수 있습니다. 그럼에도 투자라는 단어가 주는 왠지 모를 큰 기대감과 화려함이 취업준비생들에게는 참 매력적으로 다가올 수밖에 없습니다.

그렇다면 자산운용사를 준비하는 사람들은 어떤 준비를 하면 좋을까요? 현직자처럼 공부하는 방법을 살펴보기 전에 부동산 자산운용업을 하기 위해 필요한 덕목을 이야기해 보겠습니다.

부동산 자산 운용 분야에 취업하기 위해 필요한 덕목

1) 기획력과 부동산 금융에 대한 지식

부동산 업계에서 일하는 사람이라면 갖춰야 하는 기본이기도 하겠지만 이쪽 분야에서는 기획력과 부동산 금융에 대한 기본적인 지식을 갖춰야 합니다. 아무것도 없는 백지 상태에서 시작해 부동산 투자 상품을 발굴하기 위해서는 기획력이 필요하고, 그 상품으로부터 돈을 벌 수 있으려면 부동산 금융 지식을 바탕으로 구조화시키는 능력이 필요합니다.

2) 큰 꿈과 경쟁력

부동산 업계를 피라미드 구조로 봤을 때 자산운용사나 부동산투자회사는 상위 범주에 위치해 있습니다. 업무 관계상 위쪽에 있다는 의미도 있겠지만 삼각형의 모양처럼 인력도 그만큼 많지 않다는 뜻이기도 합니다. 인력의 구조와 형태상 비교적 오래 일할 수 있는 분야는 아닙니다. 다시 말해 경쟁이 치열하다는 의미입니다. 하지만 그 기간이 짧은 만큼 성과에 대한 보상과 급여가 높은 편입니다.

그렇기 때문에 자신의 성향과 잘 맞아야 경쟁에서도 살아남고 계속해서 발전할 수 있습니다. 자신의 성향조차 잘 모르고 막연하게 업종을 선택했다가는 소중한 시간을 낭비할 수 있습니다.

3) 대인관계 관리 능력

부동산 업계에서는 혼자 힘보다는 주변 사람들과 함께, 또는 인적 네트워크를 통해 일을 할 때가 많습니다. 특히 자산운용업은 다양한 주체들을 만나서 협상하고 설득해서 상품을 만들어야 하기 때문에 좋은 대인관계는 물론 인성도 좋아야 할 것입니다. 그렇기 때문에 평소 철저한 자기 관리와 평판 관리가 필요한 분야입니다.

무엇보다도 부동산 투자 상품을 발굴하기 위해서는 영업이 반드시 필요합니다. 겉보기에 화려해 보이는 멋진 순간은 투자 상품이 만들어진 그 순간이나 성공적으로 투자금을 유치해 냈을 때입니다. 그렇게 하기까지는 무수한 거절을 당하면서 고객들을 만나는 노력이 숨어 있습니다. 부동산 투자 역시 영업 활동 없이는 존재할 수 없습니다. 따라서 영업 활동을 잘 할 수 있는지 스스로 깊이 고민해 볼 것을 권합니다. 부동산 자산운용사가 어떤 일을 하는지 살펴본다면 좀 더 잘 고민할 수 있을 것입니다.

자산 운용 분야 현직자 따라잡기

1) 법을 아는 게 기본이다

부동산업의 기본을 알고 싶다면 우선 관련 법률을 탐독해 보는 것이 좋습니다. 분야마다 관련된 법이 정말 많습니다. 각자 준비하는 분야에 관련된 법을 숙지하면 현업에 들어와서도 큰 도움이 됩니다. 어떤 문제가 생겼을 때 가장 먼저 하는 것이 법률 검토이기 때문입니다.

자산운용사나 부동산투자회사를 준비하고 있다면, 「자본시장과 금융투자업에 관한 법률」의 부동산 관련 조항과 「부동산투자회사법」을 읽어 보면 좋습니다. 처음 읽다 보면 외계어처럼 느껴지겠지만, 법률 용어는 업계에서 사용하는 공식 용어입니다. 미리 익숙해지는 것만큼 좋은 공부는 없습니다. 또한 법의 체계를 파악하면 업무의 체계도 자연스럽게 알 수 있습니다. 왜냐하면 부동산 투자 상품은 법규에 따라 만들기 때문입니다. 따라서 관련 법령을 살펴보는 것은 부동산 업계 취업의 기본기를 닦는 일이라 할 수 있습니다.

2) 오피스 상가 리모델링 살펴보기

부동산 투자 상품들이 어떻게 가치를 높이는지 실제 시행된 사례를 눈으로 경험해 보는 것도 좋은 방법입니다. 현직자들이 만든 부동산 투자 상품을 공부하는 것입니다. 최근 부동산 뉴스에 오피스 빌딩의 저층부 리모델링 관련 기사가 자주 보입니다. 그렇다면 현장에 가서 그 부동산을 직접 살펴보는 것입니다.

필자가 있는 여의도 IFC 쇼핑몰 앞에만 해도 자산운용사들이 오피스 빌딩의 저층부를 리모델링하여 근린상가로 변신한 건물들이 많이 모여 있습니다. 기존 모습과 변화된 모습을 비교하며 어떻게 가치를 향상시켰는지 연구하고 공부해 볼 수 있습니다. 책에서는 배울 수 없는 새로운 지식들을 몸소 체험할 수 있을 것입니다. 만약 자신이 지원한 회사의 부동산 투자 상품이 가까운 곳에 있다면 반드시 현장에 가볼 것을 권합니다. 직접 살펴본 내용을 자기소개서나 인터뷰에서 이야기한다면 경쟁자들보다 훨씬 주목받을 수 있을 것입니다.

3) 부동산 관련 뉴스 읽기

얼마 전 부동산 사모 펀드가 보유한 토지의 재산세를 분리 과세에서 별도 합산 과세로 전환한다는 뉴스가 있었습니다. 이와 관련된 뉴스도 최근 많이 나오고 있습니다. 세금 부과 방식의 변화가 부동산 펀드에 어떤 영향을 끼치는지 조사해 보고 부동산 관련 세금에 대해서 정리해 본다면 업계의 현황은 물론 여러 방면으로 연결된 부동산 관련 지식을 배울 수 있을 것입니다.

이처럼 최근의 부동산 트렌드 관련 뉴스를 접한 다음 그 이면의 배경이라든지 관련 법규를 스스로 살펴보면 쉽게 잊히지 않을 것입니다. 직접 찾아보고 공부를 했기 때문에 더 오래 기억할 수 있고 실질적인 내공을 기르는 데 도움이 됩니다. 이런 방식의 공부는 취업 후에도 크게 달라지지 않습니다. 현직자들 역시 좋은 현장이나 케이스가 있다면 벤치마킹을 하고 담당자와의 인터뷰를 통해 지식을 넓히고자 노력합니다.

지금까지 살펴본 것처럼 자산운용사는 자신의 직급이나 경험에 따라 장점과 단점이 공존하는 업종이라고 볼 수 있습니다. 새로운 일에 흥미가 많고 도전적인 분들이라면 꼭 한 번은 꿈꾸는 분야가 자산운용업일 것입니다. 한편에서는 자산운용업의 경쟁이 너무 치열하다고 말을 합니다. 하지만 경쟁이 없는 시장은 없습니다. 그런 치열한 시장 안에서 또 다른 방법을 찾아 더 발전하는 과정을 겪으면서 성장할 수 있습니다. 국내의 부동산 시장이 포화상태라면 해외 시장으로 나갈 수도 있습니다.

변화하지 않는 분야는 없습니다. 상업용 부동산 시장도 지금까지 양적으로나 질적으로 많이 발전하며 성장을 해 왔습니다. 이전과 같은 방법으로는 더 이상 경쟁력을 키우기 힙듭니다. 하지만 새로운 접근법을 통해 차별화를 시도한다면 아직도 자산 운용 시장은 발전할 길이 많이 남아있습니다. 게다가 부동산 자산에 투자할 수 있는 영역이 지속적으로 넓어지고 있습니다. 오피스와 호텔, 백화점, 물류는 물론, 최근에 주목을 받고 있는 데이터센터까지, 부동산 자산운용업은 그 영역을 계속 확장해 나가고 있습니다. 그렇기 때문에 도전해 볼 만한 가치가 충분한 유망 분야가 바로 부동산 자산 운용 분야입니다.

현직자처럼 공부하고 취업을 준비하는 법:
③ 자산 관리 분야(PM)

상업용 부동산 업계에서 부동산 자산 관리라는 용어는 포괄적인 의미를 담고 있습니다. 우선 자산이라는 말 자체가 워낙 광범위하기 때문에 현업에서도 그 뜻을 다양하게 사용합니다. 그런 면에서 부동산 자산 관리자(Property Manager, PMer)라는 말도 비슷하다고 볼 수 있습니다. 부동산 자산 관리자가 하는 일이 무엇이냐고 물어본다면 간단하게 대답할 수가 없습니다. 그만큼 다양한 영역에서 많은 일을 담당하는 게 부동산 자산 관리자, PMer입니다. 그럼에도 자산 관리자의 역할이 뭐냐고 묻는다면 한마디로 '소유자를 대신해 빌딩에서 일어나는 모든 일을 관리하는 사람'이라고 대답할 수 있을 것입니다.

상업용 부동산 업계에서 부동산 자산 관리자의 업무는 매우 중요합니다. 실제 부동산에서 일어나는 많은 일을 처리하는 사람이 누구냐에 따라 자산 관리의 수준과 품질이 많이 달라지기 때문입니다.

그렇다면 부동산 자산 관리 업계로 들어오고 싶은 사람들은 어떤 활동을 해 볼 수 있을까요?

자산 관리 분야 현직자 따라잡기

1) 자산 관리자의 관점으로 빌딩 바라보기

호랑이를 잡으려면 호랑이 굴에 들어가야 합니다. 부동산 자산 관리자가 되고자 한다면 당연히 그 사람들이 일하는 곳에 가 보면 좋습니다. 일단 대형 빌딩의 공용 공간인 로비에 가 보는 것입니다. 그런 곳은 누구나 출입이 가능합니다. 주요 시간대별로 방문해 살펴보면 더욱 좋습니다. 출근시간, 점심시간, 퇴근시간 각각 시간대에 따라 빌딩의 모습이 다르기 때문입니다.

로비에 가면 많은 정보들을 확인할 수 있습니다. 임차인의 구성은 어떤지, 사람들이 어떤 방식으로 출입하는지, 로비 데스크에는 어떤 사람들이 오고 있는지, 보안 직원이나 안내 직원들은 무슨 일을 하고 있는지 등 빌딩에서 일어나는 많은 일들을 직접 보고 느낄 수 있습니다.

그냥 보는 것으로 끝내지 말고 그렇게 본 것을 하나씩 정리해 보면 더욱 효과적입니다. 직접 건축물대장과 등기부등본을 열람하고 건물 간판 등을 통해 임차인 정보를 확인하여 임차인의 구성을 정리한다면, 그게 현업에서 말하는 임차인 현황 정보가 되는 것입니다. 또 엘리베이터는 혼잡하지 않은지, 임차인의 주 동선은 어떤지를 살펴보면서 빌딩의 편의성에 대한 장단점을 파악해 보는 것도 좋은 활동입니다. 이러한 활동은 현직자가 빌딩의 개선 방안을 찾는 업무와 같은 것입니다.

지하나 아케이드에 있는 임차인들의 구성을 살펴보고 장사가 잘되는 곳과 안 되는 곳을 파악하는 것도 좋은 방법입니다. 어떤 프랜차이즈가 입점해 있고 어떤 유형의 업종이 유행하고 있는지도 직접 확인해 보도록 합시다. 주변 빌딩 몇몇 곳만 살펴도 그 트렌드를 확인할 수 있을 것입니다. 이때 음식 냄새가 나는지, 위생에는 문제가 없는지 등 운영상 문제가 될 소지를 확인해 보는 습관을 들이면 좋습니다. 이러한 활동을 계속하다 보면 자산 관리자의 관점으로 빌딩을 보게 될 것입니다.

2) 자산 관리 보고서 읽어 보기

부동산 자산 관리자의 중요한 역할 중 하나는 운영하는 자산에서 수익이 날 수 있도록 관리하는 일입니다. 아무리 잘 지은 부동산이라도 상업용 부동산에서는 돈을 벌지 못하면 그 역할을 충실하게 하지 못한 것이기 때문입니다. 그래서 자산 관리자는 빌딩에서 발생하는 수익과 비용에 대해 항상 민감할 수밖에 없습니다. 그런 운영의 결과물이 자산 관리 보고서에 빠짐없이 요약됩니다. 부동산 자산 관리자는 매월 운영 결과에 관한 내용을 분석하고 요약하여 보고서를 작성합니다. 그렇기 때문에 부동산 자산 관리 보고서를 반드시 읽어볼 것을 추천합니다.

부동산 자산 관리 보고서 중 중요한 부분은 건물의 손익계산서입니다. 이 문서에는 어떤 돈을 얼마나 벌었고 비용은 얼마나 지출했는지 일목요연하게 기록되어 있습니다. 해당 빌딩에서 발생하는 수입은 어떤 것들이 있는지, 빌딩을 운영하기 위해서는 어떤 항목들이 필요한지 자산 관리 보고서를 보면 확인할 수 있습니다.

대부분의 부동산 자산 관리 보고서는 일반인들이 구하기 쉽지 않습니다. 다만 요즘에는 공모 펀드나 상장된 부동산투자회사들의 보고서를 누구나 구할 수 있습니다. 조금만 검색하면 찾을 수 있으니 한번 찾아서 꼭 분석해 보기를 권합니다. 읽어 보는 데서 그칠 게 아니라 엑셀을 이용해 실제로 만들어 보면 더 좋습니다. 현업에서는 그런 보고서를 자산 관리자가 직접 만들기 때문에, 이를 따라해 보면 현직자가 하는 방식으로 공부할 수 있는 것입니다.

3) 빌딩의 건축 설비 살펴보기

부동산 자산 관리자는 다방면의 지식을 갖춰야 합니다. 그중에서도 건축 설비에 대한 기본 지식 정도는 갖추고 있는 것이 좋습니다. 택시 운전을 업으로 하고 있는 사람이라면 자동차에 대해 어느 정도 지식을 가지고 있어야 고장이 났을 때 제값을 주고 고칠 수 있는 것과 같은 맥락입니다. 정비에 대한 기본 지식이 있다면 때로는 스스로 더 나은 방식으로 차를 개선해 나갈 수 있을 것입니다.

물론 건축 설비라는 게 어느 날 갑자기 배울 수 있을 만큼 만만한 분야는 아닙니다. 그래도 자산 관리자라면 내가 운영하는 빌딩의 냉난방은 어떤 방식으로 작동하는지, 소방 시설은 어떻게 구성되어 있는지, 엘리베이터는 어떻게 운영되는지 등에 대한 기본 지식을 가지고 있어야 합니다. 그래야 건물의 임대도 잘 할 수 있고 수선 유지도 제대로 할 수 있습니다.

건축 설비를 배우라고 해서 전공자만큼의 지식을 얻으라는 것은 아닙니다. 가까운 도서관에 가서 건축 설비라고 검색하면 많은 책들이 나옵니다. 거기서 가장 손쉽고 간단해 보이는 책을 골라 이해가 잘 되지 않더라도 몇 번 읽어 보기 바랍니다. 그것만으로도 대략 감을 잡을 수 있습니다. 건물이 어떻게 돌아가는지 기초적인 수준이라도 아는 것과 전혀 모르는 것은 큰 차이를 보일 것입니다.

지금까지 부동산 자산 관리자를 꿈꾸는 사람들이 현직자처럼 공부를 하면서 취업을 준비하는 법에 대해 살펴보았습니다. 부동산 업계에 들어와서 일을 하다 보면 항상 부족함을 느낍니다. 아직 배워야 할 게 많고 알아야 할 것도 너무 많다고 생각합니다. 특히 자산 관리자는 하는 일이 많기 때문에 너무 깊게 들어갈 수도 없습니다. 그래서 개인적으로는 기초적인 수준으로 폭넓은 지식수준을 유지하고, 문제가 생겼을 때 깊게 고민하는 방식을 추천합니다. 모든 걸 직접 다 해결할 수는 없습니다. 모든 것을 다 알려고 하다가는 쉽게 지치기 마련입니다. 그러니 길게 보고 넓은 시야를 갖는 게 부동산 자산 관리자에게는 필요합니다.

어떤 사람들은 부동산 자산 관리 업무를 3D 업무라고 부릅니다. 더럽고 힘들고 어렵기 때문입니다. 사실 부정하기 어려운 측면도 있습니다. 하지만 쉬운 일이 아니기 때문에 그만큼 배우는 것도 많고 시간이 지나면 전문성도 높아지는 직종입니다. 최근 부동산 자산 관리자를 구하는 곳이 많이 보입니다. 이는 수요는 많지만 이에 합당한 전문가가 얼마 없다는 말이 아닐까 생각해 봅니다. 부동산 개발이 대형화, 복합화될수록 능력 있는 부동산 자산 관리자를 찾는 수요는 더 늘어날 것입니다. 그만큼 전망이 좋은 분야이고 도전해 볼 만한 가치가 있는 직종이 부동산 자산 관리자입니다.

이력서와 자기소개서
작성 비법

부동산 업계에서 일을 하다 보면 인력 추천에 관한 요청을 많이 받습니다. 자연히 주변 사람들의 이력서와 자기소개서를 볼 기회가 종종 생깁니다. 또한 부동산 업계 채용 과정에는 실무자 면접이 포함되기 때문에 가끔 면접관이 되어 이력서와 자기소개서를 보기도 합니다. 어느 정도 업계에서 경력이 있다면 인사팀이나 총무팀이 아니더라도 눈에 띄는 이력서와 자기소개서를 구분할 수 있는 노하우가 생깁니다. 어떻게 이력서와 자기소개서를 준비해야 한 번에 합격할 수 있을까요?

무엇보다도 이력서와 자기소개서를 쓸 때 기본을 지켜야 합니다. 당연히 최선을 다해서 취업 준비를 하겠지만 정작 이력서를 보면 성의 없이 작성된 것들이 상당히 많습니다. 다른 회사에서 사용한 이력서를 그대로 다시 사용하는 경우가 비일비재합니다. 회사명만 바꾸거나 약간의 내용만 수정한 자기소개서로는 자신의 능력을 드러

내는 데 한계가 있습니다. 같은 내용의 이력서와 자기소개서로 여러 곳에 지원할 수 있겠지만 그런 내용으로는 합격할 수 없다는 사실도 알아야 합니다.

이력서나 자기소개서를 쓰기 전에 지원하고자 하는 회사의 홈페이지를 살펴보고 관련 뉴스를 찾아보는 것이 좋습니다. 조사한 내용을 바탕으로 자신의 경험과 능력을 입사한 후에 어떻게 발휘할 수 있는지를 이력서나 자기소개서에 풀어냅니다. 이력서와 자기소개서에 회사와 관련된 내용이 포함되면 면접관들이 한 번이라도 더 읽을 수밖에 없습니다.

오탈자가 있는 글이나 편집이 잘되어 있지 않은 글은 기본을 지키지 못한 것입니다. '보기 좋은 떡이 먹기도 좋다'라는 말처럼 보기에도 좋은 이력서나 자기소개서라야 면접관들이 조금이라도 더 읽게 된다는 사실을 잊지 말아야 합니다.

잘 읽히게 하려면 당연히 간결한 문장으로 자기를 어필할 수 있어야 합니다. 대개 자기소개서는 A4 두 장을 넘기지 않기 때문에 면접관들은 앞의 너댓 줄을 읽고 뒤를 읽어야 할지 말아야 할지 판단합니다. 그렇지 않으면 수백 또는 수천 통의 이력서를 검토할 시간이 부족합니다. 따라서 자기소개서에서 첫 줄이 굉장히 중요합니다. 강력한 한 줄로 나를 어필해야 합니다. 자상하신 부모님 밑에서 자라 유연한 성격을 가졌다는 등의 진부한 내용으로는 눈에 띄기 어렵습니다.

자기만의 독특한 경험과 능력을 보여 주면서도 거만해 보이지 않고 한 번에 끝까지 읽히는 이력서와 자기소개서를 써야 합니다. 각

문단별로 중간 제목을 달아 굵은 표시로 구분해 놓으면 중간 제목만 읽더라도 전체 내용을 이해할 수 있습니다. 중간 제목이 광고의 카피처럼 나를 홍보하는 매력적인 문장이 되도록 다듬으면 좋습니다. 중간 제목으로 눈길을 끌면 나머지 내용들도 한 번 더 읽게 됩니다.

이력서와 자기소개서에는 지원하는 분야에 대한 내용도 포함시킵니다. 자신이 해당 직무를 왜 하고 싶고 그 일을 할 때 어떤 점에서 도움이 될 수 있는지를 구체적으로 밝히는 게 좋습니다. '무슨 일이든 맡겨 주시면 잘하겠습니다'라는 이력서보다는 '이런 일을 제가 해 보고 싶습니다'라는 구체적이고 적극적인 표현이 더 좋은 평가를 받습니다.

직무 선택도 전략적으로 할 필요가 있습니다. 많은 사람들이 영업 부서를 꺼리는데, 간과하는 점이 있습니다. 반복해서 이야기했듯 다른 분야보다도 부동산 업계는 다양한 분야를 접하는 게 장기적으로 유리합니다. 모든 업무들이 유기적으로 연결되어 있기 때문입니다. 때로 영업도 해야 하고 관리도 해야 합니다. 그럼에도 불구하고 상대적으로 영업 분야에 대한 지원율이 낮습니다. 그렇다면 전략적으로 영업 분야에 지원하여 부동산 업계에 진입하는 것도 하나의 방법입니다. 경력을 쌓은 후 다른 부서로 충분히 이동할 수 있습니다. 임대 영업이나 자산 관리 영업 분야 쪽은 상대적으로 인원 이동이 많은 편인데 영업 분야라는 이유만으로 신입 사원들이 지원을 꺼립니다. 모든 비즈니스의 핵심은 영업입니다. 그만큼 배울 수 있는 게 많을뿐더러 활동적인 성격이라면 충분히 재미있게 일할 수 있는 영역입니다.

최근에는 국내에 외국계 회사들도 많이 진출해 있고, 이에 따라 인력에 대한 수요도 늘어나고 있습니다. 외국계 투자회사들이 국내에 투자를 확대함에 따른 당연한 결과입니다. 외국계 회사에 도전하려는 사람이라면 당연히 영문 이력서를 준비해야 합니다. 심지어 국내 회사임에도 불구하고 후보자의 영어 실력을 보기 위해 영문 이력서를 요구하는 곳도 있습니다. 영문 이력서는 평소에 미리 준비하지 않으면 작성하는 게 쉽지 않습니다. 따라서 언제 올지 모를 기회를 잡기 위해서라도 미리 영문 이력서를 준비해 두는 것이 좋습니다.

합격을 부르는
면접 전략

서류 전형에 통과했다면 이제 면접이라는 큰 산을 넘어야 취업할 수 있습니다. 회사마다 차이가 있지만 대개 1, 2차로 나누어집니다. 일반적으로 1차 면접에서는 실무자 중심으로, 2차 면접에서는 임원진으로 면접관이 구성됩니다.

면접은 서류가 아닌 실제 자신의 모습을 보여 줘야 하는 자리입니다. 무엇보다 중요한 것은 첫인상입니다. 모 취업 포털사이트에서 인사 담당자를 대상으로 조사한 결과 면접 시 첫인상을 중요하게 본다는 응답이 70% 가까이 나왔습니다. 딱히 면접이 아니더라도 사람들은 만남에서 대개 첫인상을 통해 많은 것을 짐작합니다. 첫인상은 1분도 안 되는 수십 초 사이에 이뤄지는 판단입니다. 첫인상은 겉으로 드러나는 외모나 분위기라고 생각할 수도 있습니다. 단정하고 깔끔한 복장을 준비하면 외모에 대한 인상에서 크게 차이 나지 않습니다. 그럼 무엇으로 차이가 날까요? 필자가 강조하고 싶은 것은 태도입니다. 태도에 관한 첫인상입니다. 훤칠한 키에 준수한 외모라면 당연히 남의 눈에 띄고 호감을 줍니다. 그러나 태도가 좋지 못하면 건방지다는 인상을 줄 수 있습니다. 좋은 첫인상을 심어 주려면 면접 시에 올바른 태도를 보여 줘야 합니다.

서류 통과 후 면접 시간이 정해지면 해당 장소에 미리 여유 있게 도착해 준비합니다. 대개 단독으로 면접을 보는 게 아니어서 갑자기 일정 변동이 생길 수도 있습니다. 그럴 때 일찍 도착해 있는 후보자와 아직 도착하지 않은 후보자 사이에 평가가 이뤄집니다. 면접자들은 면접장에서만 자기가 평가된다고 생각하지만 회사에 도착하는 순간부터 모든 행동이 평가됩니다. 면접 장소로 가는 도중에 직장에서 근무하는 사람과 함께 엘리베이터를 탈 수도 있고 면접 대기 장소에서도 다른 사람이 항상 볼 수 있다는 생각으로 올바른 태도를 유지하는 게 좋습니다.

오래전 신입 사원 면접 때 일부러 일찍 도착해서 회사 분위기를 살피며 긴장을 푼 기억이 있습니다. 아무래도 낯선 곳이다 보니 많이 떨렸는데 시간이 흐르면서 마음이 편안해졌습니다. 게다가 인사 담당자와 잠깐이나마 대화를 나눌 기회도 있었습니다. 나중에 합격하고 인사 담당자에게 인사하러 갔을 때 그분이 일찍 도착한 점이 성실해 보였고 적극적인 모습을 긍정적으로 평가했다는 말을 했습니다.

면접에 임할 때는 이미 제출한 이력서에 대해서는 잊어도 좋습니다. 일단 회사에서 원하는 기본 요건을 갖춘 사람들 중에서 인터뷰를 통해 당락을 가리는 자리이기 때문입니다. 자신이 혹시라도 다른 사람보다 스펙이 떨어질까, 아니면 학력이 낮을까 등에 대해 걱정할 필요가 없습니다. 다른 것은 모두 잊고 면접관에게 자신의 모습을 최선을 다해 보여 주는 데 집중하는 게 좋습니다.

면접에서는 이력서만으로 확인할 수 없는 개인의 성향이나 자질 등에 대해 많이 물어볼 수 있습니다. 그런 질문들에 대해 답할 때 지금껏 겪어 온 자신의 경험과 부동산 산업을 연결하여 답하면 좋습니다. 또한 자신이 회사에 어떤 도움이 될 수 있는지에 대해 답할 수 있도록 미리 준비합니다. 자신감 있게 당당한 모습을 보여 주는 것은 기본이지만 실천하기 어려운 부분이기도 합니다. 요즘에는 압박 면접 형태로 후보자를 당황시키거나 아니면 농담을 하며 긴장을 풀게 한 후 지원자의 진정한 모습을 보고자 하는 회사들도 있습니다. 면접관들이 편하게 대한다고 자신도 같이 긴장을 놓고 수준 이하의 대답을 하는 후보자들이 종종 있습니다. 면접은 어떤 형태로든 본인을 드러내는 것이기 때문에 항상 진중한 자세로 임해야 합니다.

마지막으로 어떤 면접관들이 들어올지 사전에 최대한 정보를 구할 수 있다면 알아보는 것이 좋습니다. 실무자가 들어오는지, 인사 담당자가 들어오는지 알아 두면 훨씬 수월하게 준비할 수 있습니다. 만약 실무자가 나온다고 하면 관련 뉴스나 회사 홈페이지 등 찾을 수 있는 모든 자료를 찾아 실무자와의 연결고리를 만들어 봅니다. 무엇보다 기본적으로 자신이 어떤 일을 하게 될지 구체적으로 알고 가야 합니다. 본인이 하게 될 일에 대해 잘못 알고 가면 정확한 답을 할 수 없고 당연히 좋은 평가도 받지 못합니다.

면접은 사실 기본만 잘 지켜도 좋은 결과를 얻을 수 있습니다. 극도로 긴장되고 평소와 다른 분위기여서 위축되기 쉽지만, 자신감을 가지고 성실한 태도를 보여 주면 좋은 평가를 받을 수 있습니다.

인정받는
핵심 업무 기술

다른 분야도 마찬가지지만 학교에서 배운 지식만으로 사회에서 경쟁하기는 어렵습니다. 취업에 성공한 후 해야 할 업무가 하나둘 늘어나고 마침내 능력을 발휘해야 할 기회가 왔을 때, 현업에 필요한 지식은 새롭게 배워야 합니다. 부동산 관련 분야에서는 어떤 능력과 업무 기술을 필요로 하는지 알아보겠습니다.

부동산 분야는 제조업과 같이 손에 잡히는 무언가를 만드는 일이 아닙니다. 물론 아무것도 만들지 않는 것은 아닙니다. 투자나 컨설팅, 중개 서비스 등 지식 관련 정보를 주로 생산합니다. 부동산 관련 일은 어느 분야보다 다양하고 많은 정보를 다룹니다. 경제, 법률, 경영, 회계 등 다양한 분야의 정보를 정리하여 이를 분석하고 연구해야 할 일이 많습니다. 따라서 많은 정보들을 잘 꾸미고 관리하는 기술을 익히는 게 무엇보다 중요합니다. 기본적으로 사용하는 오피스 프로그램에는 엑셀, 파워포인트, 워드와 한글 등이 있습니다. 이 네 가지 프로그램은 정보를 다루는 직업이라면 능숙하게 다뤄야 하는 것들입니다.

엑셀 활용 능력은 실제 업무에 가장 도움이 됩니다. 부동산은 기본적으로 숫자를 많이 다루기 때문입니다. 이러한 숫자는 돈과 직결되기 때문에 정확하면서도 빠르게 정리하고 계산할 수 있어야 합니다. 그런 일을 도와주는 프로그램이 엑셀입니다. 사실 학생들은 엑셀을 사용할 일이 크게 없습니다. 그래서 막상 회사생활을 시작하고 엑셀을 잘 다루지 못해 어려움을 겪는 일이 많습니다.

엑셀은 대용량 자료 중에서 내가 원하는 자료를 추출해 낼 수 있게 해 주고 자료 분석을 통해 데이터가 갖는 의미를 보여 주는 기능도 가지고 있습니다. 부동산 관련 업무를 하는 사람이라면 반드시 엑셀을 능숙하게 다룰 수 있어야 합니다. 특히 엑셀의 함수 기능을 잘 다룰 수 있으면 좋습니다. 엑셀의 함수는 복잡하고 반복적인 계산을 정해진 수식에 따라 간단히 연산될 수 있게 하는 약속된 문구라고 이해하면 됩니다. 대부분 영어 단어로 되어 있어 직관적으로 함수가 어떤 수식을 표현하려는 것인지 알 수 있습니다. 다만 그 사용법에 대해서는 엑셀 프로그램의 도움말이나 관련 책을 통해 학습해야 합니다. 함수를 잘 사용하면 내가 원하는 자료와 정보를 복잡한 계산기나 도구를 사용하지 않고 자판기처럼 짧은 시간에 뽑아 낼 수 있습니다. 취업 준비를 하면서 현업에서 사용하는 실무 엑셀 관련 책자나 관련 커뮤니티를 통해 평소 연습을 많이 해 놓으면 미래를 위한 현명한 투자가 됩니다.

다음으로 알아 두면 유용한 프로그램은 파워포인트입니다. 이는

엑셀 학습 사이트	
어메이징 추어	https://post.naver.com/amazingteur
오빠두엑셀	https://www.oppadu.com
친절한 문군	https://blog.naver.com/micrmm
오피스위즈	http://blog.naver.com/h333j333

주제 발표나 세미나 등 여러 사람들에게 설명하는 프레젠테이션 때 사용하는 프로그램입니다. 요즘 대학생들은 파워포인트로 과제를 작성하기도 하고 발표할 때 사용하기도 합니다. 그러나 단순한 기능 위주로 사용하는 데 그칩니다.

현업에서는 다양한 곳에 파워포인트가 쓰입니다. 물론 프레젠테이션 용도도 있지만 보고서나 제안서를 만들 때 쓰기도 합니다. 대개 제안서나 보고서는 회사의 영업과 직결되는 중요한 자료입니다. 그래서 이런 문서를 보기 좋게 작성하는 능력이 있다면 신입 사원으로서 좋은 평가와 대우를 받을 수 있습니다. 파워포인트를 능숙하게 다루면서 그 안에 들어가는 콘텐츠 구성 능력까지 겸비한다면 어떤 보고서라도 자신 있게 쓸 수 있습니다.

프레젠테이션이나 중대한 영업 제안은 대부분 임원들이 발표하니까 신입 사원과 관계없다고 생각할 수도 있습니다. 하지만 현업에서는 주로 실무자들이 자료 준비를 다 합니다. 그래서 이런 능력을 갖추고 있으면 임원과 가까이서 일할 수 있는 기회가 많아집니다. 또 언젠가 직접 다른 사람 앞에서 발표할 기회가 올지도 모릅니다. 그 날을 위해서 파워포인트를 잘 다루는 기술과 발표 능력을 지속적으로 키워 나가기를 권합니다.

마지막으로 워드나 한글 등 문서 작성 프로그램을 잘 다룰 줄 알아야 합니다. 어느 회사든 보고서 작성은 기본 업무입니다. 보고서를 작성할 때 많이 사용되는 프로그램이 워드나 한글입니다. 어떤 내용을 담느냐만큼 어떻게 보여 줄 것인가도 중요합니다. 워드나 한글을 능숙하게 다루면 그만큼 일을 수월하게 할 수 있습니다.

부동산 관련 업무는 어떤 프로젝트에 투자하고 관리를 하고 이에 대한 경과를 투자자에게 정리해서 알려 주는 것입니다. 업무 보고서

보고서 작성에 도움 되는 사이트	
사이트 이름	사이트 주소
컨설턴트가 알려주는 보고서 작성의 기술	https://blog.naver.com/redslide
새별스러운 새별 블로그	https://blog.naver.com/seiru523
친절한혜강씨	https://blog.naver.com/leehyekang
기획스쿨	http://blog.naver.com/siny223
신프로의 닥치고 파워포인트	http://blog.naver.com/shinpro_mail
책쟁이 블로그	http://blog.naver.com/dark861007
슬라이드 셰어	http://www.slideshare.net

부터 월간 보고서, 자산 관리 보고서까지 다양한 문서를 만드는 일이 많습니다. 미팅이나 회의 후 보고서 작성 때도 필요합니다. 보고서 작성의 정석은 읽는 사람이 이해하기 쉽게 작성하는 것입니다. 누가 보더라도 한눈에 그 문서가 전하고자 하는 메시지를 알아볼 수 있어야 합니다. 효과적인 보고서 작성 노하우에 대해서도 학습을 해야 합니다.

요즘은 자료와 정보를 누구나 쉽게 구할 수 있는 세상입니다. 필요한 정보를 잘 골라 설득력 있는 보고서를 만들 수 있는 능력이 필요합니다. 부동산 분야는 보고서를 읽을 일도 많지만 직접 작성해야 할 때도 많습니다. 그렇기 때문에 문서 작성 능력이 업무에서 차지하는 비중이 높습니다. 평소 회의 내용을 요약해 보거나 진행하는 업무를 글로 정리해 보는 연습을 꾸준히 하면 보고서 작성에 도움이 됩니다.

영어 실력과
다양한 경험을 쌓자

만약 여러분이 어린 시절로 돌아간다면 어떤 일을 해 보고 싶은지 상상해 본 적이 있을 것입니다. 지금 후회하고 있는 일들을 바꿀 수 있는 기회를 찾아 자신이 원하는 대로 미래를 바꿔 보고 싶을 것입니다. 후회하는 일 중에는 직업이 포함될지도 모릅니다. 현재 만족스럽지 못해서 시간을 되돌리고 싶은 마음이 생길 수 있습니다.

만약 내가 신입 사원으로 돌아간다면 어떤 능력을 키우고 싶은지 생각을 해 본 적이 있습니다. 지금 일어나는 일들은 과거에 내가 한 행동의 결과이지만 바꾸고 싶을 때가 있습니다.

앞으로 후회를 덜 하기 위해 지금 무엇을 하면 좋을지 주변 선배나 지인들에게 설문을 해 보았습니다. "만약 신입 사원으로 돌아간다면 어떤 능력을 키우고 싶습니까?"라는 간단한 질문이었습니다. 공통적으로 두 가지 키워드가 나왔습니다. 바로 영어 실력과 다양한 경험입니다.

첫 번째 키워드인 영어는 취업할 때 필요조건이 된 지 오래입니다. 부동산 분야도 예외는 아닙니다. 부동산 현업에서 일하는 많은 분들이 신입 사원으로 돌아간다면 영어 실력을 키우고 싶다고 말하는 데는 이유가 있습니다. 주요 도심의 대형 빌딩들은 부동산 간접 투자 상품을 만들어 투자하는 주요 대상입니다. 이런 대형 빌딩 투자에는 국내 투자자뿐만 아니라 해외 투자자들도 상당수 참여하고 있습니다. 소위 외국계 부동산투자회사들입니다. 이들의 투자 참여가 증가할수록 영어로 업무를 해야 하는 인력이 필요하게 됩니다. 우리나라의 상업용 부동산은 아시아 태평양 시장에서 중요한 위치를 차지하고 있습니다. 외국계 투자자들이 단순 투기가 아닌 장기 투자를 하는 것을 보면 알 수 있습니다. 부동산 업계에서 외국계 투자회사의 비중은 증가하는데 영어를 자유롭게 구사할 전문 인력이 부족하다는 사실은 그만큼 기회가 많다는 뜻이기도 합니다.

실제로 영어를 잘하면 취업의 기회가 넓어지고 직장 내에서 좀 더 나은 대우를 받을 수 있습니다. 지금은 영어를 잘하는 사람들이 많지만 필자가 신입 사원이던 시절에는 드물었습니다. 그 가운데 영어를 원어민 수준으로 잘 구사하는 직원이 한 명 있었습니다. 당시 면접을 볼 때 면접관으로 들어와 영어로 유창하게 질문하기도 했습니다. 처음에는 면접관으로 들어왔으니 과장이나 차장 정도겠거니 했는데 입사 후 알고 보니 필자와 나이가 같은 일반 사원이었습니다. 단지 영어를 잘한다는 이유로 면접관으로 들어올 기회를 얻었던 것입니다. 나중에 이 친구는 회사에서 주요 영업 관련 프레젠테이션 때나 영어로 제안을 할 때마다 계속 참여할 수 있었습니다. 사원의

— 해외 투자자 TOP 10 (투자 규모) —

Rank	Company Name	Country	Vol(b KRW)	#Props
1	KKR	미국	2,608	3
2	중국투자공사(CIC)	중국	2,509	3
	브룩필드	캐나다	2,509	3
3	프루덴셜(M&G)	영국	1,747	6
4	도이치뱅크	독일	1,313	6
5	싱가포르투자청(GIC)	싱가포르	1,178	6
6	AEW글로벌	미국	785	6
7	캐나다연금투자위원회	캐나다	769	3
8	캐펠캐피탈	싱가포르	731	2
9	모건스탠리	미국	578	3
10	블랙스톤	미국	537	3

— 해외 투자자 TOP 10 (투자 자산 수) —

Rank	Company Name	Country	Vol(b KRW)	#Props
1	노무라홀딩즈	일본	460	8
2	프루덴셜(M&G)	영국	1,747	6
3	도이치뱅크	독일	1,313	6
4	싱가포르투자청(GIC)	싱가포르	1,178	6
5	AEW글로벌	미국	785	6
6	아센다스싱브릿즈	싱가포르	480	4
7	SC캐피탈파트너스	싱가포르	477	4
8	랜딩홀딩그룹	중국	376	4
9	KKR	미국	2,608	3
10	중국투자공사(CIC)	중국	2,509	3

출처 : 컬리어스인터내셔널 보고서 2018년 1월 21일 해외 투자자의 서울 부동산 투자

(인바운드 해외 투자자의 투자 규모 상승)

위치였지만 업계에서 한자리하는 사람들과 접촉할 수 있는 기회가 많았고 자연스럽게 부동산 관련 지식도 늘어났습니다. 그 경험을 바탕으로 국내 대형 연금에서 맹활약했고, 지금은 글로벌 부동산회사에서 근무하고 있습니다.

영어를 잘 구사한다는 것만으로 업무의 영역이 훨씬 더 넓어질 수 있습니다. 회사를 선택할 수 있는 범위도 넓어집니다. 국내 회사뿐만 아니라 외국계 회사도 고려해 볼 수 있습니다. 또한 동일한 업무를 하더라도 영어를 할 수 있다면 더 많은 연봉도 받을 수 있습니다. 필자도 국내 부동산회사에 다닐 때 외국계 고객사를 동경한 적이 있습니다. 같은 업무를 하면서도 좀 더 나은 환경에서 좋은 대우를 받는 것을 직접 보면서 나중에 외국계 회사에서 한 번 일해 봐야겠다는 결심을 했습니다. 그래서 틈틈이 영어 공부를 했고 그 결과 외국계 회사에서 우리나라를 대표하는 부동산 자산을 운용하는 경험을 할 수 있었습니다.

또 하나의 키워드인 '다양한 경험'을 강조한 이유는 무엇보다 업무 특성상 책이나 지식으로만 얻을 수 없는 부분이 많기 때문입니다. 매일매일 새로운 일들이 벌어지기 때문에 어떤 매뉴얼도 통하지 않습니다. 매뉴얼화할 수 없어서 어떤 경험이든지 부동산 업무에 도움이 된다고 현업에 있는 분들이 강조한 것입니다.

취업 전뿐만 아니라 입사를 하고 나서도 여러 분야를 경험해야 합니다. 앞서 살펴본 것처럼 부동산 분야도 세분화하면 개발, 운영 관리, 임대, 투자 등 여러 분야가 있습니다. 한쪽 분야에서 전문적인 지식을 쌓을 수도 있겠지만 여러 방면의 기술을 가지고 있으면 그 시너지 효과는 어마어마하게 커질 수 있습니다. 부동산 각 분야들은 유기적으로 연결되어 있어서입니다. '아는 만큼 보인다'라는 말처럼 그만큼 많이 알면 새로운 것을 더욱 많이 볼 수 있는 분야입니다.

영어와 경험이라는 두 키워드는 앞서 부동산 업계를 경험한 분들이 알려준 소중한 가르침입니다.

상업용 부동산 임대차의 모든 것

리맥스코리아 **노창희 부사장**
chnoh@remax.co.kr

Question.1 지금까지의 경력을 바탕으로 간단한 본인 소개 부탁드립니다.

Answer 단일 브랜드로 세계 최대의 부동산중개회사인 RE/MAX의 한국 본사인 리맥스코리아의 부사장으로 재직 중이며, 24년간 메이트플러스, 포스코O&M 등의 회사를 거치며 부동산 중개, 대형 빌딩 임대차 업무에서 부동산 컨설팅 업무를 수행해 왔습니다. 빌딩 소유사를 대상으로 임차인 유치와 건물 자산 관리 업무를 주로 수행했습니다.

Question.2 부동산 임대 영업을 하려면 어떤 성격, 성향, 태도가 좋을까요? 또, 직접 세일즈 인력을 양성하는 교육을 하고 계시는데 어떤 점을 강조하는지요?

Answer 부동산 임대 영업에서 성공하기 위한 몇 가지 자질이 있습니다. 첫 번째로는 항상 '부동산적 사고'를 가져야 한다는 것입니다. '24/7'이라는 표현이 있습니다. 24시간 동안 내가 맡은 부동산의 거래 성사를 위한 마케팅으로 머릿속을 채워야 하며, 7일 동안 그렇게 생활하라는 것입니다. 두 번째로는 항상 호기심을 가져야 한다는 것입니다. '왜 저 빌딩 1층에 저런 공간을 만들었을까?', '왜 저 회사는 저 빌딩을 10년 이상 사용하고 있는 걸까?' 끊임없이 궁리해야 합니다. 호기심에 대한 답을 찾는 순간, 본인이 맡은 빌딩의 공실을 해소하기 위한 솔루션도 떠오를 것입니다. 마지막으로 어쩌다 보니 부동산회사에 입사하는 것이 아니라, 부동산업을 하기 위해 부동산회사에 입사하라는 것입니다. 철저한 부동산쟁이가 되어야 맡은 거래를 성사할 수 있습니다.

Question.3   평소 넘치는 에너지로 다양한 공간을 방문하고 SNS를 통해 활발하게 정보를 공유하고 계시는데요. 이런 일들이 지금 하고 있는 임대업과 어떻게 연결이 되는지 궁금합니다. 또, 좋은 성공 사례가 있으면 소개를 부탁드립니다.

Answer   늘 새로운 공간과 성공한 빌딩에 대한 정보를 수집하는 버릇이 있습니다. 출퇴근길 또는 그날의 일정과 동선이 겹치는 공간들은 오고 가는 길에 들르기 위해 노력합니다. 일부러 시간을 내지 않더라도 새로운 공간을 학습할 수 있는 효과적인 방법입니다. 오랜 시간 연구하며 봐야 하는 공간들은 주말을 이용하거나 휴가를 내고 비행기를 타고 가는 경우도 있습니다. 최신 트렌드가 적용된 새로운 공간, 새로운 신축 빌딩, 선진국의 새로운 건축 기법, 리테일의 트렌드를 틈틈이 익히기 위함입니다. 그러다 어떤 프로젝트를 맡게 되었을 때, 그 빌딩에 맞는 아이디어가 출력됩니다. 예를 들어 매년 수차례 일본의 신축 빌딩들을 보고 다니면서 머릿속에 넣어둔 아이디어를 한국의 신축 빌딩에 적용해서 작지만 효과만점의 공간을 건물주에게 제안하는 것입니다. 화장실 가는 복도 벽에 크리넥스 휴지통만한 작은 개인 수납장을 수백 개 설치하여 이용자가 화장실을 갈 때 들고 다니는 다양한 용품이 들어 있는 파우치를 넣어 두게 하자는 등, 이런 작은 것들까지 신경 쓰고 다닙니다.

Question.4 상업용 부동산과 주거용 임대 업무의 다른 점은 어떤 것들이 있을까요? 상업용 부동산 매각이나 임대 영업을 잘 하기 위해서는 어떤 역량을 키워야 할지 궁금합니다.

Answer 주거용 부동산은 대부분 지역성이 강하고 소유자가 개인인 경우가 많아서 판매자와 구매자 양측의 이해관계만 맞으면 계약이 성사됩니다. 반면 상업용 부동산의 경우 소유자가 기업인 경우가 많고 부동산 에이전트가 상대하는 고객은 결정권자의 대리인인 경우가 많습니다. 이해 당사자가 많고, 보고 체계가 존재한다는 것입니다. 임차인을 유치하고 서비스를 제공하기 위해서 마케팅과 리서치 업무를 하는 것은 기본이며 고객의 대리인들을 만족시키기 위한 다양한 노력이 필요합니다. 결정권자인 그들의 상사에게 제대로 보고하게 만들어 주는 행정 처리 능력과 역지사지의 마음이 필요합니다.

Question.5 처음 부동산 업계에 취업할 때 회사는 어떻게 선택하면 좋을까요?

Answer 부동산업이라는 단어 속에 수많은 종류의 업무와 회사들이 존재합니다. 부동산업을 시작하려는 분들은 자신이 하고자 하는 일, 배우고 싶은 일, 자신의 전공, 자신의 성격과 취향 등을 고려해 업종을

선택해야 합니다. 알맞는 회사를 찾는 것은 두 번째 일입니다. 그만큼 회사 선택 보다는 업종 선택이 우선되어야 합니다. 부동산업에는 중개(매매, 임대차), 임대 대행, 임차 대행, 자산 관리(PM), 시설 관리(FM), 자산 운용(AM), 개발, 시행, 큰 틀에서 보면 건축이나 금융과 결합한 리츠나 펀드 등 수많은 영역이 있습니다. 각 업종별 매력이 있고 요구하는 능력이 다르니 업종 선택이 매우 중요합니다.

Question.6 마지막으로 부동산 업계 취업을 준비하는 분들에게 부동산 업계 전망, 커리어 조언, 응원과 격려 한마디 부탁드립니다.

Answer 부동산업은 경기에 영향을 받지 않는 일이라고 생각합니다. 중요한 건 부동산 경기가 아니라 마음가짐이라고 생각합니다. 농사를 짓듯이 자신이 목표하는 부동산 시장에서 자신의 영역을 만들어가는 꾸준한 영업과 노력을 해 나간다면, 분명 이 직업은 최고의 직업이 될 것입니다. 자신이 만든 노하우는 회사의 노하우도 되지만, 내 몸에 남는 노하우가 되고 나만의 브랜딩이 됩니다. 처음 시작할 때, 부동산을 사랑하고 사랑하라고 말하고 싶습니다. 연인들이 연애하는 마음! 고3 수험생이 공부하는 마음과 들이는 시간! 이 두 마인드 정도면 결코 어려운 일이 아닙니다.

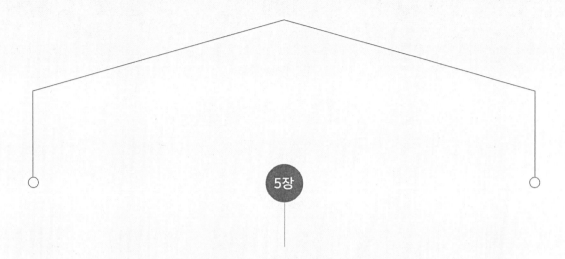

5장

부동산 전문가가
되는 법

현장에서 오래 일을 한다고 전문가가 되는 것은 아니다. 부동산 관련 일이 다양하지만 전문가가 되기 위해 공통적으로 요구되는 필요조건이 있다. 인맥 관리, 평생 학습, 영어 실력이다. 그리고 과감하고 현명한 이직이 필요하다.

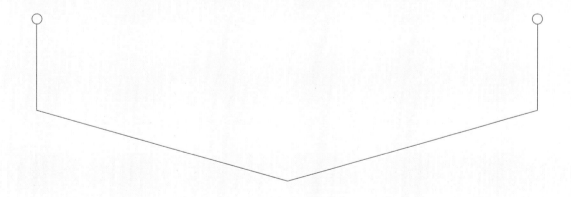

연봉과
몸값 올리는 법

직장인은 연봉으로 능력을 평가받습니다. 요즘 같은 세상에 취업만 되면 연봉은 상관없다고 말하는 사람도 있지만 취업 이후에는 생각이 달라집니다. 남들과 같은 시간을 일하면서 더 많은 돈을 받을 수 있는 방법이 있다면 시도해 보지 않을 이유가 없습니다.

연봉을 높이는 간단한 비결이 있습니다. 바로 전문성을 높이는 것입니다. 1만 시간의 법칙처럼 한 분야에 정통할 수 있게 긴 시간 꾸준히 경험과 지식을 쌓는 것입니다. 사실 누구나 다 아는 평범한 진리이지만 현실에서는 말처럼 쉽지 않습니다. 그렇다고 아무 생각 없이 회사만 오래 다닌다고 전문성이 길러지지는 않습니다. 담당하는 업무에 대해 꾸준히 개선점을 찾고 효율성을 높이는 노력이 수반되어야 합니다. 그러다 보면 전문성을 인정받고 그에 따라 연봉도 올라갈 것입니다.

한 가지 일을 꾸준하게 한다는 것은 결코 쉽지 않습니다. 똑같은 일을 반복해야 할 때도 있고 때로는 생산적이지 못한 일을 해야 할 때도 있습니다. 그런 어려움과 지루함을 극복한다면 남들과는 다르게 자기 분야에 통찰력을 갖게 됩니다. 특히 부동산 업계에서 한 분야에서의 오랜 경험은 합당한 대우를 받을 수 있는 주요 요건 중 하나입니다. 아무리 좋은 학력과 자격증이 있다 하더라도 꾸준한 노력과 성실함이 받쳐 주지 않으면 빛을 발하기가 어렵습니다. 따라서 자신의 업무를 지속할 수 있는 동기를 찾고 이를 유지하는 게 연봉을 높이는 단순하고 간단한 방법입니다.

간혹 주변 사람들을 보면 담당 업무나 회사 내에서 하는 일이 마음에 들지 않거나 만족스럽지 않다는 이유로 이리저리 회사를 옮기거나 업무를 바꾸는 것을 볼 때가 있습니다. 물론 적성과 너무 맞지 않거나 인간관계에서 어려움을 느낀다면 그럴 수 있다고 생각합니다. 하지만 사실 그렇게 되면 손해는 자기 자신에게 돌아올 뿐입니다. 경력 단절이나 잦은 이직으로 좋은 평가를 받지 못하기 때문입니다. 만약 개인 사업을 꿈꾸지 않는 이상 직장에서의 모든 상황이 자신에게 맞춰 돌아갈 것이라는 기대는 아예 하지 않는 편이 낫습니다. 그런 마음가짐보다는 자신의 생각과 인식을 바꿔 관계를 개선해 나가는 것이 더 효과적인 접근법입니다. 그러는 과정에서 문제를 해결하는 능력도 길러지고 경력도 꾸준히 이어 나갈 수 있습니다.

다른 방법으로는 자격증 취득을 통해 본인의 가치를 높이는 것입니다. 부동산 관련 자격증은 생각보다 다양합니다. 공인중개사나 주택관리사처럼 직접적으로 관련이 있는 것도 있고 감정평가사나 공인회계사 등 전문적이고 난도가 높은 자격증도 있습니다. 이런 자격증을 취득할 때 가장 먼저 고려할 점은 자신의 현재 상황입니다. 의지만으로 시작했다가 취득하지 못하거나 시간이 오래 걸린다면 그 효용은 크게 떨어집니다. 그리고 투입 비용이나 시간 대비 효과도 고려하여 준비하는 것이 현명한 선택입니다. 자격증을 취득하면 어느 정도 기준을 충족한다는 것을 공식적으로 알릴 수 있습니다. 당연히 연봉 상승에도 영향을 미칩니다.

또 다른 방법으로 국내 부동산 대학원에 입학하거나 해외 부동산 대학으로 유학을 가는 것입니다. 학력을 높이는 것도 연봉이나 몸값을 높이는 수단 중 하나입니다. 다만 해외 유학은 적지 않은 돈이 듭니다. 한때 부동산 MBA 과정에 지원하는 분들이 많던 시기가 있었습니다. 초기에 과감하게 떠난 분들은 수혜를 봤지만, 수료자가 많아진 최근에는 과거보다는 유학의 효과가 미미한 게 사실입니다. 그래도 이런 유학은 몸값을 높이는 데 도움이 됩니다. 또한 학교 졸업생들의 네트워크가 있어 인맥 형성에 도움이 됩니다.

직장을 다니면서 국내 대학원을 진학하려면 야간 특수 대학원을 이용하는 방법이 있습니다. 주간보다 학업의 강도는 약하지만 관련 업계 사람들과 연결될 수 있는 기회가 많아집니다. 물론 인맥을 넘어 학문적 깊이를 더하기 위해 석사 이후 박사에까지 도전해 볼 수도 있습니다. 이 또한 자신의 몸값을 올리는 좋은 방법입니다. 다만 지출한 비용을 회수할 수 있을지에 대해서도 냉정하게 생각해 봐야 합니다. 얼마 전까지만 해도 유학을 다녀오거나 부동산 석사 학위가 있으면 더 나은 연봉에 좋은 곳으로 이직이 가능했습니다. 교육에 투자한 비용을 연봉 상승으로 감당할 수 있었습니다. 그렇

학교명	사이트 주소
코넬대학교 부동산학과	http://www.realestate.cornell.edu
뉴욕대학교 부동산학과	http://www.scps.nyu.edu
메사추세츠공과대학교 부동산학과	http://mitcre.mit.edu
오하이오대학교 부동산학과	https://www.osu.edu/
옥스퍼드브룩스대학교 부동산건설학과	https://www.brookes.ac.uk/be/
위치타주립대학교 부동산학과	http://www.realestate.wichita.edu
UC버클리대학교 부동산학과	http://mba.haas.berkeley.edu/academics/realestate.html
조지아주립대학교 부동산학과	http://realestate.robinson.gsu.edu
존스홉킨스대학교 부동산학과	https://carey.jhu.edu/programs/master-science-programs/master-science-real-estate-and-infrastructure
컬럼비아대학교 부동산개발학과	http://www.arch.columbia.edu/programs/real-estate-development
펜실베니아대학교와튼스쿨 부동산학과	http://realestate.wharton.upenn.edu
홍콩폴리테크닉대학교 부동산학과	http://www.bre.polyu.edu.hk
싱가포르국립대학교 부동산학과	http://www.rst.nus.edu.sg

지만 요즘은 학력 인플레이션이 심해 과거처럼 큰 기대를 하기는 어렵습니다. 그럼에도 장기적 관점에서 자신에게 투자해 공부하는 것은 바람직합니다.

지극히 당연한 사실이지만 연봉이나 몸값을 높게 받는 사람은 정해져 있습니다. 결국 회사에 이익을 많이 가져다주는 사람입니다. 어떤 회사든지 세일즈, 즉 영업을 해야 합니다. 부동산 분야도 마찬가지입니다. 무언가 영업을 해야 수익을 얻을 수 있습니다. 연봉을 많이 받거나 몸값을 올리려면 관리 분야보다는 영업에 뛰어드는 게 빠를 수 있습니다. 부동산에서 영업은 투자 상품을 만들거나, 자산 관리에 대한 영업권을 수주하거나, 빌딩의 임대나 임차 계약을 성사하는 것입니다. 영업에는 대개 성과급을 지급하는 회사가 많습니다. 노력해서 맺은 결실만큼 수익을 추가로 배분받는 것입니다. 그런 면에서 관리 분야보다는 자신의 몸값을 올릴 수 있는 기회가 많습니다.

마지막으로 이직할 때 연봉과 몸값을 올리는 사례가 많습니다. 부동산 업계에서 이직은 대부분 좋은 자리로 스카우트되는 경우입니다. 새로운 회사와 협상을 잘해서 이직을 하는 것도 연봉과 몸값을 올리는 좋은 방법입니다.

부동산 전문 영어
실전 스킬 업

필자는 외국 유학도 다녀오지 않았고 영어 실력이 유창한 것도 아니었지만 업계의 실무 경험을 바탕으로 외국계 부동산회사에 다녔습니다. 6년간의 외국계 회사 생활은 어쩌면 내게는 도전이기도 했고 좋은 사람들과 함께 일하면서 더 발전하는 계기가 되었습니다.

그곳에는 영어를 잘하는 사람들이 대부분이었고, 그 사람들의 능력이 부러웠습니다. 그래도 조금이라도 그분들과 레벨을 맞추려고 조금씩 노력을 했고 시간이 지나고 보니 처음 외국계 회사에 입사했을 때보다 영어 실력이 나아진 것은 확실했습니다. 왜냐하면 적어도 지금은 영문 문서를 볼 때 당황하거나 두렵지는 않기 때문입니다.

많은 사람들이 취업을 하고 나면 영어를 쳐다보지도 않거나 관심을 꺼버리는 경우가 많습니다. 이렇게 남들이 부동산 영어에 관심을 갖지 않을 때 조금만 노력하면 빛을 볼 수 있는 기회를 분명 만들 수 있습니다. 왜냐하면 상업용 부동산 업계는 어느 정도 경험을 가진 전문 인력의 수가 제한적인데다가 거기에 영어를 잘하는 사람을 찾는 게 쉽지 않기 때문입니다. 따라서 영어 실력이 크게 뛰어나지 않아도 현업의 능력을 갖추고 있다면 외국계 회사에 갈 수 있는 가능성도 그만큼 높아집니다.

우리나라 부동산에 투자하는 외국계 부동산 투자회사들은 매년 늘어나고 있습니다. 서울 도심에 있는 주요 빌딩들, 예를 들어 강남파이낸스센터(GFC), 서울파이낸스센터(SFC)는 싱가포르투자청 소유입니다. 종각역에 있는 센트로폴리스 빌딩은 자산운용사인 LB자산운용을 통해 매입이 진행된 곳으로, 현재 영국의 M&G라는 회사와 국내 기관 투자자들이 소유하고 있습니다. 그리고 여의도에 위치한 서울국제금융센터(SIFC)도 미국의 AIG사가 개발한 이후에 이를 캐나다계 자산운용사인 브룩필드에 매각하기도 했습니다.

이렇게 외국계 회사들의 투자가 늘어나면 관련 부동산회사들도 늘어나고 이곳에서 일할 사람들도 필요합니다. 만약 영어로 의사소통이 가능하다면 자연스럽게 이런 외국계 회사를 선택할 수 있습니다. 직업과 직장 선택의 폭이 넓어지는 것입니다. 외국계 회사들은 주로 경력직을 채용합니다. 따라서 신입 사원으로 입사할 때는 별 차이가 없지만, 경력이 쌓인 후 이직을 한다면 어학 실력에 비례해 갈 수 있는 회사의 수가 늘어날 수 있습니다. 같은 업무 능력으로 갈 수 있는 회사가 많아진다면 영어 공부를 열심히 하지 않을 이유가 없습니다.

앞서 말한 것처럼 외국계 회사들은 경력직 위주의 채용을 하는데 이때 좋은 인재를 확보하기 위해 높은 연봉을 제공하는 곳이 많습니다. 같은 업무를 하더라도 높은 연봉을 받게 될 가능성이 높습니다. 게다가 업무 영역도 다양하게 경험할 수 있어 시간이 지날수록 몸값을 더 올릴 수 있습니다. 직장인으로서 동일한 시간을 일한다면 더 많은 연봉을 주는 곳에서 하는 것을 바라기 마련입니다. 자격증을 따거나 대학원을 가는 자기계발도 의미 있지만, 어학을 통해 연봉을 올리는 것도 좋은 방법 중에 하나입니다. 게다가 외국계 회사는 좋은 근무 환경과 개인의 생활을 존중하는 기업 문화가 있는 곳도 많습니다. 영어를 공부하면 더 나은 대우를 받는다는데 열심히 해야 할 동기부여로서 충분한 의미를 갖습니다.

무엇보다도 영어가 가능하면 국문뿐만 아니라 영문 문서까지 자연스럽게 읽을 수 있게 되고 이에 따라 정보 습득의 양도 늘어나게 됩니다. 해외에서 먼저 발달한 상업용 부동산 투자, 운영 및 관리와 관련된 새로운 지식들도 영어로 된 책이나 해외 인터넷 홈페이지를 통해 자연스럽게 습득이 가능합니다. 새로운 트렌드나 투자 기법 등을 먼저 배우고 활용할 수 있는 능력을 갖게 되는 셈입니다.

그뿐만 아니라 외국계 회사에서 일하는 것 자체만으로도 가치가 있습니다. 해외 부동산 전문 회사들이 오랜 시간 축적해 온 업무 방식과 시스템을 직접 경험하고 배울 수 있습니다. 외국인과 함께 그들의 사고와 문제 해결 방식을 배운다는 것은 외국계 회사에서 직장 생활을 하면서 얻을 수 있는 특권이라고도 할 수 있습니다. 남들은 어렵게 해외 취업을 준비하지만 나는 국내에서 그 생활을 하게 되는 것입니다.

이렇게 조금만 생각해 보면 부동산 영어가 필요한 이유를 쉽게 이해할 수 있습니다. 그러면 부동산 영어를 어떻게 학습하느냐는 질문이 남습니다. 그래서 직접 실천해 본 몇 가지 방법을 공유합니다. 돈도 들지 않고 시간을 많이 들이는 일도 아닙니다. 다만 개인의 의지에 따라 결과는 달라질 것입니다. 그렇지만 꾸준히 하면 반드시 효과는 있습니다.

우선 학창 시절 점수를 위해 토익 공부를 하던 것처럼 하는 영어 공부는 효과를 보기 어렵습니다. 영어 회화를 공부하는 것도 도움이 될 수 있겠습니다만 뭔가 조금 부족합니다. 우리는 업계에서 사용하는 전문 용어를 활용할 수 있는 영어 공부를 해야 합니다. 즉, 부동산 전문 영어를 공부해야 합니다. 우리에게 영어가 필요한 이유는 현업에서 활용하기 위해서입니다. 그렇다면 현업에서 전문가들이 사용하는 부동산 전문 용어를 찾아야 합니다. 그런 용어를 찾아서 공부하면 쉽게 활용할 수 있고, 또 자주 사용하다 보면 실력도 자연스럽게 늘게 됩니다.

추천하는 방법 중 하나는 자신의 분야와 관련된 웹사이트를 찾아 거기에 있는 영어를 공부하는 것입니다. 지금 하는 일이 개발 분야라면 부동산 개발 관련 사이트를 찾아보면 됩니다. 부동산 개발 분야에서도 오피스, 호텔, 리테일 등 부동산의 종류에 따라 세분화할 수 있으니 자신과 조금이라도 더 관련된 정보를 찾는 게 좋습니다. 그래야 지금 하는 일과 연관이 되어 쉽게 이해가 되고 흥미롭게 영어를 습득할 수 있습니다.

구글 검색창에 부동산과 관련된 키워드를 치면 대표적인 웹사이트들이 검색됩니다. 'Real estate news'나 'Commercial real estate' 등을 검색한 뒤 마음에 드는 사이트를 골라서 부동산 영어 학습 자료의 교재로 선택하면 됩니다. 부동산 전문 뉴스들이 나오는 곳이기 때문에 일반적인 단어보다는 부동산과 관련된 전문 용어가 자주 등장하고 부동산 업계에서 사용하는 표현들도 쉽게 접할 수 있습니다. 이런 방법으로 자연스럽게 전문 용어를 익혀나가다 보면 업무 능력과 영어 실력을 함께 향상시킬 수 있습니다.

만약 상업용 부동산 업계에서 일을 한다면 부동산회사에서 발간하는 리포트를 읽어 보는 것도 좋습니다. 부동산 시장 상황에 대한 보고서나 트렌드에 대한 내용을 주기적으로 발간하는 곳을 찾아 두고 꾸준히 읽는 것입니다. 대개 글로벌 부동산투자회사나 자산관리회사에서 정기적으로 영문 보고서를 발간하고 있으니 이를 참고하면 좋습니다.

이제 부동산 전문 용어를 공부할 재료를 찾았으니 학습을 시작하면 됩니다. 우선 과거에 영어를 하다가 포기했던 사람들도 있고 영어 공부가 지겨워 더 이상 하기 싫은 분들도 있을 것입니다. 영어 공부를 잘 하는 법은 여러분도 이미 알고 있는 것으로, 많이 읽고, 쓰고, 듣고, 말하면 됩니다. 그리고 그것을 꾸준히 하면 됩니다. 간단하지만 실천하기 어렵습니다.

필자 역시 영어 공부를 한다는 목표를 여러 번 세웠지만, 거창한 계획은 항상 오래가지 못했습니다. 그래서 전략을 바꿔 실패해도 큰 타격이 없는 작은 목표를 세워 실천하기로 했습니다.

앞서 고른 부동산 관련 홈페이지를 읽고 거기서 자신이 매우 유용하다고 생각하는 문장을 하나만 고릅니다. 그리고 그 문장을 노트에 적어 두고 아침부터 저녁까지 계속 읽고, 쓰고, 말하고, 듣습니다. 목표는 하루 동안 그 한 문장을 암기하는 것입니다. 하루에 한 문장이라고 우습게 봐서는 안 됩니다. 생각보다 어렵습니다. 그리고 그것을 꾸준히 하기는 더더욱 어렵습니다. 그렇지만 이 목표를 실패하더라도 큰 타격은 없습니다. 그냥 내일 다시 시작하면 되기 때문입니다. 게다가 돈도 들지 않습니다.

이와 유사한 방법으로 부동산 관련 팟캐스트를 듣는 것도 좋은 방법입니다. 필자는 출퇴근 시간을 이용하여 외국의 부동산 관련 영어 팟캐스트를 듣고 있습니다. 우리가 학교에서 배운 영어는 대개 정형화된 속도와 발음으로 녹음된 것입니다. 하지만 이는 실생활에서의 영어와 차이가 큽니다. 사람들마다 다른 억양과 속도, 또 어떨 때는 전화상으로 대화하기도 하고 바깥에서 어수선한 상황에서 대화가 이어지기도 합니다. 다양한 사람들의 소리를 많이 듣고, 다양한 속도와 억양에 익숙해지는 연습을 할 수 있는 게 영어 팟캐스트입니다. 물론 이 때에도 부동산 전문가들의 팟캐스트를 듣는다면 자신이 하는 일과 연관되어 조금 더 관심과 흥미를 가질 수 있습니다.

이런 방법으로 부동산 전문 용어를 습득해 나가면서 잊지 말아야 할 것이 있습니다. 여러분이 영어 공부의 필요성을 느꼈다면 분명 목표와 목적이 있을 것입니다. 자신이 무엇을 위해 부동산 영어 공부를 하고 있는지, 궁극적으로 어떤 일을 하기 위한 것인지가 마음속에 있을 것입니다. 예를 들어 외국계 부동산회사로 이직을 하고 싶다거나 외국계 회사 파트너와 영업 활동을 원활하게 잘하고 싶다거나 영어 공부를 시작한 계기가 있을 것입니다.

이처럼 뚜렷한 학습 목표가 있어야 동기부여가 됩니다. 그리고 그런 마음을 항상 갖고 있으면 원하는 것을 이룰 수 있는 준비가 된 것입니다. 필자도 신입 사원 시절 영어 공부를 하면서 언젠가는 외국계 회사에 꼭 한번 가보겠다는 마음으로 꾸준히 공부를 하다보니 좋은 기회가 찾아 왔고, 결국 외국계 회사에서 일해 볼 수 있었습니다.

무엇보다도 회사원이라면 무작정 긴 시간을 내서 영어 공부를 한다는 마음은 버리는 게 좋습니다. 또 시중에 나와 있는 몇 시간 만에 영어가 가능하다는 등의 공부법이나 학원 수강 등은 별로 권하고 싶지 않습니다. 우리의 목적은 업무를 위한 영어를 배우는 것이지 영어만 잘하려는 게 아니기 때문입니다. 원어민이 아닌 이상 한계가 있을 수밖에 없습니다. 눈높이를 낮추고 일상 속에서 실천할 수 있는 현실적인 방법을 찾는 게 좋습니다.

희망적인 것은 외국계 회사에 영어의 사용 빈도가 높은 포지션이 있는 반면, 그렇지 않은 곳도 분명히 있다는 사실입니다. 상황이나 직무에 따라 다르겠지만 꼭 원어민 수준의 영어를 구사해야만 외국계 회사에 갈 수 있다는 것은 아닙니다. 너무 겁부터 먹고 아예 도전조차 하지 않는 사람들이 있습니다. 하지만 경험에 비추어 보아 영어를 크게 잘 하지 못하는 상황에서 외국계 회사에 들어가더라도 시간이 지나면 어느 정도 수준까지 할 수 있게 됩니다. 아무래도 영어를 쓰는 빈도가 국내 회사보다 많아지기 때문에 시간이 지나면 자연스럽게 실력이 늘게 되는 것입니다.

Building Owners and Managers Association International	https://www.boma.org
Smarter Facility Management	https://www.buildings.com
National Association of REALTORS	https://www.realtor.com
Beyond Retail Industry	https://www.beyondretailindustry.com

부동산 관련 영문 보고서를 볼 수 있는 곳

CBRE	https://www.cbre.com
JLL	https://www.us.jll.com
Cushman & Wakefiled	https://www.cushmanwakefield.com
Savills	https://www.savills.com

많은 사람들이 외국으로 어학연수를 다녀옵니다. 외국계 회사를 가게 되면 국내에서 어학연수도 하고, 대학원보다 더 질이 높은 직무 교육도 받는 효과가 있습니다. 유학을 가고 싶었지만 여러 가지 문제로 실현을 못했다면 외국계 회사에 들어가서 그 꿈을 이룰 수도 있습니다. 어쩌면 가장 효과적인 어학연수는 외국계 회사에 입사하는 것이 아닐까 생각합니다. 외국계 회사에 도전하는 것을 너무 어렵게 생각하지 않아도 좋습니다.

무엇보다 영어를 잘 하기 위해서는 평상시에 영어를 습관처럼, 조금씩 자주 접할 기회를 만드는 게 좋은 방법이라고 생각합니다. 물론 세상에는 신경을 써야 하고 관심을 둬야 하는 게 많습니다. 그중에서 중요하다고 생각하는 것에 우선순위를 두는 게 맞습니다. 만약 그게 부동산 영어라고 하면 한정된 하루 일과 중에 몇 분이라도 투자를 해야 남들과 다른 결과를 얻을 수 있을 것입니다.

여러분도 자신만의 부동산 영어 공부법을 찾으셔서 꾸준히 연마하셨으면 좋겠습니다. 만약 상업용 부동산 자산 관리 분야에 대한 영어 공부를 하고 싶으시면《부동산 자산 관리 영문 용어 사전》을 참고하셔서 하루에 한 문장씩 공부해 보시기 바랍니다.

부동산회사 재직자들의
경력기술서 작성법

구직 중이라면 자기소개서를 어떻게 써야 할지 고민한 적이 있을 것입니다. 특히 대부분 부동산회사들의 경우 자기소개서 양식이 자유롭고 정해진 게 없기 때문에 내용을 스스로 구성해야 할 때가 많습니다. 사실 자기소개서라는 게 말 그대로 자신을 소개하는 것이기 때문에 누가 정해 주는 것보다는 스스로 생각해서 만들고 작성해야 하는 게 맞습니다. 그래도 어느 정도 참고가 될 만한 자료가 있다면 그에 맞춰서 한 번쯤 작성을 해 보고 수정하는 것도 좋은 방법이 될 수 있습니다. 인터넷에 자기소개서 양식이라고 검색을 하면 무수히 많은 정보들이 있습니다. 하지만 우리는 부동산 업계로 지원을 하는 것이기 때문에 그에 맞는 전략과 방법을 찾아야 합니다. 어느 업계에서나 사용 가능한 자기소개서의 구성은 매력적이지 않고 그저 평범한 내용을 전달할 수밖에 없습니다.

부동산회사에 지원하려는 사람이라면 가장 먼저 해야 할 것은 그

회사 내부가 어떤 조직으로 구성되어 있는지를 알아내는 것입니다. 회사 홈페이지를 찾아보거나 회사 소개서가 있다면 그것을 찾아 읽으며 꼼꼼하게 직무에 대해 분석하면 좋습니다. 요즘에는 홈페이지에 회사 홍보를 위해서 e-브로슈어 형태의 회사 소개 파일을 올려놓는 곳들도 많습니다. 이런 정보들을 바탕으로 이 회사가 어떤 일을 하는 곳이고 이번에 채용하는 포지션이 무슨 일을 해야 하는지를 확인한다면 자기소개서의 내용을 어떻게 채워야 할지 구체적인 계획을 세울 수 있습니다.

이렇게 구체적으로 회사에 대해서 파악을 하고 직무를 알아냈다면 상대방의 입장에서 어떤 내용이 담기면 좋을지 스스로 질문을 해보는 것도 좋습니다. 본인이 만약 인사 담당자라면 이력서 내용 가운데 어떤 것에 호기심을 느낄지 고민해 보고 그 질문에 대한 답을 자기소개서에 녹여내면 훌륭한 내용이 구성될 것입니다. 그런 것들을 바탕으로 내용을 다듬어 핵심만 남도록 정리하면 좋은 자기소개서를 만들 수 있습니다.

이와 함께 부동산회사에서 직접 제시한 입사지원서 양식을 참고해 보는 것도 한 가지 방법이 될 수 있습니다. 신입 지원 양식도 있고, 경력자들을 위한 양식도 있습니다. 그 회사에 꼭 지원하지 않더라도 양식을 살펴보는 것은 좋은 활동입니다. 입사지원서를 다운로드해 회사에서 지원자에게 요구하는 질문들을 찾아낼 수 있습니다. 부동산회사에서 지원자의 어떤 면을 알고 싶어 하는지를 쉽게 확인할 수 있습니다. 이처럼 홈페이지에 공식적으로 올라온 문서라면 어느 정도 검증이 된 자료라고 생각을 해도 좋습니다. 회사에서는 아무 자료나 외부에 공개를 하지 않기 때문입니다. 내부적으로 절차를 거쳐 입사지원서 양식의 질문을 만들고 이를 대외적으로 공개했을 것입니다.

특히 신규 입사자가 아닌 부동산 업계의 경력이 있는 사람들, 즉 이직을 할 때는 다른 방식으로 자기소개서를 작성할 필요가 있습니다. 이미 업계에 진입을 한 사람이기 때문에 신입 사원처럼 자신에 대해 처음부터 끝까지 상세히 설명을 하는 것보다 자신의 경력과 경험을 위주로 작성하는 게 좋습니다. 대부분 경력자들은 자기소개서를 경력기술서 형태로 작성합니다. 예를 들면 어떤 개발 프로젝트를 완수했고 그 규모나 기간 등은 어떠했는지 설명하는 형태입니다. 필자의 경우도 회사를 다니면서 운영하고 관리했던 부동산을 정리하는 방식으로 주기적으로 자기소개서를 업데이트하고 있습니다.

경력기술서 작성은 꼭 이직을 위해서가 아니라 자신의 경력이 어떻게 흘러 왔는지를 정리해 본다는 데 큰 의미가 있습니다. 지금까지 자신이 이런 일들을 해 왔고 그걸 바탕으로 앞으로 무슨 일을 할지 계획해 보는 것도 좋습니다. 재직자의 경우 정신없이 일을 하다 보면 시간이 훌쩍 지나가 버리고, 그러다 보면 이직에 대한 제안을 받아도 지금 당장 제출할 만한 자기소개서가 없는 일이 비일비재합니다. 부동산 업계는 대부분 수시 채용이고 경력자라면 언제 어디서 이직을 제안해 올지 모릅니다. 그뿐만 아니라 시간이 지난 뒤에 자신이 했던 일들을 떠올리고 과거의 자료를 찾아 정리하려면 꽤 많은 시간과 에너지가 소비됩니다. 제안이 들어오더라도 자료를 정리하는 게 귀찮아서 거절할 수도 있을 것입니다. 그러니 틈틈이 자신의 이력과 경력을 정리해 준비한다면 더 나은 사람들과 더 좋은 곳에서 일할 확률을 높일 수 있습니다.

주기적인 이력서 업데이트의 또 다른 장점은 자기계발에 대한 욕구를 증대시킬 수 있다는 점입니다. 스스로 자신의 이력과 경력을 정리하다 보면 부족한 부분을 분명 찾을 수 있습니다. 회사를 다니는 데에만 급급하여 실력을 늘리거나 발전시키는 일을 등한시한 것을 알아챌 수 있습니다. 1년이 지나도 이력서에 변화가 없다면 한 번쯤 스스로를 돌아보고 반성하는 것도 필요합니다. 그동안 노력을 하지 않았다는 사실이 이력서에 담겨 있기 때문입니다. 앞으로 무엇을 더 배우고 혁신해서 일을 더 잘할 수 있을지 고민하는 것만으로 자극이 되고 큰 동기부여가 될 것입니다.

부동산 업계는 이직과 전직이 자유로운 편이라 회사를 다니는 도중에 누구나 한 번쯤은 새로운 곳의 제안을 받게 됩니다. 그때 당당하게 자기 자신을 알리고 홍보할 수 있도록 경력기술서와 자기소개서를 항상 업데이트해 놓는 일이 필요합니다.

과감하고 현명한
이직 노하우

직장은 개인 사업이 아닙니다. 피고용자의 신분으로 급여를 받고 일을 하는 곳입니다. 그리고 언젠가는 떠나야 합니다. 그게 한 번일 수도 있고 여러 번일 수도 있습니다. 그리고 일을 하다 보면 새로운 곳으로 옮겨 보고 싶은 마음이 생길 수도 있습니다.

이직의 장단점에 대해서는 개인적 판단이 크게 작용하기 때문에 함부로 이야기할 수 없습니다. 다만 경력에 비해 잦은 이직 경력은 좋은 평가를 받을 수 없다는 것만은 확실합니다. 그렇다고 한 회사에 오랫동안 다닌다고 해서 인정을 해 주는 것은 더더욱 아닙니다.

직장인에게 이직은 한 번은 진지하게 고민해 봐야 할 주제입니다. 부동산 분야에서는 경력에 따라 이직할 수 있는 기회가 자주 있습니다. 아무래도 부동산 개발이나 중개, 자산 관리 업무들이 주로 프로젝트성으로 진행되기 때문입니다. 경력과 경험만 있으면 다른 프로젝트로 쉽게 옮겨갈 수 있습니다. 장기적인 커리어 플랜에 따라 이직의 기회나 시기도 미리 준비할 필요가 있습니다. 내가 원하는 일자리가 내 상황에 맞춰 나타나지는 않습니다. 그래서 미리 생각하고 있어야 기회가 왔을 때 현명한 결정을 내릴 수 있습니다.

이직을 준비할 때 어떤 점을 유의해야 할까요? 몇 번의 이직을 통해서 나름 배우고 느낀 점이 있습니다. 그중에서 가장 중요한 것은 행동입니다. 이직은 말 그대로 직장을 옮기는 것입니다. 움직이는 것입니다. 직장을 다니다 보면 술자리에서 이직하겠다는 말을 쉽게 하거나 동료와 잡담을 나누면서 회사를 그만두겠다는 말을 버릇처럼 하는 사람들이 있습니다. 시간이 지나고 보면 그런 사람들이 한 회사에서 장기근속을 하는 경우가 많습니다. 이직은 말로 하는 게 아니라 행동입니다. 마음을 먹었으면 예상하는 이직 날짜를 달력에 표시하고 묵묵히 준비하면 되는 것입니다. 술자리에서 푸념을 늘어놓는 시간에 오히려 자기계발을 하면서 미래를 준비하는 게 더 나은 행동입니다.

부동산 업계의 이직은 헤드헌터들을 통해 이루어지는 경우가 많습니다. 공인중개사처럼 일자리에 맞는 후보자를 찾아 주는 게 헤드헌터의 일입니다. 보통 후보자들을 기업에 소개해 주고 기업으로부터 연봉의 몇 %를 수수료로 받습니다. 헤드헌터를 통한 구직은 나름 장단점이 있습니다. 헤드헌팅회사에 이력서를 보내 놓으면 적당한 자리가 날 때마다 연락을 받게 됩니다. 이를 통해서 자신이 업계에서 경쟁력이 있는지 없는지 확인해 볼 수도 있습니다. 연락이 어느 정도 온다면 가능성이 있기 때문입니다. 그렇지만 헤드헌팅회사 중에는 소규모이거나 1인기업 형태도 많아 무조건 추천을 하는 경우도 많으니 주의해야 합니다. 어떤 경우에는 심지어 후보자의 얼굴도 보지 않고 전화로만 업무를 처리하기도 합니다.

이직을 준비할 때는 말조심이 필요합니다. 업계가 좁아 언젠가는 알게 되겠지만 이직이 결정될 때까지는 말을 아끼는 것이 좋습니다. 다른 사람들에게 조언을 구하고 싶기도 하고 이직을 자랑하고 싶은 마음이 들 수도 있습니다. 그렇게 누군가에게 말하고 나면 다음 날 대다수의 사람들이 알게 됩니다. 실제로 이직을 준비하고 있다가 마지막 면접만 남겨 둔 상태에서 이를 주변 사람에게 이야기했는데 마지막 면접에서 떨어진 경우가 있었습니다. 이후 회사 다니기가 불편해진 것은 두말할 필요가 없습니다. 어떤 경우는 회사 측에서 이직을 못 하도록 방해를 하거나 다른 제안으로 회유를 해서 서로 마음고생을 하기도 합니다.

이직을 하려면 미리 사전에 자신이 가야 할 길과 목표를 정해야 합니다. 그러면 주변 사람들의 말에 휩쓸리지 않고 현명한 결정을 내릴 수 있습니다. 이직은 현재 상황을 모면하기 위해서 하거나 본인의 의지와 상관없이 떠밀리듯 해서는 안 됩니다. 평소 주변 사람들과의 유대 관계를 잘 유지하고 평판 관리를 잘하다 보면 더 좋은 사람들과 함께 일할 수 있는 기회가 자연스럽게 찾아옵니다.

무엇보다 중요한
인맥 관리와 평생 학습

부동산 업계는 인맥이 중요하다는 말을 많이 합니다. 물론 비즈니스를 하는 데 있어 모든 분야에서 인맥이 중요한 역할을 합니다. 그렇지만 특히 부동산 분야에서 인맥을 강조하는 데는 그만한 이유가 있습니다.

부동산 분야의 비즈니스는 대부분 정보를 거래하는 것이라고 해도 과언이 아닙니다. 물론 부동산이라는 물리적 공간이 존재하지만 이 공간을 채우는 임차인 정보나 부동산 그 자체가 가진 정보가 중요합니다. 이러한 정보를 가공하고 전달하고 거래하는 것이 부동산 관련 일입니다. 모든 정보가 돈과 관련이 있습니다. 이처럼 중요한 정보를 아무하고나 공유할 수 없는 게 당연합니다. 중요한 정보를 함께 나눌 수 있는 믿을 만한 인맥이 필요한 것입니다.

필자도 처음 사회에 나왔을 때 대학교에서 부동산을 전공한 것도 아니었고 그렇다고 부동산학과가 있는 학교를 나온 것도 아니어서 인맥이 전혀 없었습니다. 어떻게 하면 인맥을 늘릴 수 있을까가 고민이었습니다. 그래서 각종 모임에 참석하면서 많은 사람들을 만나려고 노력했습니다. 그렇지만 인맥은 사람들을 많이 만난다고 넓어지는 것이 아니었습니다. 인맥이 넓은 것과 많은 사람을 아는 것은 비슷한 의미인 듯하지만 달랐습니다.

우리가 인맥이라고 말할 수 있는 사람이라면 중요한 정보가 필요하거나 도움이 필요할 때 도움을 받을 수 있어야 합니다. 반대로 나도 그 사람에게 똑같이 할 수 있어야 합니다. 그래서 진정한 인맥은 함께 일하면서 어려움을 겪기도 하고 즐거움을 나누기도 하면서 형성됩니다. 같은 직장의 동료나 프로젝트를 함께하는 파트너들이 인맥을 형성할 수 있는 사람들입니다. 학교에서 함께 시간을 보내며 공부했던 선후배도 좋은 인맥이 될 수 있습니다. 같은 학교를 나왔다고 해서 또는 같은 고향이라고 해서 무조건 인맥이 된다고 할 수는 없습니다. 그렇지만 공통점이 있기에 인맥을 형성할 수 있는 좋은 조건이 될 수는 있습니다.

만약 더 넓고 끈끈한 인맥을 만들려면 그만큼 그 사람과 많은 시간을 보내야만 하는 것입니다. 그런 관계들이 비즈니스로 이어질 때 눈에 보이지 않는 힘을 발휘합니다.

실제로 부동산 업계에서는 이런 인맥을 배경으로 프로젝트가 진행되는 일들이 많습니다. 업계에서 일하면서 형성된 선후배 관계나 인맥에 의해 의사 결정이 이뤄지는 일들이 종종 벌어집니다. 부동산 업계에서 인맥을 무시할 수 없는 이유입니다.

인맥과 함께 부동산 업계에서는 평생 학습이 필요합니다. 요즘은 세상이 워낙 빨리 변화하기 때문에 모든 분야에서 평생 학습이 필요합니다. 부동산 분야는 경제, 법규, 사회 등 다양한 요소들이 복합적으로 영향을 미칩니다. 그래서 학생 때 배운 지식만 가지고는 현업에서 일을 하는 데 역부족일 수밖에 없습니다. 새롭게 나오는 부동산 관련 지식들과 관련 배경지식들을 지속적으로 공부해야 합니다. 부동산은 그 나라의 경제 상황이나 각종 법규 및 정책에 따라 수시로 변화하기 때문에 트렌드를 정확히 읽어낼 수 있어야 합니다. 그러려면 평생 학습이 뒷받침되어야 합니다.

게다가 최근의 부동산 투자 분야에는 다양한 부동산 금융 투자 방식 및 제도가 생겨나고 있습니다. 남들보다 빠르게 변화를 감지하고 비즈니스에 적용하지 못하면 도태되고 경쟁에서 밀려날 수밖에 없습니다. 그렇다고 오락가락하는 정책에 장단을 맞추는 것도 위험하지만 변화하는 세상에서 혼자 고집을 피우는 것도 현명한 방법은 아닙니다.

평생 학습이 꼭 학교나 특정 기관에서 교육을 받으라는 의미는 아닙니다. 현업에서 일을 하면서 궁금증이 생기거나 새로운 개념들이 나오면 이에 대해 충분히 학습하고 내 것으로 만들어서 업무에 활용하면 됩니다. 누가 가르쳐 주기를 기다리기보다는 자신만의 방법을 만들어 지식을 습득하는 법을 체득하면 다양한 분야의 지식도 똑같은 방법으로 늘려 나갈 수 있습니다. 취업 전까지는 직업을 구하기 위한 학습을 해 왔다면 취업 이후에는 나를 발전시키기 위한 진짜 학습을 해야 한다는 것을 잊지 말아야 합니다. 이제는 누가 시켜서

하는 게 아니라 내 필요에 의해서 주도적으로 공부해야 합니다. 그렇게 노력하다 보면 어느새 뛰어난 경쟁력을 갖춘 전문가의 반열에 들어 있을 것입니다.

이직을 위한 가장 좋은 파트너, 부동산 헤드헌터의 모든 것

드라마앤컴퍼니 헤드헌팅팀 **김태훈 매니저**
kth0629@gmail.com

Question.1 지금까지의 경력을 바탕으로 간단한 본인 소개 부탁드립니다.

Answer 안녕하세요? 부동산 금융 산업 내 외부 인적 자본 소싱, 내부 인적 자본 개발 관련하여 전반적인 자문을 하고 있는 드라마앤컴퍼니 김태훈 매니저입니다. 저는 첫 사회생활을 국내 대형 항공사 항공기 엔진 관련 글로벌 소싱 업무를 시작으로 글로벌 해운사에서 컨테이너 터미널 관련 투자 검토 지원, 물류(터미널 하역, 운송) 계약 등을 전담하였습니다. 다양한 국내외 소싱 경험을 하면서 넓은 의미의 인프라·부동산에 눈을 뜨고 평소 인물에 대한 관심이 많은 점을 고려해서 대체투자, 특히 부동산 금융 전문 헤드헌터로 입문하여 약 4년간 활동하며 지금에 이르렀습니다.

Question.2 부동산 직업군이 다양한데요. 일반인들이 이해하기 쉽게 어떤 직무들이 있는지 설명해 주시면 좋겠습니다.

Answer 실제로는 상당히 복잡하지만 쉽게 말씀드리면 실물 위주의 부동산을 발굴해서 투자자 및 자산운용사에 재판매를 하는 증권사 실물 금융 투자 직무, 딜을 찾아서 리서치 및 투자를 집행하는 자산운용사·리츠AMC 부동산 펀드 매니저, 투자 물건에 대한 수지 분석 등을 하며 운용 및 향후 매입·매각을 담당하는 자산 관리자(Asset Manager), 이 물건에 대한 자산 관리를 담당하는 부동산자산관리회사의 자산 관리자(Property Manager), 시설 관리에 초점을 맞춘 시설 관리자(Facility Manager) 등이 있습니다. 또한 임대차 업무를 담당하는 임대 마케팅(Leasing Marketing), 임대차 대행(Tenant Representative) 등이 있습니다. 그리고 물건 매입·매각 프로젝트를 대행 또는 실사 등을 진행하는 부동산PM사의 매입·매각 자문(Capital Market), 회계법인의 부동산 재무 자문 직무 등이 있습니다.

Question.3 많은 후보자들을 만나고 취업의 길을 연결해 주셨는데 이직에 성공하는 사람들의 공통점이나 비슷한 점들이 있다면 설명해 주시면 고맙겠습니다.

Answer 부동산 산업 자체 구성원들이 전문가 집단이고 업계가 상대적으로 좁기 때문에 본인의 커리어 관리, 평판 관리를 철저히 하신 분들이 이직에 성공하는 사례가 많았습니다.

Question.4 헤드헌터로서 보시기에 부동산 직업의 장점이 있다면 어떤 점들이 있을까요? 또 성공적인 커리어 관리를 위해서 신경 쓰면 좋은 것들은 어떤 것들이 있을지 설명해 주시면 좋겠습니다.

Answer 부동산 산업은 한국의 경제력과 경제 규모로 보아 성장할 여지가 많은 업종으로 앞으로도 다양한 기회가 있는 점이 대표적인 장점이라고 할 수 있습니다. 다만 고도의 전문성이 필요한 만큼 앞서 말씀드린 각 직무에서 충분히 역량을 쌓기 전에 이직하는 것은 지양하시길 권장합니다.

Question.5 기업마다 원하는 인재나 유형이 다를 텐데요. 전직을 준비하는 입장에서 볼 때 어떤 점들을 유심히 보면 좋을지 설명 부탁드립니다. 또, 회사에 대한 정보를 찾는 방법이나 요령이 있다면 알려 주시면 좋겠습니다.

Answer 부동산 산업은 특히나 각 회사의 사업 철학 및 전략에 따라 동일 업종 내에서도 찾는 인재상이 다릅니다. 이 부분을 파악하기 위해서는 맥락을 이해해야 합니다. 지원하고자 하는 회사와 관련된 신문기사 최소 2~3년 내역을 정독하시고 특히 주요 경영진과 지원 부서의 부서장들의 인터뷰를 자세히 살펴보며 그분들의 견해나 관점을 파악해 보길 권합니다.

Question.6 헤드헌터를 통해 이직을 할 때 어떤 점을 고려하면 좋을까요? 헤드헌터에게 연락하는 것을 부담스러워하는 분들도 있습니다. 어떤 과정을 통해 후보자를 연결해 주는지 설명해 주시면 좋겠습니다.

Answer 이직을 준비하는 사람의 입장에서 지원하고자 하는 회사에 대해 입체적으로 파악하는 것이 쉽지 않습니다. 전문적인 헤드헌터는 관련 산업 및 기업에 대한 분석, 의뢰하는 인사팀 또는 현업 임원 및 팀장과의 인터뷰를 통해 기업 분석을 하고 있습니다. 제 경우에도 권위 있는 경영 잡지 및 부동산 산업 관련 뉴스레터 구독, 다양한 계층의 현직자들 심층 인터뷰 등을 통해 다각도로 분석하고 있습니다. 이 중 공개 가능한 내역을 최대한 활용하여 후보자가 최적의 준비를 하도록 지원하고 있습니다.

Question.7 마지막으로 부동산 업계 취업을 준비하는 분들에게 부동산 업계 전망, 커리어 조언, 응원과 격려 등 해 주고 싶은 한마디 부탁드립니다.

Answer 이미 말씀드렸듯 부동산 산업은 향후 더욱 다양한 기회가 펼쳐질 것으로 많이들 예상하고 있습니다. 이를 잘 활용할 수 있도록 경력 관리를 통해 본인의 경력 계획에 맞는 실무 역량 축적 및 관련 전문자격 습득을 권하고 싶습니다. 그래서 본인의 커리어 개발뿐만 아니라 한국의 부동산 산업 고도화에 기여하는 인재가 되길 진심으로 기원합니다.

자산 관리 전문가가 들려주는 외국계 회사의 실제

CBRE코리아 **정원구 부장**
ted_chung@naver.com

Question.1 지금까지의 경력을 바탕으로 간단한 본인 소개 부탁드립니다.

Answer 안녕하세요, CBRE코리아의 정원구 부장입니다. 학부에서 건축공학을 전공하였고 전공에 맞추어 현대엠코에서 건축직으로 사회생활을 시작하였습니다. 당시는 IMF로 많은 이들이 해고의 아픔을 겪던 시절이었습니다. 회사라는 옷이 없어지는 시기에도 전문가로서 역할을 할 수 있는 길에 대해서 관심을 갖고 진로를 고민했고, 고심하여 결정한 것이 부동산 업계였습니다.

어렵게 취업한 첫 직장을 미련 없이 퇴사하고 부동산 석사 과정에 입학했습니다. 빠른 취업에 우선순위가 있었으므로, 논문도 3학기 말에 완료하였고, 4학기 때 곧바로 딜로이트 재무자문본부에서 부동산 업계 첫 인턴을 시작하였습니다. 매우 타이트한 시간이었지만 업계 선배들의 배려로 부동산 사업 보고서 작성의 기초적인 부분을 배울 수 있었고 전반적으로 업무 경험을 쌓을 수 있는 좋은 기회가 되었습니다. 이를 기회로 CBRE코리아에서 인턴을 시작하게 되었으며, 인턴을 시작한 Valuation and Advisory Services팀에 정착하여 지금까지 근무하고 있습니다.

최초 3년간은 컨설팅 업무를 진행하며 개발 사업의 기획, 부동산 사업 자문 보고서 작성, 시장 예측 및 사업 타당성 보고서 작성을 주로 진행했습니다. 진행한 대표 프로젝트로는 용산 국제업무단지의 업무 시설 부분 자문과, 잠실 롯데타워의 사업 기획 및 마케팅 전력에 대한 보고서를 작성한 이력이 있습니다.

이후 PM(Property Management)부서로 이동하여 PM 사업의 사업 제안 업무를 진행하였고, 강남파이낸스센터에서 7년여간 On-site PM으로서 업무를 진행하였습니다. 다양한 대형 자산 컨설팅 프로젝트의 경험이 강남파이낸스센터에서 업무에 대한 의사 결정 과정에서 많은 도움이 되었습니다. 각 분야의 최상위 다국적 기업 임차인 유치, 국내 최초 미국 그린빌딩협회 LEED 플래티넘 등급 달성, 많은 대형 자산의 공급에도 시장 평균을 상회하는 입주율 유지 등 팀의 노력을 바탕으로 값진 성과를 이뤄냈습니다.

현재는 다시 본사에서 PM 자산에 대한 업무 지원과 사업 제안, 고객사 자문 업무를 진행하고 있습니다. CBRE코리아는 대형 프라임 오피스 자산에 대해 경쟁사 대비 높은 업무 실적과 성과를 유지하고 있습니다. 다양한 대형 자산의 벤치마킹, 컨설팅 경험과 강남파이낸스센터에서의 업무 경험을 바탕으로 사업 제안에 차별화된 가치를 부여하기 위하여 노력하고 있습니다.

Question.2   외국계 회사에 다니는 장점은 어떤 것인가요? 국내 회사와는 다른 문화나 업무 환경 등이 있으면 소개를 부탁드립니다.

Answer   부동산 업계의 외국계 회사도 회사의 규모나 속하는 업무의 특성에

따라 기본적인 차이는 있지만 직원 존중 부분에 가장 큰 차이가 있습니다. 합리적이고 근거가 명확한 의견 개진이 상대적으로 자유로운 편이며 직원 간의 갈등에서 오는 스트레스의 비중은 낮은 편입니다. 또한 업무 체계의 신속함과 간결함을 꼽을 수 있습니다. 대부분의 의사 결정자와 관리자가 해당 분야의 전문가로 구성되어 있습니다. 이로 인해 업무의 큰 비중을 차지하는 '보고를 위한 보고'가 상당히 적습니다.

Question.3 외국계 회사라 언어에 대한 장벽으로 고민을 하는 분들이 많습니다. 현업에서 외국어를 어느 정도 활용하는지 설명을 부탁드립니다. 또, 부동산 업무를 하는데 영어를 학습하는 방법에 대해 조언해 주시면 좋겠습니다.

Answer 모든 비즈니스 라인, 모든 포지션에서 높은 영어 수준을 요구하는 것은 아닙니다. CBRE 기준으로는 외국인 클라이언트와 직접 커뮤니케이션 빈도가 높은 임차자문팀, 기업부동산통합솔루션팀, 리서치팀, 매입·매각 자문을 주로 수행하는 캐피털마켓팀은 높은 수준의 영어 능력이 필요한 경우가 많습니다만, 영어 능력의 필요가 상대적으로 적은 부서도 있습니다.

필수적으로 영어가 필요한 포지션의 경우 영어 면접 외에도 작문 부분을 체크하기도 합니다. 외국계 투자자의 경우 업무상 주요 승인 요청을 위한 상신은 대부분 영문으로 진행이 되며, 투자사 담당자와도 직접 소통하는 경우가 있습니다. 실제로는 외국인과 대화를 할 때,

부족한 경우 동료의 도움을 받아 진행하는 경우도 많습니다. 하지만 영어 능력이 더 많은 기회를 가져오는 것은 분명합니다.

현재 영어 능력이 부족하다면 단순하게 취업의 수단이라 생각하지 마시고 긴 호흡으로, 5년 이상의 목표를 갖고 도전한다면 중요한 커리어 전환기 때 선택의 기회가 보다 넓어질 것입니다.

Question.4 국내에서 손꼽히는 대형 자산의 부동산 자산 관리 업무를 하신 것으로 알고 있습니다. 부동산 자산 관리 업무의 특징과 장점을 설명해 주시면 좋겠습니다.

Answer 부동산 자산 관리 업무는 커뮤니케이션 능력이 중요합니다. 임대인과 임차인, 시설관리사, 유지보수 및 공사 업체 모두와 업무를 조율하여야 합니다. 또한 물리적 관리는 기본이고, 클라이언트의 투자 목적을 충족하기 위한 매출 관리, 즉 전략적인 임대차 계약 관리가 필요합니다.

이를 위해서는 담당하는 자산의 시장에서의 포지셔닝과 적절한 재계약 전략이 중요합니다. 이는 단순하게 비슷한 시기, 동일 지역, 유사 포지션 자산의 계약 사례에 기대어 계약 정책을 조율하는 것만을 의미하지 않습니다. 오피스 임차인의 계약 관리는 윈-윈을 추구하는 자세가 필요합니다. 현재 시장은 임차인 우위의 시장입니다. 오피스 임차인에게는 많은 선택의 폭이 있습니다. 임대차 계약 협상이 너무 임대인 중심으로 기울어 임차인이 불합리한 재계약을 억지로 진행한다면, 다음 재계약 시기까지 가지 않아도 임대차 계약 해지

불가 기간이 지나자마자 계약 해지 통보 공문을 수령하게 될 수 있습니다.

따라서 임차인의 재무적·비재무적인 니즈에 대한 이해, 임대차 계약 의사 결정 구조, 의사 결정자의 자산에 대한 만족도, 해당 임차인의 비즈니스 현황 등을 종합적으로 고려하여 다양한 협상 전략을 적용하여 임대차 계약 관리를 진행해야 합니다. 이를 위해서는 오피스의 투자가 단순하게 임차인에게 업무 공간을 빌려주는 것이 아니라 자산 서비스를 제공한다는 것을 전제로 업무를 진행해야 합니다. 클라이언트에게 담당 자산을 위한 자문 역할을 하는 것과 동시에 업무의 역할 분담과 위임이 명확하게 이루어져야 합니다.

부동산 산업 내 다른 분야에 비해 일상적 관리가 수반되다 보니 반복적인 업무 형태가 계속되고 담당 프로젝트 외에 다른 프로젝트 검토의 기회가 적어서 시야가 좁아질 수 있습니다. 따라서 업계 내 교류를 지속하고 자산 관리 업무를 통하여 기여할 수 있는 부분에 대해 깊이 고민하며 긴 호흡으로 넓게 보며 업무를 진행할 필요가 있습니다.

자산 관리 분야에서 축적할 수 있는 업무 역량은 실물 부동산 운용 외에도 많습니다. 투자 분야의 물건에 대한 내재적 가치에 따른 의사 결정 역량을 키울 수도 있고 개발 분야의 상품 기획에 기여할 수도 있습니다. 또한 최근 다양한 스타트업 기업과도 긴밀한 업무 협조를 하는 경우가 많으며, 이러한 기업과 협업하여 자산에 대한 다양한 가치 향상에 대한 시야를 넓힐 수 있습니다.

Question.5	마지막으로 부동산 업계 취업을 준비하는 분들에게 부동산 업계 전망, 커리어 조언, 응원과 격려 한마디 부탁드립니다.
Answer	국내의 상업용 부동산 산업 시장은 경제 규모에 비해 작으며, 서울을 제외한 지역의 상업용 부동산 시장 투명성은 아직 낮은 편입니다. CBRE와 같은 다국적 부동산종합서비스기업의 경우 국내에는 서울에만 사무실이 있는 경우가 많으나, 가까운 일본과 중국 등에는 주요 도시에 지사가 형성되어 있는 경우가 많습니다. 국내의 경우도 서울 외 지역에 하이퍼마켓, 물류를 중심으로 투자 자산들이 확대되고 있으며, 향후 공모 시장이 확대되면 일반인의 상업용 부동산 시장에 대한 투자 수요 증가 및 투자 대상 자산의 확대로 산업 규모가 확대될 가능성이 높다고 생각합니다.

부동산 업계는 대규모 채용이 많지는 않으나 일단 진입하여 경력과 평판을 쌓으면 본인만의 전문성을 바탕으로 다양한 선택을 할 수 있는 매력적인 분야입니다. 다른 분야에 비하여 커리어 패스를 잘 쌓아나가면 선택 가능한 폭이 넓은 편으로 굳이 상위권 기업에서 첫 커리어를 시작하지 않더라도 커리어 발전이 가능하다는 매력이 있습니다.

결국 커리어에서 가장 중요한 것은 거창한 말보다 본인의 행복이라고 생각합니다. 직장의 자리 자체가 그 사람의 정체성이나 살아온 성과, 그리고 그 사람의 삶의 만족도를 말하는 것은 아닙니다. 직장 생활에는 다양한 선택이 있으며 각자 살아온 배경과 생각, 선택의 기회가 동일하지 않습니다. 남들에게는 좋은 자리가 본인에게는 그렇지 않을 수도 있고, 반대의 경우도 얼마든지 있습니다. 다른 사람이 아닌 본인의 행복을 위해 선택한다면 보다 나은 선택을 할 수 있을 것이라 생각합니다.

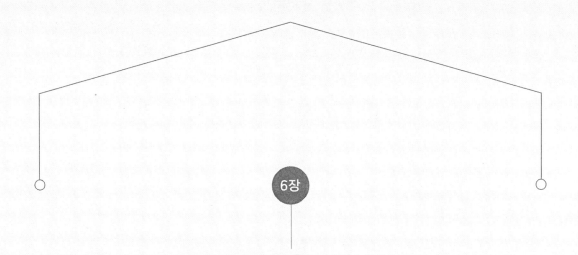

6장

불가능은 없다,
경력 전환에 도전하는
사람들을 위하여

평생직장이 사라진 시대, 노후를 위해 부동산 직업에 진입하고자 하는 사람들이 증가하고 있다. 하지만 무턱대고 뛰어드는 것은 위험하다. 확실한 목표 설정이 무엇보다도 중요하다. 새로운 도전을 위해 과감하게 뛰어드는 경력 전환자들을 위한 조언을 담았다.

공인중개사,
따고 난 뒤에는?

부동산 하면 가장 먼저 떠오르는 것 중에 하나가 아마도 공인중개사 자격증일 것입니다. 치솟는 부동산 가격에 많은 사람들이 부동산에 관심을 가지고 있기도 하고, 노후 대비나 전직이나 전업을 위한 수단으로 공인중개사 자격증 취득에 대해 누구나 한 번쯤 생각해 봤을 것입니다. 그런 사실은 관련 통계로도 잘 나타나고 있습니다.

한국산업인력공단에서 공개한 2021년 공인중개사 시험 관련 내용을 살펴보면, 1차 시험 접수자가 무려 24만 명입니다. 우리나라 인구가 5천만 명 정도니까 단일 자격증으로는 상당히 높은 수준의 응시율입니다. 이 정도면 '국민 자격증'이라는 말이 나오는 이유를 충분히 이해할 수 있습니다.

더 흥미로운 점은 응시자의 연령대입니다. 10대가 있다는 것도 놀랍긴 합니다만, 역시나 가장 많이 응시하는 연령대가 40대라는 사실이 눈에 띕니다. 공인중개사를 노후에 할 수 있는 일이라고 생각하고

공인중개사 시험 응시 인원

구분	대상	응시	결시	응시율	합격인원	합격률
제1차 시험	247,911	186,278	61,633	75.13%	39,775	21.35%
제2차 시험	152,064	92,569	59,495	60.87%	26,913	29.07%

출처: 한국산업인력공단

연령대별 공인중개사 시험 응시 인원

연령별	1차 시험			2차 시험		
	대상	응시	합격	대상	응시	합격
총계	247,911	186,278	39,775	152,064	92,569	26,913
10대	603	476	53	315	182	19
20대	28,417	21,641	5,817	17,753	10,239	3,346
30대	70,189	51,589	10,828	40,706	21,919	7,147
40대	78,691	58,223	12,315	46,225	27,814	8,453
50대	55,583	42,792	9,073	36,259	24,543	6,597
60대	13,666	10,919	1,648	10,260	7,457	1,329
70대	730	610	39	521	394	22
80대	31	27	2	24	20	0
90대	1	1	0	1	1	0

출처: 한국산업인력공단

경력 전환을 준비하는 분들이 많다는 것을 짐작해 볼 수 있습니다.

이런 통계의 이면에 불안하고 불편한 사실도 있습니다. 공인중개사 폐업률이 높다는 뉴스와 주변에서 심심치 않게 들려오는 실패 사례들입니다. 이미 개업한 공인중개사도 많은 가운데 새롭게 도전하는 사람들도 늘어나다 보니 자연스럽게 경쟁이 치열하기 마련입니다. 아파트 주변 상가 1층에 대부분 편의점 아니면 공인중개사가 입점해 있는 것만 봐도 어떤 수준인지 충분히 체감할 수 있습니다.

다른 직종에서 부동산 업계를 바라볼 때 공인중개사 자격증을 따고 열심히 하면 본인도 성공할 수 있을 것이라는 환상에 빠지기 쉽습니다. 아마도 한두 번쯤 부동산 거래를 하면서 공인중개사에게 지급했던 중개 수수료 금액이 크기 때문에 그렇게 생각할 가능성이 있습니다. 부동산 거래를 몇 번 하다 보면 왠지 나도 할 수 있을 것 같고, 또 충분히 성공할 수 있을 거라는 희망을 갖게 됩니다. 그런 희망을 바탕으로 무작정 공인중개사 자격증에 뛰어 드는 사람이 많습니다.

공인중개사 자격증을 취득하고 창업을 하는 방법도 있겠지만 실패 확률을 낮추기 위해서는 부동산 현업을 경험해 보는 게 좋습니다. 커피숍을 차리기 전에 아르바이트나 직원으로 바리스타 업무를 먼저 해 보는 것과 마찬가지입니다. 그래야 자신에게 어떤 점이 부족한지 확인이 가능하고 노하우를 쌓을 수 있습니다.

창업이 아니라 전직이나 이직을 준비하는 분들도 마찬가지입니다. 공인중개사 자격증을 가지고 있으면 취업을 할 수 있을 것이라는 생각에 보험처럼 공부를 하는 분들도 있습니다. 상업용 부동산 업계에서는 임대차 컨설팅 업무도 하기 때문에 공인중개사 자격증이 있으면 장점이 될 수 있지만 필수적인 요소는 아닙니다.

공인중개사 자격증을 취득하는 일은 많은 에너지와 시간이 소모되는 일입니다. 그렇기 때문에 자격증 취득도 중요하지만 어떻게 활용할 것인지에 대한 계획이 필요합니다. 어렵게 취득한 자격증이 소위 장롱 자격증이 되지 않으려면 처음부터 생각해 봐야 할 것들이 있습니다.

자격증 취득 전 생각해 볼 사항

1. 목표 설정

'자격증 따서 뭐 할까?'의 접근 방식이 필요합니다. '일단 따 놓자'보다는 더 적극적인 고민이 필요합니다. 앞서 말한 것처럼 취업이나 이직을 목표로 하는 것인지, 아니면 개업 공인중개사를 하기 위한 것인지 자신만의 목표를 설정해야 합니다. 명확한 목표가 없으면 자격증 취득 후에 계획처럼 되지 않아 당황하는 경우가 많습니다. 사실 냉정하게 말하면 자격증을 딴다고 해서 크게 달라지는 건 없습니다. 다음 스텝으로 향할 방향을 미리 설정하지 않는다면 자격증 취득은 그저 스스로 만족감을 느끼는 데에서 그치고 맙니다.

만약 취업이나 전직을 준비한다면 어떤 회사에 지원을 할지 미리 확인해 봐야 합니다. 급여 제도는 어떤지, 성과급으로만 운영되는 회사인지 등을 조사해 봐야 합니다. 무엇보다 현실적으로 현재 자신이 도전 가능한 상황인지 냉정하게 판단해야 합니다.

보통 부동산자산관리회사의 임대팀처럼 연봉제를 운영하는 회사들도 있지만, 성과급제를 운영하는 중개법인들도 상당히 많이 있습니다. 대개 어느 정도 회사를 다니다 전직하는 경우 안정적인 연봉제를 시행하는 회사에 지원할 수 없을 가능성이 높습니다. 그렇다면 어느 정도 경제적으로 버틸 수 있는 준비를 한 다음, 인센티브 제도로 운영되는 회사에 우선 들어가 실력을 쌓고, 한 번 더 이직하여 연봉제를 시행하는 회사로 가는 전략을 짜는 것도 현명한 방법입니다. 하지만 지금 당장의 생활을 이어 나가야 하는 경제적 문제로 선택의 폭이 좁아지거나 아예 전직을 포기하는 사례도 많습니다.

2. 분야 선정

부동산 중개도 영역이 다양하고 세분화되어 있습니다. 자신이 앞으로 다루고자 하는 물건으로 분야를 구분해 볼 수 있습니다. 아파트, 빌라, 주거용 오피스텔 등 주거용 부동산을 주로 다룰 것인지 아니면 일반 상가, 꼬마 빌딩 또는 대형 오피스 빌딩이나 리테일 상가 등 상업용 부동산을 다룰 것인지 분야를 정해야 합니다. 현업에서는 이런 분야마다 전문 에이전트들이 활동하고 있습니다. 단순히 생각해 봐도 부동산의 유형도 다르고 고객층도 다르기에 각 전문 분야에서 성과를 내기 위해 필요한 지식과 수준도 다를 수밖에 없습니다.

분야를 선정했다면 그에 따른 전문적인 지식 습득에 집중을 해야 합니다. 부동산 관련 법규나 제도들이 워낙 복잡하고 많기 때문에 전문성을 키워 나가는 노력이 필요합니다. 공인중개사 자격증 취득으로 기본적인 능력을 갖추었으니 이제 자신만의 영업 능력으로 특화할 전문성을 개발해야 합니다.

분야 선정이 중요한 이유 중에 하나는 업무의 지속성 및 경쟁력과도 연결이 되기 때문입니다. 누구나 할 수 있는 주택 중개를 하느냐 아니면 토지나 꼬마 빌딩 등 특화된 영역의 중개를 전문으로 하느냐에 따라 직업의 수명도 달라질 수도 있습니다. 특히 분야 선정에 따라 실전 능력을 키우는 방법과 영업을 위해 만나야 할 사람도 달라지기 때문에 먼 미래를 내다보고 신중하게 결정해야 합니다.

3. 실무 능력

사실 어떤 자격증이든 딴다고 해서 업무 능력이 비약적으로 증진되는 것은 아닙니다. 누구나 현업에서의 경험이 어느 정도 필요합니다. 자격 취득 후 필요한 것은 바로 실무 능력입니다. 이를 향상시키기 위한 방법은 여러 가지가 있을 수 있습니다. 물론 직접 경험하는 게 가장 최상의 방법입니다만, 현직자들이 하는 관련 교육을 듣거나 책을 찾아 읽거나 하는 방법으로 실무적인 배움을 넓혀 갈 수 있습니다. 남들보다 조금 늦게 출발했다면 현장에서 발생하는 여러 가지 상황에 대처할 수 있는 실무 능력을 쌓는 것에 집중해야 합니다.

그리고 공인중개사의 핵심 능력은 세일즈입니다. 앞으로 어떻게 고객을 발굴할 것이고 세일즈 영역을 넓혀갈 수 있는지에 대한 연구와 고민을 지속적으로 해야 합니다. 실전 능력을 키우는 것도 그냥 학원에 가면 다 해결해 주겠지라는 마음가짐보다는 세일즈를 하려면 무엇이 필요한지, 지금 부족한 능력은 사람을 설득하는 기술인지, 아니면 고객을 발굴하는 방법인지 등을 스스로 고민해 보고 이와 관련된 역량을 향상시킬 수 있도록 공부하고 학습해야 합니다. 이런 부분은 자격증으로 해결되는 것이 아니고 자신의 의지와 역량에 따라 달라지는 것입니다.

지인 중에 부동산을 전공하지는 않았지만 부동산 관련 수업과 세미나를 찾아다니고 스스로 학습하면서 주변의 인적 네트워크를 넓혀 가면서 발전하는 사례가 있습니다. 수업을 들으면 자기가 먼저 나서서 모임을 구성하고 총무를 맡아 가면서 스터디를 꾸준히 하는 적극적인 분이었습니다. 부동산 관련 세미나가 열리는 곳이 있으면 찾아가서 열심히 사람들을 만나며 명함도 교환하고 동종 업계 사람들과 친분을 가지려 계속 노력하였습니다. 당장 성과는 나지 않았지만 꾸준히 영업 활동을 했습니다. 그는 부동산 업계로 진입한 지 거의 1년 만에 계약을 성사시켰는데, 그간에 들인 시간과 노력을 충분히 보상할 만큼 대형 거래였습니다. 그리고 이제는 어느 정도 매출을 발생시킬 수 있는 자신만의 고객을 확보하였습니다.

공인중개사 자격증은 취득하기도 쉽지 않지만 그 이후가 더 어려울 수 있습니다. 막연한 희망만 갖고 시작하기 보다는 앞으로 무엇이 더 필요할지 냉정하게 따져 보고 자격증에 도전하는 게 좋습니다. 운전면허증은 장롱 면허증이 되더라도 몸으로 체득했던 것이어서 연수를 잠깐 받으면 되지만, 공인중개사 자격증은 시간이 지나면 현실의 법과 제도들이 많이 바뀌어서 그 흐름을 단기간에 따라잡기가 어렵습니다. 그러니 될 수 있으면 자격증을 취득하고 나서 바로 활용할 수 있는 계획도 함께 세워 보는 것이 좋습니다.

경력 전환자가 접근할 수 있는 최선의 진입 경로

직업을 선택하고 살아가다 보면 방향을 틀어야 하는 일도 생기게 됩니다. 어느 정도 일을 하다 나이가 들었는데 가슴 뛰는 일을 해 보고 싶을 때가 있습니다. 부동산 업계에도 그런 분들이 많이 도전을 하고 있습니다. 새로운 일에 대한 도전은 의욕을 고취하고 에너지를 가져다주는 경우도 있지만 현실적인 벽에 부딪치면서 좌절감을 주기도 합니다. 특히 부동산 업계와 연관이 없던 일을 하던 분들이라면 더 그럴 수밖에 없습니다. 이런 상황에 있는 분들이 가끔 문의를 해 옵니다. 그럴 때마다 가장 진입장벽이 낮고, 비교적 가능성이 높은 부동산 분야를 찾아볼 것을 권합니다.

그렇다면 부동산 업계에서 경력 전환자가 가장 쉽게 문을 두드릴 수 있는 분야는 어디일까요? 세일즈와 관련된 영역이 아닐까 생각됩니다. 부동산과 관련된 세일즈도 여러 가지가 있겠지만, 아무래도 임대차 세일즈 분야가 가장 접근하기 수월할 것입니다. 임대차 세일즈가 쉬운 일이라는 의미는 절대 아닙니다. 어느 업계든 영업이나 세일즈 분야는 이직이나 사람의 이동이 잦은 분야입니다. 그렇기 때문에 상대적으로 진입이 쉽다는 말이지 업무적으로 쉽다는 말은 아닙니다. 역설적으로 이직이 많다는 것은 들어가기는 어렵지 않지만 그 안에서 실력을 뽐내기가 쉽지 않다는 말이기도 합니다.

영업을 하는 곳은 더 많은 경험과 연륜이 있는 사람이 유리한 면이 있습니다. 그래서 부동산 업계에서 나이에 따른 차별을 덜 받는 곳이 세일즈 분야입니다. 여러 면에서 볼 때 부동산 업계에서 아직 경험이 많지 않은 사람들이 접근해 볼 수 있는 분야인 것은 맞습니다. 하지만 장점이 있으면 단점도 있는 법입니다. 영업을 기반으로 하기 때문에 대부분 성과급 제도를 바탕으로 운영되고 있습니다. 지원자 입장에서는 그런 부분이 선택에 있어 망설이게 되는 부분이 아닐까 생각합니다. 하지만 회사는 돈을 버는 곳이지 배움을 얻으러 가는 곳이 아니고 복지나 안정보다는 이익을 추구하는 곳이기 때문에 어쩔 수 없는 부분입니다.

만약 부동산 업계에 진입하기 위해서 이런 세일즈 분야에 도전할 마음을 먹었다면 제대로 된 곳에서 시작하는 게 좋습니다. 부동산회사가 워낙 많고 부실한 회사나 심지어 악의적인 목적을 가진 곳도 많기 때문입니다. 그래서 부동산회사를 선택하는 자신만의 기준이 있어야 합니다. 우선 '부동산 배우면서 돈을 번다'와 같은 상식 밖의 문구로 홍보하는 회사에는 가지 않는 것이 기본입니다.

아무래도 부동산 지식과 업계 내 네트워크가 부족한 지원자 입장에서는 현혹되기 쉽습니다. 그래도 잘 조사해 보면 부동산 세일즈 교육을 제대로 받으며 성장할 수 있는 회사들도 있습니다. 처음 발을 들인다면 부동산 전문 프랜차이즈 회사의 교육을 받는 것도 좋습니다. 외국계 부동산 전문 프랜차이즈인 리맥스(RE/MAX) 같은 회사에서 진행하는 세미나와 교육에 참여하며 조금씩 부동산 업계에 대한 지식과 네트워크를 쌓아 가는 것도 좋습니다. 전 세계적으로 지사를 가지고 있고 한국에서도 많은 분들이 활동하는 곳이기에 다른 회사들에 비해 신뢰도가 있어 초보자가 시작하기에 좋은 곳이 될 수 있습니다.

다음으로 세일즈 분야를 선택할 필요가 있습니다. 주택부터 아파트, 꼬마 빌딩까지 모든 것을 전부 다 하겠다고 생각하면 성공하기 어렵습니다. 어떤 분야에 더 집중하겠다는 전략과 계획이 필요합니다. 부동산도 종류가 다양합니다. 상업용 부동산은 더욱 그렇습니다. 오피스 빌딩으로 분야를 정해도 그 안에서 꼬마 빌딩을 전문으로 할 수도 있고 상가나 리테일 쪽으로 특화할 수도 있습니다.

이처럼 한 분야에 집중하여 실력과 네트워크를 키워나가야 경쟁에서 우위를 점할 수 있습니다. 업계에서는 실제로 그렇게 분야를 특화해서 활동을 하시는 분들이 많습니다. 또 최근 증가하고 있는 물류 시설이나 개인형 창고 등 틈새시장을 노리는 것도 한 가지 방법이 될 수 있습니다. 일반 주거용 중개 시장에서도 외국인만을 전문적으로 중개해 주는 특화 영역이 있는 것으로 알고 있습니다. 서울의 이태원이나 동부 이촌과 같이 외국인이 주로 밀집한 지역에서 이런 특화된 중개 서비스를 제공하는 중개회사들도 있습니다. 이와 유사하게 남들과 다른 곳을 보고 시장을 개척하는 것도 경력 전환자에게는 기회가 될 수 있습니다.

앞으로 부동산 중개 시장도 프롭테크의 등장과 새로운 프랜차이즈들의 입성으로 더욱 경쟁이 치열해질 것으로 예상됩니다. 대형 부동산은 자산관리회사들이 그 시장을 장악하고 있고, 일반 주택 시장은 각 지역의 중개업소들의 네트워크가 지배하고 있습니다. 하지만 그 중간에 놓인 꼬마 빌딩이나 중소형 부동산에 대한 서비스는 아직 발전할 여력이 무궁무진한 시장입니다. 여러 업체들이 경쟁하고 있지만 더 나은 서비스와 투자 또는 개발이 필요한 영역입니다. 뒤늦게 시작한 경력 전환자라면 그런 영역에서 중개 서비스를 개선하겠다는 의지와 열정을 바탕으로 도전해 볼 만한 가치가 있을 것입니다.

현직자를 만나
얻을 수 있는 것

만약 여러분이 야구를 좋아해서 경기를 관람하다가 어느 날 갑자기 직접 야구가 하고 싶어진다면 어떻게 하는 게 좋을까요? 아마도 책이나 잡지 등을 통해서 정보를 얻고 동호회에도 가입을 하면서 점점 지식의 깊이를 늘려갈 것입니다. 아마추어 동호회끼리 시합도 하면서 실력을 쌓을 것입니다. 나중에는 조금 더 수준 높은 실력을 만들고 싶은 욕망도 생겨 프로 선수를 직접 만나 보고 싶은 생각도 들 것입니다.

부동산 직업으로 전직하려는 사람들도 이와 같은 패턴으로 접근하면 좋겠습니다. 정보를 어느 정도 찾고 난 뒤에 야구로 말하면 프로 선수나 마찬가지인 현직자들을 직접 만나 보라는 말씀을 드리고 싶습니다. 전직을 생각하시는 대부분의 사람들은 부동산 전공자도 아니고 관련 학교를 졸업을 하지 않았기 때문에 평소 현직자를 만날 기회가 많이 없습니다. 전직이라는 것이 아무래도 인생에 있어 큰 결정 중에 하나이기 때문에 더욱 신중해야 합니다. 그래서 더욱 현직자를 만나 볼 것을 권합니다. 그렇다면 현직자를 만나 이야기하면 어떤 점이 좋고, 또 무엇을 주제로 이야기하는 게 좋은지 살펴보겠습니다.

현직자를 만나 이야기해 보면 지금 자신이 생각하고 있는 이상적인 부분과는 달리 전직 후 현업에서 맞이하게 될 현실적인 부분에 대한 구체적인 대답을 들을 수 있습니다. 가끔 취미로 하는 아마추어 야구와 경기에서 승리해야 돈을 벌 수 있는 프로 야구가 차이가 있는 것처럼 현직자들과의 대화를 통해 이상과 현실의 차이를 확인할 수 있을 것입니다.

현직자들과 대화를 통해 자신이 부동산 직업을 바라보는 게 제대로 된 것인지 아니면 잘못된 것인지 확인할 수 있습니다. 부동산 업계가 좋은 직업이라고 생각했는데 막상 자신의 성격이나 능력과 맞지 않는다는 것을 현직자와의 만남을 통해 확인했다면 과감히 포기할 필요도 있습니다. 전직을 생각하는 많은 사람들은 자신의 결정을 긍정적으로 바라보려는 경향이 강합니다. 객관적인 판단을 하는 데 현직자들의 조언이 도움이 될 수 있습니다.

또한 부동산 업계에서 활동하는 사람들만 알 수 있는 정보를 확인할 수 있다는 장점이 있습니다. 취업하고자 하는 회사에 다니는 사람을 만난다면 취업에 대한 정보라든지 부서 내부의 상황이나 관계 등에 대해 직접 알아볼 수 있습니다. 취업 지원자의 입장에서는 확인하기 어렵거나 어렴풋이 생각했던 부분에 대해 명확하게 알 수 있습니다. 예를 들어 취업을 하고자 하는 회사의 조직 구조나 상황은 어떤지, 그리고 취업에 대한 의사 결정을 하는 사람들이 누구인지에 대한 설명을 듣고 나면 다른 경쟁자들보다 훨씬 유리한 상황이 될 수 있습니다.

무엇보다 현직자들은 해당 분야에서 직접 일하는 사람이기 때문에 누구보다 더 자세하고 정확하게 직무에 대한 조언을 해 줄 수 있습니다. 모든 업계가 그렇지만 특히 분야가 세분화되는 부동산 업계에서 직무에 대한 상세한 설명을 해 줄 수 있는 사람은 현직자뿐입니다. 일을 하면서 겪는 고충이라든지 지금 어떤 능력을 더 개발하면 좋은지 등 진심 어린 조언을 해 주는 현직자들도 많습니다.

그런데 현직자들을 만나더라도 제대로 된 질문을 해야 좋은 답변도 얻을 수 있을 것입니다. 그러면 어떤 질문을 어떻게 준비하는 게 좋을까요? 무엇보다도 답을 해 주고 싶은 욕구가 생기게 만드는 질문을 하는 것이 중요합니다. 사전에 충분히 조사하여 대답하는 사람도 흥미롭고 적극적으로 대답하고 싶게 만들어야 합니다. 당연히 성의 있고 정성이 담긴 질문에 더 상세한 답변을 할 것입니다.

일반적이고 광범위한 질문보다 구체적이고 상세한 질문을 하는 게 좋습니다. '부동산 직업은 어떤 것들이 있나요?'라는 질문보다는 '부동산 펀드 매니저는 어떤 능력을 갖춰야 하나요?'라는 질문이 더 구체적입니다. 이처럼 명확한 답을 받을 수 있는 질문을 하는 게 좋습니다. 현직자를 어렵게 만났다면 자신이 원하는 구체적인 답변을 얻을 수 있는 날카로운 질문을 준비해야 합니다. 준비가 덜 된 질문에는 대답할 수 있는 게 별로 없기도 하지만, 그런 질문을 마주하면 더 많은 것을 가르쳐 주고 싶은 욕구도 떨어집니다.

현직자인 필자도 누군가에게 궁금한 것이 있으면 사전에 면밀하게 조사하고 배경지식을 어느 정도 갖추고 나서 이메일로 정중히 요청하거나 만나 뵙자고 부탁을 드리곤 합니다. 또 간혹 유튜브나 팟캐스트에 나갈 기회가 있으면 질문을 받는 입장이지만 질문하는 사람에 대해서 미리 공부하기도 합니다. 질문하는 상대방을 잘 알고 있어야 그에 맞게 적절한 대답을 할 수 있지 않을까 하는 생각에서입니다. 준비 없는 질문에는 그와 비슷한 수준의 답변밖에 할 수 없다는 것을 꼭 기억하면 좋겠습니다.

질문과 관련하여 기억에 남는 에피소드가 하나 있습니다. 만나러 온 사람들의 태도나 인성이 무엇보다 남달랐기 때문입니다. 부동산 취업준비생들을 위한 강의를 통해 만난 학생이 한 명 있습니다. 강의가 끝나고 개인 질문을 하면서 학교에서 부동산 업계 취업을 위해 동아리 활동을 하고 있는데 나중에 기회가 되면 동아리 구성원들과 함께 인터뷰를 하고 싶다는 요청을 해 왔습니다. 평소 필자가 해 오던 부동산 지식 나눔의 취지와 맞는 곳이기에 흔쾌히 수락을 했습니다. 게다가 동아리라는 말에 여러 사람들에게 지식을 나눌 수 있다는 생각이 들어 더욱 도움을 주고 싶었습니다.

그렇게 약속을 하고 나서 얼마 되지 않아 사전 질문지를 만들었다며 이메일을 보내왔습니다. 당연히 그 질문지를 꼼꼼히 살펴봐야 했습니다. 질문지를 읽으며 많이 놀랐습니다. 현직자 수준 정도로 깊이 있는 질문도 있었기 때문입니다. 무엇을 물어볼지 연구와 공부를 많이 했겠구나 하는 생각이 들었습니다.

현직에 있는 분들 중에는 지식 나눔을 하려는 분들도 상당히 많습니다. 모두들 좋은 취지로 활동하는 것이고 배려심이 많은 분들이라 최대한 좋은 답을 드리려 노력할 것이라고 생각합니다. 하지만 현업에 있는 사람들은 업무 시간과 개인 시간을 쪼개어 답변하는 경우가 많습니다. 질문을 하는 사람의 입장이 아니라 대답을 해 주는 사람의 입장도 고려한다면 더 나은 답변을 기대할 수 있지 않을까요? 그렇기 때문에 질문을 준비하는 태도나 상대를 배려하는 마음도 매우 중요합니다.

현직자들의 답변이 정답은 아니겠지만 가장 현실적인 답은 될 수 있다고 생각합니다. 또 어쩌면 그 과정 중에 여러분의 진로에 결정적인 실마리를 제공해 주는 사람이 나타날 수도 있습니다. 그러니 그분들의 소중한 시간을 사용한다는 생각으로 사전에 충분히 준비한 질문을 하는 게 올바른 태도라고 생각합니다.

잘 모른다고 해도 처음부터 준비되지 않은 질문은 삼가는 게 좋습니다. 질문을 통해 제대로 된 답을 얻으려면 자기가 할 수 있는 최선의 준비를 하고, 어느 정도 완성도를 갖춘 질문을 통해 현직자와 교류하라는 조언을 드리고 싶습니다. 한 번의 질문만 주고받는 관계로 끝내지 않으려면 글로 전달해도 될 만큼 정성 어린 질문을 준비하는 게 올바른 태도라고 할 수 있습니다. 좋은 질문이 여러분에게 또 다른 기회와 인연을 가져다줄 수도 있습니다.

40대의 이직,
도전에 나선 사람들

부동산은 우리나라 대부분의 사람들이 관심을 갖고 있는 키워드입니다. 사람이 모였을 때 꼭 한 번쯤은 부동산을 주제로 이야기를 나누곤 합니다. 게다가 온 국민이 관심을 가지는 자격증인 공인중개사 자격증은 퇴직 후 또는 은퇴 이후를 위해 한 번쯤 취득을 생각해 보는 것이 되었습니다. 공인중개사는 다들 매력적인 직업이라고 생각하는지 부동산 관련업의 대표적인 명사로 자리잡은지 오래입니다. 예전에 복덕방이라고 해서 나이 드신 어른들이 주변 지인들과의 인맥을 통해 부동산 거래를 하는 모습이 남아 있기 때문에 사람들이 이 직업을 편하게 생각하는 것은 아닐까 추측해 봅니다. 한편으로는 부동산 중개업이 제공하는 서비스에 비해 쉽게 돈을 번다고 생각하기 때문일 수도 있겠습니다. 대부분의 사람들이 집을 사거나 이사를 가면서 중개사에게 지급하는 보수를 아깝게 생각하는 경향이 많은 것 같습니다.

하지만 부동산 현업에서 경험을 바탕으로 솔직하게 설명하면 부동산 업계는 진입장벽이 생각보다 높은 편입니다. 물론 다른 업계도 비슷하겠지만 어느 정도 나이가 든 상태에서 전직이나 이직을 하기가 생각보다 쉽지 않습니다. 공인중개사 자격을 취득하더라도 처음부터 배워서 일을 한다는 게 현실적으로 어려운 점이 있습니다. 부동산회사도 타 업계와 마찬가지로 나이와 직급에 따라 회사 내의 관계가 정해지기 마련입니다. 특히나 부동산처럼 경험과 경력을 중요하게 여기는 분야에서 신입의 마음 자세로 새로 업무를 배운다는 것은 개인의 의욕일 뿐 현실에서 적용하기에는 무리가 따릅니다.

그렇다고 방법이 아주 없는 것은 아닙니다. 어떤 일이든 불가능한 것은 없고 다만 확률이 낮을 뿐입니다. 자신이 할 수 있는 방법을 잘 활용하여 그 성공 확률을 높이면 되는 것입니다. 한 번에 너무 많은 것을 얻으려는 생각보다는 조금 돌아가더라도 전략적인 접근이 필요합니다. 예를 들어 자산 관리 업무를 당장 하고 싶지만 경험과 실력이 부족하다면, 우선 부동산회사의 진입장벽이 낮은 팀이나 본인의 현재 능력으로 들어갈 수 있는 분야를 타깃으로 해서 진입 전략을 세우는 것입니다. 그 후에 회사 내부에서 부서 이동을 하거나 아니면 다른 회사로 이직을 하면서 직무를 바꾸는 방법이 가장 현실적인 대안이 될 수 있습니다. 가장 중요한 것은 무엇보다 부동산 업계로의 진입입니다. 당장 하고 싶은 분야로 전직이 어렵다면 스텝 바이 스텝으로 한 단계씩 접근을 하는 것입니다.

부동산 업계에 진입하려는 사람들 중 신입이 아닌 경력 전환자분들을 종종 만날 기회가 있습니다. 이메일로 상담을 요청하는 사람들도 있고 직접 찾아오는 사람들도 있었습니다. 그런 분들 중에 부동산 업계로 성공적으로 이직하신 분들이 있습니다. 그 사례를 직접 살펴보면 이직이나 전직 전략을 세우는 데 도움이 될 것입니다.

J 차장은 원래 외국계 제약회사에서 세일즈 업무를 하던 분이었습니다. 해당 분야에서 영업왕이 된 경력도 있고 훌륭한 성과를 거둔 분이었습니다. 그러다 부동산업을 꼭 해 보고 싶어 공인중개사를 취득하고 부산에 있는 중개사무소에서 근무하던 중 더 큰 시장에서 일하고 싶은 마음에 상업용 부동산 업계로 진입할 수 있는 방법에 대해 상담을 요청하셨던 분이었습니다. 서울까지 직접 찾아와 이야기를 나누다 보니 부산에서 작은 상가들을 중개하는 일보다 더 큰 부동산을 거래해 보고 싶다는 욕망과 꿈을 가진 분이라는 걸 확인할 수 있었습니다. 기회만 주어지면 충분히 부동산 업계에 진입할 수 있을 것 같다는 생각이 들었습니다.

J 차장은 워낙 세일즈를 잘 했던 분이고 연배도 있어서 그런지 사람을 만난 경험이 풍부하다는 것을 단번에 알아챌 수 있었습니다. 부동산 임대차 세일즈 영업을 하시면 큰 능력을 발휘할 수 있을 것 같다는 생각이었습니다. 제약 영업에서 상품만 부동산으로 바꾸고 조금만 트레이닝한다면 충분히 실력을 발휘할 것 같았습니다.

부동산 업계에서 영업력과 사람을 대하는 기술은 꼭 필요하다고 생각했던 터라, 평소 알고 지내던 다른 회사의 임대차 영업 담당자에게 추천했습니다. 담당자 역시 좋은 기운을 느끼고 회사에 추천을 했지만, 면접에서 떨어지고 말았습니다. 하지만 면접 시에 깊은 인상을 심어 주었는지 다른 포지션의 채용 공고가 나왔을 때 특별 전형으로 인터뷰를 진행하게 되었고, 결국 임대차 팀에 멋지게 합격하였습니다.

호텔리어 출신인 C 부장은 원래 부동산에 대한 지식은 전혀 없었습니다. 다만 호텔에 오래 있다 보니 고객 응대나 컴플레인 대처에 대한 다양한 경험과 노하우를 가지고 있던 분이었습니다. 마침 필자가 참여하고 있던 프로젝트에서 임차인에 대한 서비스 수준을 높이고 다른 경쟁 부동산 자산보다 더 나은 가치를 창출할 수 있는 CS(Customer Service) 매니저 포지션을 준비하고 있었습니다. 이 직책은 부동산 업계에서는 일반적으로 없는 자리였기 때문에 다른 업계에서 그 인력을 충원할 수밖에 없었습니다.

포지션의 취지에 맞게 호텔에서 오랜 경험을 쌓은 C 부장이 저희 회사에 합류를 하게 되었고 그 뒤 부동산 자산 관리 업무에 필요한 많은 일들을 함께 했습니다. 부동산업에 대한 지식은 다소 부족했지만 임차인이라는 고객을 대하고 그들과 소통하는 능력은 그 누구보다 뛰어났습니다. 지금까지도 그 프로젝트 내에서 맹활약 중입니다.

마지막으로 Y 팀장은 평소 알고 지내던 친한 친구였습니다. 그 친구는 이름만 들으면 다 알 만한 리테일회사에 다니고 있었습니다. 의류 분야 MD로 재직하고 있었지만 평소 자신이 속한 업계에 대한 전망을 그렇게 밝게 보고 있지 않았습니다. 아무래도 4차 산업 시대에 모바일과 온라인 쇼핑의 발달로 유통의 미래가 흔들리다 보니 고민을 하게 되었던 것입니다. 평소 부동산 분야에 관심이 있던 친구였기에 부동산 업계에 오피스 빌딩이나 쇼핑몰 등의 리테일 전문가가 부족하다는 이야기를 하면서 친구의 진로에 대해 함께 고민을 하기도 했습니다.

그런 대화를 나누고 얼마 뒤 업계 선배가 회사 내에 리테일팀을 만들려고 하는데 적합한 인력이 없다면서 좋은 사람이 있으면 추천해 달라는 이야기를 하였습니다. 때마침 진로 고민을 하던 친구가 떠올라 추천했습니다. 그 친구는 MD 업무를 통해 리테일 유통 구조를 잘 알고 있었고, 리테일 분야와 관련된 전문가들과의 다양한 인적 네트워크를 보유하고 있다는 강점이 있었습니다. 또한 성격도 적극적이고 영업에 대한 태도와 마인드가 좋았습니다. 부동산 업계에서 재직한 것은 아니지만 기본적으로 부동산 업계의 성향을 잘 알고 있던 터라 좋은 평가를 받아 성공적으로 이직하였습니다. 지금도 왕성하게 활동하며 리테일 업계의 전문가로 성장해 나가고 있습니다. 유통 관련 지식에 부동산을 더하니 그 활용도가 높아져 전문성을 인정받는 기회가 된 것이었습니다.

이외에도 최근 공유경제의 급부상으로 규모를 확장해 가고 있는 공유오피스 분야에도 다른 업계의 인력이 많이 들어오고 있습니다. 타 업계의 마케팅 전문가들이 합류하기도 하고 호텔 업계의 세일즈 매니저들이 부동산 업계로 진입하는 경우도 있습니다.

앞에서 살펴본 사례들에는 공통점이 있습니다. 현재 자기가 가진 능력을 부동산 업계와 잘 연계하여 그것을 강점으로 어필했다는 점입니다. 계속해서 강조하고 설명한 것처럼 부동산 업계의 진입장벽이 높지만, 어떤 산업과도 다양하게 연결된다는 특징이 있습니다. 지금

하고 있는 일에서 찾을 수 있는 자신의 강점과 부동산 업계의 직무 중에서 연결고리를 찾는 게 중요합니다. 그리고 그 분야를 집중적으로 공략한다면 전직에 성공할 확률을 끌어올릴 수 있습니다. 일단 부동산 업계에 진입을 하고 나면 그보다는 적은 노력으로 다른 회사나 직무로 이직할 기회를 만들 수 있습니다. 결국 전직을 위한 가장 합리적인 전략과 방법은 현재 자신이 하는 업무를 부동산 업계의 직무와 잘 연결하고 이것을 잘 활용하는 것입니다. 부동산 업계 재직자의 시각으로 모든 것을 바라보고 관심의 끈을 놓지 않는다면 경력 전환 역시 불가능한 일만은 아닐 것입니다.

부동산 금융
전문가를 만나다

하이투자증권 부동산금융본부 **박완희 이사**
babo7910@naver.com

Question.1 지금까지의 경력을 바탕으로 간단한 본인 소개 부탁드립니다.

Answer 하이투자증권 부동산금융본부의 박완희 이사입니다. 현재 DGB 금융그룹의 증권사인 하이투자증권에서 부동산 금융 관련 업무를 하고 있습니다. 증권사의 부동산 금융 관련 업무는 크게 부동산 개발 금융과 부동산 실물 금융으로 볼 수 있는데요, 저는 부동산 개발 금융 즉 부동산 PF 업무와 부동산 실물 금융인 오피스 빌딩, 물류센터, 데이터센터 등의 매입·매각 관련 업무를 하고 있습니다.

저의 업무 커리어는 시공사에서 시작됩니다. 효성건설에서 부동산 개발 업무를 시작하였습니다. 대학에서의 전공은 현재의 일과는 전혀 다른 공학이었으며 부동산 전공자가 아니어서 부동산 관련 용어가 너무나 생소했습니다. 하지만 현장을 매주 다니며, 시공사에서 부동산 개발을 바라보는 감각을 익히게 되었습니다.

시공사에서 몇 가지 개발 프로젝트를 수주하게 되었습니다. 이때 큰 깨달음을 얻게 되었는데, 이는 바로 부동산 개발을 위해서는 부동산 금융, 즉 부동산 PF가 필수불가결한 요소임을 깨닫게 된 것이었습니다. 아무리 좋은 땅을 확보한다 해도, 아무리 짧은 시간에 인허가를 받는다 하더라도, 부동산 개발 금융, 즉 부동산 PF가 진행되지 않

는다면 결국 부동산 개발을 할 수 없다는 깨달음을 얻었습니다. 이때부터 부동산 금융 쪽 업무를 하고 싶다는 꿈을 키워가게 되었습니다.

이후 시공사에 있으면서 부동산 펀드를 운용하는 자산운용사의 문을 두드리게 되었고 결국엔 부동산 펀드 매니저로 자연스럽게 옮겨가 부동산 금융에 대한 감각을 익힐 수 있었습니다.

부동산 펀드를 운용하면서 부동산 개발 금융과 부동산 실물 금융에 대해서도 이해하게 되었습니다. 그런데 부동산 펀드 운용 시 가장 큰 문제점은 항상 펀딩을 해야 한다는 점입니다. 블라인드 펀드가 많지 않은 시절, 하나의 물류센터를 매입하기 위해서는 부동산 펀드의 자기자본(Equity)을 구하기 위하여 항상 동분서주 투자자들을 만나야 했습니다. 투자자를 만나는 것이 문제가 아니고, 딜 클로징을 위해 매도자와 약속한 시간이 있는데, 투자자를 구하지 못해 클로징이 되지 않는다면 여러 이해관계자들이 어려움에 처하게 됩니다.

이러한 어려움 속에서 자본금이 풍부한 증권사에서 총액인수(Underwrite) 기능이 국내에 소개되었습니다. 업무의 중심도 딜 소싱 능력에서 점점 자본력의 힘으로 쏠리게 되었으며, 점차 자산운용사와 증권사의 역할이 변경되기 시작하였습니다.

이렇게 대한민국 부동산 금융 생태계가 변하게 되면서 저는 자연스럽게 증권사에서 같은 업무를 하게 되었습니다.

Question.2 국내 프로젝트는 물론 해외 부동산까지 다양한 분야를 경험하신 것으로 알고 있습니다. 커리어를 쌓아온 과정 중에 무슨 기회가 있었고 어떤 방식으로 그런 길을 갈 수 있었는지 설명을 부탁드립니다.

Answer 앞에서 답변 드렸던 것과 같이, 제 커리어 패스를 보게 되면 왜 제가 부동산 실물 금융부터 부동산 개발 금융까지 두루 섭렵하고 있는지 이해가 되실 것입니다. 이러한 커리어 패스로 인하여 부동산 금융 섹터에서 다른 사람들과 다르게 독보적인 역량을 가지게 되었습니다.

이와 더불어서 자산운용사 재직 당시 해외 부동산에 투자하는 기회가 있었습니다. 자산운용사에서 부동산 펀드 매니저로 있을 당시 투자처는 오피스 빌딩이 90% 이상 차지하였습니다. 다른 투자군(Asset Class)이 없다 보니, 자연스럽게 해외 부동산 중에서도 오피스 빌딩에 투자하게 되었습니다. 2011년도에 일본의 오피스 빌딩과 리테일 빌딩에 투자한 것을 계기로 해외 부동산 투자 매력에 푹 빠지게 되었습니다.

일본의 빌딩을 클로징하는 것이 당시에도 매우 드문 케이스여서 많은 분들이 저를 찾아 주셨으며, 이후부터 본격적으로 해외 부동산에 투자하게 되었습니다.

해외 부동산에 투자하면서 미국의 부동산 시장은 국내 부동산 투자 시장 대비 너무나 많은 투자군이 있으며, 이를 한국에 소개하고 싶다는 생각을 하였습니다. 그래서 다른 사람들이 취급 하지 않았던 단독주택(Single Family Housing)이라든지, 4년 전에는 개념도 생소했던 셀프 스토리지(Self Storage), 메디컬 오피스 빌딩(Medical Office Building) 등을 국내에 소개하기도 하였습니다.

Question.3 《부동산 금융 커리어 바이블》이라는 부동산 책을 쓰셨는데 부동산 업계에 관심 있는 분들에게 꾸준히 읽히는 베스트셀러로 알고 있습니다. 어떤 계기로 쓰셨는지요? 책을 통해 좋은 영향력을 주고 계신데 앞으로 이와 관련한 계획이 있으신지 궁금합니다.

Answer 저도 처음부터 부동산 금융에 진출했던 사람은 아닙니다. 저 또한 마찬가지로 부동산 개발 PM 분야에서 부동산 금융으로 진출하고 싶었던 경험이 있습니다. 많은 분들이 커리어 체인지는 어떻게 하는 것일까 궁금해하기에 그 방법을 여러 독자들에게 알리고 싶어서 책을 쓰게 되었으며 많은 분들의 사랑을 받았습니다.

Question.4 마지막으로 부동산 업계 취업을 준비하는 분들에게 부동산 업계 전망, 커리어 조언, 응원과 격려 한마디 부탁드립니다.

Answer 부동산 업계 중에서도 부동산 금융에 관련한 취업은 다른 분야보다 어려운 편입니다. 처음부터 부동산 금융 분야에 진입하는 것은 매우 어려운 일이니, 목표점을 바꾸어 저처럼 부동산 금융으로 자연스럽게 넘어오는 것이 그나마 쉬운 편입니다. 부동산 관련업은 업계에 진출하지 않으면 모를 정도로 매우 다양합니다. 따라서 부동산에 관련한 업무라면 어떠한 것을 막론하고 취업하여 일단 업계에 진출하는 것이 매우 중요합니다. 자신이 생각했을 때 이런 것이 '과연 부동산 금융과 연관이 있을까'라고 생각되어도 워낙 다양한 투자군이 존재합니다. 관심이 있다면 여러 곳의 문을 두드리며 기회를 찾는 것이 현명한 방법이라 하겠습니다.

나오며

:

부동산 산업의 비전과 미래

제가 처음 부동산 업계에 들어온 2004년은 상업용 부동산에 대한 투자와 전문적인 관리가 본격적으로 시작된 지 얼마 되지 않은 시기였습니다. 1997년 IMF 외환위기 이후 외국계 투자자들이 우리나라에 본격적으로 들어오면서 상업용 부동산 투자 시장이 확장하는 중이었습니다. 그런데 당시만 해도 낯설었던 부동산 펀드나 부동산투자회사(리츠)가 이제 일반인들도 한 번쯤 들어 봤을 정도로 평범해졌습니다. 변하지 않을 것만 같던 법과 제도들도 어느덧 시대의 흐름에 맞춰 개선되고 발전하고 있습니다.

지나간 시간을 되돌아보면 언제나 변화가 있었지만 그 당시에는 어떤 일이 일어나고 있는지 체감하기 어렵습니다. 세상이 워낙 빠르게 돌아가다 보니 바뀐 세상을 느끼기도 전에 더 새로운 것들이 나타나기 때문인 것 같습니다. 과학과 기술의 발달로 부동산 업계에서 프롭테크가 메가트렌드가 될 것이라는 게 이제는 예측이 아닌 현실이 되었습니다. 멀지 않은 미래에 지나간 시간을 돌이켜 보면 아마도 제가 처음 부동산업에 들어와서 변화가 시작되었던 때와 같이 지금 이 순간이 프롭테크라는 새로운 시대가 열리는 시기가 아닐까 생각합니다.

어떤 분야든 새로운 무언가가 시작되는 곳에 기회도 많습니다. 물론 정해진 룰도 없고 규정된 정답도 없기 때문에 어려운 일이 많을 것입니다. 그러나 익숙한 일에는 경쟁자가 많기 마련입니다. 시장에 경쟁자가 많을 때 새로운 블루오션을 찾아 신속하게 포지션을 바꾸는 것도 현명한 전략입니다. 상업용 부동산 업계도 마찬가지입니다. 이미 업계에 진입한 현직자들은 안정적이라고 생각할 수도 있지만, 부동산 업계 내에서도 이미 경쟁이 치열한 분야도 있습니다. 그런 가운데 나의 가능성과 미래를 위해 때로는 과감하게 피봇팅(pivoting)하거나 새로운 시각으로 자신의 업무를 바라볼 필요도 있습니다. 그러기 위해서는 항상 새로운 소식을 접하고 부동산 업계에 어떤 변화의 물결이 오는지 주시할 필요가 있습니다. 이런 노력은 현재 하고 있는 일을 잘 유지하고 경쟁에 뒤처지지 않기 위해서도 마찬가지로 필요합니다.

프롭테크 분야에서는 열정과 도전 정신이 가득한 기업가들이 창업과 함께 새로운 직무와 일자리를 만들어 내고 있습니다. 그리고 부동산 금융과 투자 기법의 다변화로 대체투자로서 부동산 자산에 대한 투자도 꾸준히 증가하고 있습니다. 그뿐만 아니라 블록체인 기술과 인공지능은 앞으로 부동산 투자 시장에 커다란 변화를 가져올 것입니다. 부동산의 특징인 위치적 한계, 거래의 복잡함과 낮은 유동성으로 인해 발생했던 문제들을 해결하여 부동산 자산에 대한 유동화를 손쉽게 해 줄 것입니다. 이런 변화들은 상상으로 그치는 게 아닙니다. 이미 발 빠른 사업가들이 시장을 만들어 나가고 있습니다. 앞으로는 국내 부동산 시장에서만 경쟁하는 것이 아니고 글로벌 시장으로 확장될 가능성도 있기에 더 많은 기회를 엿볼 수 있습니다. 부동산 시장의 성장과 확장은 그만큼 부동산 인력에 대한 수요로 자연스럽게 연결될 것입니다. 그런 면에서 앞으로 부동산 시장은 기술로 대체되는 업무 영역도 있겠지만, 양적 성장과 새로운 영역의 등장 등으로 더 많은 기회를 창출할 것입니다.

마지막으로 부동산 직업에 관한 책이기에 진부하지만 한 번쯤 생각해 봐야 할 것에 대해 말씀드리며 마무리하겠습니다. 여러분들이 부동산 취업을 준비할 때 직장 보다는 직업을 찾으셨으면 좋겠습니다. 직업에 대한 탐구는 여러 번 심사숙고가 필요합니다. 내가 즐겁게 잘 할 수 있는 일을 찾아야 하기에 시간이 다소 걸리기 마련입니다. 취업을 준비하는 동안 소속도 없이 주변 사람들의 취업 소식을 들으면 마음도 조급해집니다. 그러다 보면 어떤 것이라도 결과를 빨리 얻고 싶어 겉으로 보이는 조건들에 현혹되어 쉽게 직장을 택하기 마련입니다.

하지만 직장은 짧고 직업은 길다는 말씀을 드리고 싶습니다. 부동산업에서는 어떤 회사에서 일하는지보다 어떤 직종의 일을 하고 있는지, 개인의 역량이 어떤지에 따라 일자리 수명이 달라집니다. 회사의 후광을 받아 짧고 화려하게 일할 수 있는 길을 택할 수도 있겠지만, 당장은 화려하지 않아도 전문성을 인정받아 오랫동안 안정적으로 일할 수 있는 직업을 찾는 게 중요합니다. 상업용 부동산 투자에서는 투자를 할 때부터 이미 매각을 생각합니다. 마찬가지로 취업을 준비하면서 나중에 정년이나 퇴사 때 무엇을 할 것인가를 생각한다면 직장보다 직업을 선택하라는 말이 어떤 의미인지 쉽게 이해할 수 있을 것입니다. 회사에 가야만 내 일을 할 수 있기보다는 내가 하는 일을 하면서 직장에 다닐 수 있는 사람이 되길 바랍니다.

감사의 글

:

부동산 직업 책을 쓰게 된 이후로 제 생활과 생각에도 많은 변화가 있었습니다. 강의와 세미나 등으로 현장에서 취업을 준비하는 다양한 분들을 만날 수 있었습니다. 또, 부동산 업계로 취업이나 전직을 준비하는 여러 분들의 고민과 궁금증을 담긴 이메일을 받으면서 많은 자극을 받기도 했습니다. 이렇게 계속해서 책을 내게 된 것은 제가 만든 콘텐츠에 관심을 가져 주신 독자 여러분들 덕분입니다. 만나는 분들께는 매번 고맙다는 인사를 드리고 있지만 아직 만나 뵙지 못한 제 책의 독자 여러분들에게 항상 감사한 마음을 가지고 있습니다.

개정판을 내고 싶다고 했을 때 긍정적으로 검토하고 함께 고민하면서 좋은 기획을 해 주신 정회엽 팀장님께도 감사의 말씀을 전하고 싶습니다. 밝은 기운으로 책의 편집을 담당해 준 곽명진 편집자와 함께할 수 있어서 너무 좋았습니다. 직업 분야의 책이기에 조금은

306

부담감이 있었는데 편집팀 덕분에 즐겁게 책을 만들 수 있었습니다.

그리고 이번 개정판을 더욱 풍성하고 짜임새 있게 만들 수 있도록 인터뷰에 참여해 주신 드라마앤컴퍼니 김태훈 매니저님, 리맥스 노창희 부사장님, 세빌스코리아 류강민 팀장님, 하이투자증권 박완희 이사님, 디스코 배우순 대표님, STS개발 신지혜 상무님, 위펀딩 이지수 대표님, 코람코자산신탁 장성권 팀장님, CBRE 정원구 부장님, 에비슨영코리아 조성욱 상무님께 감사드립니다. 부동산 업계의 각 분야에서 귀감이 되고 있으며, 롤모델로서 배울 점이 많은 분들과 함께 책을 만들 수 있어서 영광입니다. 각 분야의 전문가분들의 인터뷰를 통해 부동산 취업을 준비하는 분들이 미래를 설계하는데 큰 도움이 될 것으로 믿습니다.

또한 회사 소개와 더불어 부동산 업계 취업을 준비하는 이들을 위해 조언해 주신 메이트플러스·에비슨영코리아 천재영 과장님, 젠스타 김혜경 과장님, CBRE 피플팀 서유정 부장님, JLL 한정림 이사님께도 감사드립니다. 취업을 준비하는 이들에게 꼭 필요한 정보를 제공해 주셨다고 생각합니다.

그리고 부동산 업계에서 전문 인력 양성을 위해 항상 고민하고 계시는 서울프라퍼티인사이트(SPI https://seoulpi.co.kr)의 김정은 대표님과 손효상 이사님께도 감사의 인사를 드리고 싶습니다. SPI PMC 스쿨에서 부동산 자산 관리 교육을 함께할 수 있는 기회를 주셨고, 언제나 한 발 앞선 인사이트로 좋은 영감을 얻을 수 있게 도와주시는 훌륭한 분들로 제 마음속에 있습니다. 앞으로 SPI가 부동산 업계에서 누구도 흉내 낼 수 없는 독보적인 언론 매체로 발전하기를 바랍니다.

제가 만든 콘텐츠를 좋게 봐주시고 오프라인 강의나 모임에 참석해 주셨던 많은 분들에게 진심으로 감사하다는 말씀을 드리고 싶습니다. 취업 준비생 분들이나 대학생 여러분들 그리고 전직을 준비하셨던 분들 가운데 이제는 성공적으로 부동산 업계에 진입해서 인사를 나눴던 모든 분들로부터 좋은 에너지를 얻고 있고, 제가 하는 일에 큰 동기부여가 되고 있습니다. 앞으로 좋은 프로젝트를 통해 함께 할 수 있는 일이 더 많아지기를 기대해 봅니다.

마지막으로 사랑하는 나의 가족 아내 강현경과 아들 민시윤 그리고 부모님들께도 고맙다는 말을 하고 싶습니다.

부록

인사 담당자가
전해 주는 합격노트

1. 회사에 대해 간략한 소개 부탁드립니다.

JLL은 존스랑라살 주식회사(Jones Lang LaSalle Inc.)의 브랜드 명칭 및 등록 상표입니다. JLL은 부동산 투자자, 운용사, 개발자, 기업 고객에게 전문적인 부동산 투자 및 자산 관리 서비스를 제공하는 글로벌 부동산 서비스 회사입니다. 포춘 500대 기업으로서, 전 세계 80여 개국에서 94,000명 이상의 직원들이 부동산 라이프 사이클 전반에 걸쳐 오피스, 리테일, 주거, 물류 산업, 호텔 등 다양한 유형의 자산에 대한 원스톱 서비스를 제공합니다.

JLL은 250년 이상의 역사를 지니고 있습니다. JLL은 1783년에 설립된 존스랑우튼(JONES LANG WOOTTON)과 1968년에 설립된 라살파트너스(LASALLE PARTNERS)가 합병하여 1999년 3월에 설립된 회사입니다. 전략자문, 컨설팅, 자산 관리 및 거래 서비스 분야의 글로벌 리더인 존스랑우튼과 관리 서비스, 기업 및 금융 서비스와 투자 관리 서비스를 제공하는 종합 부동산 서비스 회사인 라살파트너스가 합병하면서 세계적으로 확장하고 성장하게 됩니다.

JLL코리아는 2000년 4월에 설립되어 다양한 분야의 국내외 고객들에게 종합적인 부동산 투자 및 자산 관리, 임대 및 임차, 건축 및 프로젝트 관리, 통합 시설 관리 등 다양한 서비스를 제공하면서 한국 부동산 분야에서 괄목할 만한 입지를 구축하였습니다. 주요 사업인 오피스 사업 부문에서도 기업 솔루션을 강화하고 리테일, 물류 산업 그리고 중소형 부동산 분야로까지 성공적으로 진출하여 사업 영역을 지속적으로 확장해 가고 있습니다.

2. 회사 홍보 및 근무 환경, 복리 후생, 특화된 팀 등을 소개해 주세요.

JLL은 250년 역사 동안 축적된 경험과 전문성을 보유하고 있습니다. 부동산 업계에서 유일하게 전 세계 지사가 100% 자회사로 운영되어 80개 이상의 국가에 구축된 하나의 지식 및 네트워크 플랫폼으로 고객은 세계 어디에서든 JLL만의 높은 품질의 서비스를 일관되게 제공받을 수 있습니다. JLL은 공정, 정직, 투명성을 모토로 하는 윤리적인 기업으로서, 13년 연속 에티스피어(Ethisphere) 기관으로부터 '세계에서 가장 윤리적인 기업'으로 선정되었습니다.

JLL에서는 누구나 전문가로서 담당 사업 분야에서의 비전과 열망을 이루어 가는 동시에 개인의 커리어 비전과 열망을 이루어 갈 수 있도록 도전적인 기회를 제공하며 자율적인 근무 환경을 만들고자 노력합니다. JLL은 수평적이며 자유로운 의사소통 문화를 가지고 있습니다. 팀 내 수평적인 분위기로 의사소통이 원활하며, 언제든 주니어와 시니어 간의 열린 소통을 통해 의견을 피력할 수 있고, 직급에 상관없이 모든 임직원이 성장할 수 있는 기회와 분위기를 제공합니다. 사무실은 정해진 자리를 두지 않는 스마트 오피스로 운영되며 사장실과 임원실 역시 따로 두지 않고 모든 임직원이 구분 없이 앉습니다. 정기적인 시장 조사를 반영하여 경쟁력 있는 보상 수준을 유지하며, 삶과 업무의 균형을 유지할 수 있도록 유연하게 선택할 수 있는 복지 제도를 운영하고 있습니다.

3. 회사의 인재상 또는 인재를 평가하는 관점 등에 대해서 설명을 부탁드립니다.

JLL은 부동산 서비스 분야의 글로벌 선두주자로서 끊임없이 부동산 서비스 사업 경험을 재해석하며 부동산 서비스 시장의 미래를 선도하고자 합니다. 끊임없이 진화하는 부동산 업계에서는 다양성과 포용성을 갖추는 것이 중요합니다. 부동산 업계에서 가장 높은 수준의 다양성과 포용성을 지닌 기업이 되고자 하는 JLL의 열망은 인재상에도 반영되어 있습니다.

각 개인의 다양한 경험, 다양한 경력, 다양한 관점은 창의적이며 혁신적인 문화를 만든다고 생각합니다. 다양한 팀원들과 서로 다른 관점과 경험을 공유하고 배워 나갈 때에 창의적이며 혁신적인 생각이 발현되며 새로운 기회가 모색되고, 이러한 다양성과 전문성이 잘 융합되면 다양한 고객, 지역 사회의 니즈와 필요에 맞는 최고의 솔루션을 제공할 수 있습니다. 궁극적으로 JLL의 구성원, 고객과 지역 사회의 '더 나은 내일(Build a Better Tomorrow)'을 만들 수 있다고 믿습니다.

아울러, 우리가 하는 모든 일의 중심에 JLL의 핵심 가치인 팀워크(Teamwork), 윤리(Ethic), 우수성(Excellence)이 있습니다. 9만 명 이상의 직원들이 고객의 비전과 열망 달성이라는 공동의 목표를 위해 하나의 JLL팀으로서 협력합니다. 우리는 모든 일에 명확한 윤리적 원칙, 정직성과 책임감으로 임합니다. 그리고 우리는 고객의 열망 실현과 우리의 질적인 성장을 위해 최고가 될 수 있도록 노력합니다.

4. 채용 절차는 어떻게 진행되는지요?

직원 모집은 사내 공지를 통한 직원 추천 제도를 적극 활용합니다. 신입 직원 및 특정 직무는 회사 홈페이지 또는 외부 채용 사이트를 통해 공개 모집합니다. 채용 절차는 1차 서류 전형, 2차 해당 사업부 동료 직원 면접, 3차 해당 사업부 임원 면접의 3단계로 진행됩니다.

5. 회사에서 정하거나 선호하는 이력서와 자기소개서 양식이나 스타일이 있나요? 서류 전형은 어떤 기준으로 검토하시는지요?

정형화된 양식은 별도로 없으며, 영문 이력서는 부서에 따라 필수인 경우가 많습니다. 서류 전형 심사 시 경력과 경험, 지원 동기 및 인성 등을 고려하며, 경력자의 경우 자기 분야에 대한 전문성 및 지식을 중요하게 심사합니다.

6. 인터뷰를 할 때 주안점으로 보는 요소에는 어떤 것이 있나요? 신입과 경력직 인터뷰에 차이가 있다면 설명 부탁드립니다.

신입의 경우 부동산 산업에 대한 기본 지식, 경험, 지원 동기, 태도에 중점을 두고 면접하나 부동산 관련 학과 출신이 아닌 경우라도 업무 적합성, 성장 잠재력, 인성 등을 종합적으로 판단하여 구인하고 있습니다.

경력직은 기업에 대한 이해, 부동산 산업에 대한 이해, 업무 경험 및 지원 분야에 대한 지식과 성과, 이직 사유, 지원 동기, 소통 능력 등에 중점을 두고 면접합니다.

7. 지금까지 인터뷰를 하면서 인상 깊었던 지원자가 있었는지요? 좋지 않았

던 사례도 말씀해 주시면 면접자들에게 도움이 될 것 같습니다.

다양한 지원자가 있었지만 취업만이 아닌 향후 커리어 및 인생관에 대해 확고한 목표와 구체적인 계획을 가지고 있는 지원자들이 인상 깊었습니다. 반면 실무 경험이 없는 지식 나열, 실 자료 없는 업적 과시, 추천인 또는 특정 고객과의 관계 강조, 유연하지 않고 독단적인 관점 등은 바람직하지 않습니다. 회사 및 업무에 대하여 잘 모르는 부분은 솔직히 인정하는 태도가 중요합니다. 무엇보다 면접에 임할 때 진솔한 응답, 부동산 산업에 대한 통찰력, 감성 지수와 공감 능력을 보여 주는 것이 중요합니다.

8. 마지막으로 부동산 업계 취업을 준비하는 분들에게 부동산 업계 전망, 커리어 조언, 응원과 격려 한마디 부탁드립니다.

JLL 250여 년 역사에서 현재의 부동산 산업은 역사적인 변곡점을 맞고 있습니다. 4차 산업혁명, 프롭테크의 성장, 투자 자산 재편, 도시 확장, 기업 아웃소싱, 자본 흐름의 세계화 등 부동산 업계는 전례 없는 기회를 맞고 있습니다. JLL은 현세대뿐만 아니라 미래 세대를 위한 환상적인 사업 토대와 사업 영역을 재편해 나가고 있습니다.

시대를 읽는 종합적인 사고와 안목을 기르고, 기존의 방식에서 벗어나 스스로 주도적으로 변화하고 도전했으면 합니다. 변화와 혁신의 여정을 JLL과 함께할 수 있기를 기대합니다.

1. 회사에 대해 간략한 소개 부탁드립니다.

미국 로스앤젤레스에 본사를 둔 CBRE는 포춘 500대 기업 및 S&P 500대 기업으로 선정된 세계 최대 규모의 종합 부동산 서비스 기업으로 연간 238억 달러(약 29조 1,026억 원)의 매출을 기록하고 있으며 전 세계 100여 개국에 진출해 있습니다(2019년 통계 기준). CBRE코리아는 1999년 창립했으며 현재 350여 명의 직원이 근무 중입니다. CBRE코리아는 본사의 네트워크를 바탕으로 지난 20년 간 국내에서 1조 2,300억 원에 달하는 대형 부동산 매매 계약 체결을 위한 자문 서비스를 제공하였고 다양한 컨설팅, 개발 설계, 자산 관리 사업도 진행하고 있습니다.

2. 회사 홍보 및 근무 환경, 복리 후생, 특화된 팀 등을 소개해 주세요.

CBRE는 상업용 부동산 서비스 회사 중에 가장 넓은 범위의 비즈니스 서비스 영역을 제공하고 있으며 거의 모든 영역에서 부동의 No.1 마켓 리더십을 유지하고 있습니다. 마켓 리더로서의 명성과 큰 회사의 규모는 직원들에게 다양한 경험 및 경력 기회를 제공해 주며 부동산 전문가로 성장할 수 있는 발판을 제공해 줍니다. 아울러 윤리성과 다양성을 중요시하며 팀으로 일하는 문화, 그리고 나이, 성별, 직급, 근속 연수, 조직 내 정치 등에 구애받지 않고 성과로 인정받으며 서로가 이를 존중하고 지지해 주는 성과 중심의 문화는 개인을 넘어 팀으로 함께 더 큰 성공을 이끌어 내는 경험을 제공합니다. 이와 함께 성과에 기반한 경쟁력 있는 급여, 마켓 최고 수준의 복리 후생, 개인 및 리더를 위한 체계화된 교육 프로그램 등은 CBRE 직원으로서 누릴 수 있는 특권입니다.

3. 회사의 인재상 또는 인재를 평가하는 관점 등에 대해서 설명을 부탁드립니다.

직무 능력은 기본이며 CBRE의 가치와 문화에 부합해야 합니다. 전문성과 주인의식을 갖고, 탁월한 성과를 지향하며 이를 위해 끊임없이 노력하는 주도적이며 책임감 있는 개인이자, 개인을 넘어서 팀으로 일할 수 있는 사람을 원합니다. 즉, 포용적인 문화 속에서 공동의 문제를 해결하기 위해 함께 일하고 서로 지지해 주는 훌륭한 동료와 리더가 될 수 있는 사람이 인재로 평가받습니다. 아울러 본인의 직무 및 회사에 몰입되어 있는가, 미래를 향한 긍정적인 포부를 가지고 있는가 역시 인재를 평가하는 중요 요소입니다.

4. 채용 절차는 어떻게 진행되는지요?

채용 담당자와 부서의 리뷰를 거친 후보자는 해당 직무에 해당하는 부서의 면접을 보게 되는데 이 과정이 가장 중요합니다. CBRE의 관리자들은 교육을 통해 면접관으로서의 기본 자질을 갖추고 있습니다. 소속 부서의 면접 이후에는 피플팀(인사 부서)의 면접을 통해 CBRE의 가치와 문화에 부합한 인재인지 검증받는 절차를 갖습니다. 매트릭스가 강한 비즈니스의 경우 해당 부서의 Region과의 면접, 주요 포지션의 경우 대표이사와의 면접이 진행됩니다.

5. 회사에서 정하거나 선호하는 이력서와 자기소개서 양식이나 스타일이 있나요? 서류 전형은 어떤 기준으로 검토하시는지요?

정해진 양식은 없습니다. 기본적으로 국·영문 이력서를 받고 있으며, 본인을 가장 잘 표현할 수 있는 형식과 스타일로 준비해 주시면 됩니다. 서류 전형은 면접의 기회와 면접의 질을 결정한다는 의미에서 중요합니다. 사실에 입각하여 장황하지 않되, 단순히 직무 혹은 경험의 나열보다는 실제 이루어낸 성취와 업적 중심으로 어필하는 것이 좋습니다.

6. 신입 지원자 인터뷰를 할 때 주안점으로 보는 요소(능력, 태도, 학과 또는 학점, 자격증 등)는 어떤 것인지요?

부동산, 경제, 경영, 건축 등의 전공자가 많은 것이 사실입니다. 하지만 해당 학과의 전공자가 아니더라도 왜 이 직무에 지원하는지에 대해 스스로 명확한 이유와 지원 동기, 열정 그리고 이를 위해 얼마나 노력하고 준비했는지가 더 중요한 포인트가 될 수 있으며 부동산 관련된 자격증은 그러한 의미에서 큰 의미를 지닐 수 있습니다. 신입의 경우 해당 직무를 잘 수행할 수 있는 잠재적인 역량을 갖고 있음을 보여 주는 것이 가장 중요하기 때문에 그러한 의미에서는 오히려 경력자보다 진입장벽이 낮다고 볼 수도 있습니다. 다만 이러한 잠재성을 보여 줄 수 있는 구체적인 사례들을 준비하는 것이 중요하고 단순히 무엇을 공부했는지, 어떤 경험을 했는지 나열하기보다는 해당 직무에서 필요로 하는 역량과 연관성을 보여 주는 것이 중요합니다.

7. 경력직 이직자 인터뷰를 할 때 주안점으로 보는 요소는 어떤 것인지요?
경력직의 경우 '검증된 성과(Proven Track Records)'를 보여 주는 것이 가장 중요합니다. 과거의 성과에 기반하여 미래의 성과를 예측합니다. 하지만 경력직의 경우 아무리 마켓에서 검증된 고성과자라고 하더라도 CBRE의 문화와 가치가 본인이 지향하는 바와 맞는지가 더 중요합니다. CBRE가 기대하는 가치 속에서 (가령 윤리성이나 포용성, 팀워크 등) 여전히 성과를 낼 수 있느냐가 관건입니다.

8. 지금까지 인터뷰를 하면서 인상 깊었던 지원자가 있었는지요? 면접 중 기억나는 사례가 있다면 이야기해 주세요.
경쟁사 팀을 전략적으로 리크루팅했던 경험이 있습니다. 해당 팀의 팀장은 마켓에서 이미 성과로 인정받던 분이셨습니다. 하지만 오히려 팀장 본인의 면접보다 팀원들의 면접을 통해 팀장의 리더십에 대한 확신을 얻었습니다. 때로는 면접 때 본인을 홍보하는 것보다 더 중요한 것이 평소에 좋은 명성을 쌓는 일인 것 같습니다.

9. 혹시 인터뷰를 하면서 당황스럽거나 불편했던 지원자에 대해서도 말씀해 주세요. 면접자들이 피했으면 하는 태도나 상황, 질문 등에 대해 말씀해 주시면 도움이 될 것 같습니다.
면접 때 자신감은 굉장히 중요한 요소입니다. 하지만 충분한 근거를 제시하지 못하거나 이력서만 화려한 자신감은 오히려 독이 될 수 있습니다. 가령 토플 만점자를 면접했는데 영어로 대화가 거의 불가능했던 경험이 있습니다. 영어는 매우 유창한데 질문의 본질을 벗어난 커뮤니케이션을 하는 경우도 당황스럽습니다.

10. 인사팀 담당자 입장에서 면접을 위해서 어떤 것을 준비하면 좋을지 조언 부탁드립니다.

면접을 위한 준비 보다는 평소에 내실 있는 경험과 경력과 명성을 잘 쌓아 두는 것이 중요하고, 면접은 이를 잘 표현할 수 있는 장이 되도록 준비하면 좋을 것 같습니다. 본인의 성취를 중심으로, 그리고 본인이 이력서에 적은 것들로부터 예상되는 질문들에 대해 사실에 입각하되 상대방이 궁금한 포인트가 무엇일지를 미리 예상하고 논리적으로 대답하기 위해 준비하고 연습하는 것이 좋습니다.

11. 마지막으로 부동산 업계 취업을 준비하는 분들에게 부동산 업계 전망, 커리어 조언, 응원과 격려 한마디 부탁드립니다.

다양한 산업군에서 일해 본 인사 담당자의 입장에서 부동산 산업은 전문성을 쌓고 경력을 쌓기에 매우 매력적인 분야로 생각됩니다. 본인의 성과와 발전에 따라 크게 달라질 수 있는 보상 구조 또한 타 산업군에서 얻을 수 없는 큰 장점이라고 생각합니다. 신입의 입장에서는 진입장벽이 높다고 생각할 수도 있겠지만 아직은 어떤 산업군보다 블루오션인 측면이 많습니다. 그러니 직무를 국한하지 말고, 부동산 업계에 발을 디딜 수 있는 기회를 찾길 바랍니다. 향후 경력 개발의 미래가 밝다고 봅니다. 큰 그림을 그리고 장기적으로 준비하면 좋겠습니다.

1. 회사에 대해 간략한 소개 부탁드립니다.

(주)젠스타는 2012년 5월 신규 법인으로 출범하였으며, '부동산 Total Service Provider'로서 삼성생명을 비롯한 국내 유수 기업들의 자산 관리 및 임대차 자문에서 투자 자문과 개발 사업에 이르기까지 다양한 부동산 서비스 플랫폼을 갖추고 있습니다. 최근 부동산 시장에 새롭게 대두되고 있는 프롭테크 서비스도 시작, 온라인 오피스 중개 플랫폼 리퍼블릭(REPUBLIQ)을 런칭하여 운영 중입니다.

2. 회사 홍보 및 근무 환경, 복리 후생, 특화된 팀 등을 소개해 주세요.

면접을 진행하다 보면 회사 분위기(야근하는지 여부 등)를 묻는 구직자들이 종종 있습니다. 저희는 Work & Life Balance가 잘 지켜지는 편이며, 임직원들이 가족들과 편하게 여가를 즐길 수 있도록 법인 콘도를 운영하고 있습니다. 또한 가장 큰 혜택을 받고 있는 학자금의 경우 자녀 수에 제한 없이 학자금을 지원해 주고 있으며, 본인 학자금 지원 제도 등 자기계발에 힘쓸 수 있도록 지원하고 있습니다.

3. 회사의 인재상 또는 인재를 평가하는 관점 등에 대해서 설명을 부탁드립니다.

회사의 인재상은 다음과 같습니다.

1. 인간미와 도덕성을 바탕으로 고객 섬김을 실천하는 인재
2. 열정과 몰입으로 도전하는 인재
3. 지속적인 학습을 통하여 최고의 전문 능력을 갖춘 인재
4. 열린 마음으로 소통하고 협업하는 인재

즉, 올바른 윤리 의식을 갖고 있으며 주변 사람들을 배려하고 소통할 줄 아는 인재, 열정적인 도전 정신으로 앞으로의 발전 가능성이 있는 인재를 선호합니다.

4. 채용 절차는 어떻게 진행되는지요?

인성 검사 – 1차 면접 – 2차 면접 – 채용 검진 – 최종 합격 순으로 진행됩니다. 인성 검사 결과는 참고용으로만 활용하며, 1차 면접은 인사팀장, 해당 부서장 그리고 상황에 따라 선배 직원이 참석하여 실무적인 역량을 평가합니다. 2차 면접은 대표이사, 인사본부장, 해당 본부장이 참석하여 지원자의 강점, 약점에 대해서 지원자가 약점을 보완하기 위해 어떤 노력을 해 왔고, 강점은 무엇인지, 인성적인 부분을 주로 평가합니다.

하반기에는 채용 연계형 인턴십을 진행하고 있습니다. 1차 실무 면접으로 선발하여 4개월 정도 부서별 순환 근무를 하며, 다양한 직무를 접할 기회를 부여합니다. 본인이 하고 싶은 희망 직무를 사전에 경험해 볼 수 있고, 직무가 본인에게 맞는지 확인할 기회로 삼을 수 있습니다. 또한 직무에 대한 이해도가 높아져 부서 간 협업 시에도 도움이 되기 때문에 호응도가 높은 편입니다. 최종 정규직 전환 심사에는 임원 면접이 진행되며, 매년 회사 여건과 상황에 따라 다르지만 평균 네 명에서 여덟 명까지 정규직으로 전환됩니다.

5. 서류 전형은 어떤 기준으로 검토하시는지요?

화려한 스펙이나 학벌보다는 자기소개서를 얼마나 지원 직무에 적합하게 작성하였느냐가 가장 중요하다고 생각합니다. 단순히 '직무 경험이 있다'보다는 '본인이 지금까지 어떤 경험을 해 왔고, 이 경험이 어떻게 왜 직무와 잘 연결되는지'를 어필하는 것이 중요할 것 같습니다. 또한 회사에서 중요하게 생각하는 가치에 기반해서 쓰는 것이 좋고, 본인이 어떻게 회사의 핵심가치에 부합하는 삶을 살아왔는지를 구체적인 예를 들어 작성하면 좋습니다.

6. 신입 지원자 인터뷰를 할 때 주안점으로 보는 요소(능력, 태도, 학과 또는 학점, 자격증 등)는 어떤 것인지요?

부동산 취업 박람회를 진행하면 많은 구직자들이 자격증에 대해 물어봅니다. 저희 회사나 동종 업계에서는 공인중개사 자격증을 우선적으로 생각합니다. 자격증 취득을 준비하고 있다면, 공인중개사 자격증을 적극 추천하고 싶습니다. 자격증이 필수 조건은 아니지만 그만큼 이 분야에 관심이 있고 어느 정도 자격 요건을 갖추었다는 증거입니다. 만약 자격증이 없더라도 동종 업계에서 근무한 경험이 있다면 업무에 대한 이해도가 훨씬 높기 때문에 현업에 즉시 투입할 수 있어 현업에서는 그런 분들을 더 선호하기도 합니다.

면접에서 합격하는 신입 지원자들의 일관적인 특징을 찾아보면 대부분 표정이 밝고 당당한 태도를 가진 지원자가 많습니다. 평소 표정이 어둡거나 목소리가 작은 분들은 적극적으로 개선하기 위한 노력이 필요합니다.

7. 인사팀 담당자 입장에서 면접을 위해서 어떤 것을 준비하면 좋을지 조언 부탁드립니다.

저는 면접 보는 사람들을 인솔하는 역할을 하기 때문에 대기실에서 지원자들의 말투나 태도를 관찰하는 편입니다. 인솔자의 의견도 일부 참고하여 평가에 반영합니다. 면접 시간이 아닌 대기 시간 동안 무심코 하는 행동이나 말투에서 그 사람의 성향을 파악할 수 있기 때문입니다. 말투가 공격적이거나 무표정일 때 화났냐는 말을 많이 듣는 분들은 본인의 표정과 말투, 자세를 한번 점검해 보는 게 좋을 것 같습니다.

본인이 선택한 회사나 지원한 직무에 대해 추상적으로 아는 것보다 내가 어느 부문에 지원했는지, 전공에 따라 맡을 수 있는 직무까지 알아보고 준비하는 것이 좋습니다. 부동산 관련 카페나 블로그처럼 본인이 조금만 관심 갖고 들여다본다면 다양한 정보를 얻을 수 있는 곳이 많이 있습니다.

면접까지 와서도 아무 생각 없이 '열심히 하겠다'라고만 이야기하는 지원자보다 '나는 이 회사에 어떤 도움이 되는 사람이 될 것이다'라는 미래에 대한 계획을 가진 지원자에게 더 관심이 갈 것입니다.

8. 마지막으로 부동산 업계 취업을 준비하는 분들에게 부동산 업계 전망, 커리어 조언, 응원과 격려 한마디 부탁드립니다.

'취업'을 하는 것이 중요한 것이 아닙니다. 취업 후에 조직이나 업무에 적응하지 못하고 퇴사하게 되면 다시 구직자가 되어야 합니다. 처음부터 다시 시작해야 하는 거죠. 많은 시간을 스펙 쌓기에만 몰두하거나 혹은 회사 이름에만 현혹되지 말고 본인이 무엇을 잘할 수 있는지, 어떤 '직무'를 경험하

고 싶은지 스스로 고민하고 목표와 방향을 잘 설정하여 좋은 결실을 맺길
바랍니다.

1. 회사에 대해 간략한 소개 부탁드립니다.

메이트플러스는 2009년 출범 이후 각 분야별 특화된 전문가와 체계적인 시스템을 바탕으로 업무용, 상업용 빌딩, 물류센터, 리테일, 호텔 등의 자산을 전문적으로 관리하는 국내 1위의 종합 부동산 서비스 기업입니다.

메이트플러스는 글로벌 환경에 부합하는 최적의 서비스를 제공하기 위해 글로벌 상업용 부동산 컨설팅 기업인 에비슨영과 제휴를 맺고 에비슨영코리아를 출범했습니다. 메이트플러스와 에비슨영코리아는 약 200여 명의 전문가들이 국내외 네트워크 및 축척된 노하우를 바탕으로 부동산 자산 관리를 비롯한 각종 임대차 및 매입·매각, 리테일, 리서치, 컨설팅, 가치 평가, 프로젝트 매니지먼트, 자산 실사, CM, 물류 서비스, NPL 자산 관리까지 부동산에 관련된 종합 서비스를 원스톱으로 제공합니다.

2. 회사 홍보 및 근무 환경, 복리 후생, 특화된 팀을 소개해 주세요.

메이트플러스는 현재 오피스, 물류, 리테일 등 약 130만 평의 자산을 관리하고 있는 국내 최대의 부동산자산관리회사입니다. 특히 최근에는 물류 산업의 전문성을 보유한 인력들로 구성된 물류 부동산 서비스 부문에서 우수한 성과를 창출하고 있습니다. 에비슨영코리아 역시 삼성생명 여의도 빌딩, 분당스퀘어 등 국내 주요 빌딩의 매각 자문을 성공적으로 클로징하였으며, 이 외에도 리테일, 부동산 컨설팅 및 리서치 부문에서도 시장을 선도하고 있습니다.

휴가, 경조, 학자금, 건강 검진 등 기본적인 복리 후생은 모두 운영하고 있고, 의료비 지원과 상조 서비스 지원, 동호회 활동 지원 등이 직원들의 만족도가 높은 편입니다. 복리 후생은 업계에서 상위 수준을 지속적으로 유지하고 있습니다.

본사 기준으로 도심 중심부에 사무실이 위치하고 있어, 지하철역과 직접 연결된 장점이 있습니다. 또한 사무실 내부에 휴게 공간과 전화 부스, 여성 휴게실이 별도로 마련되어 있으며 휴게 공간에는 직원 누구나 무료로 이용할 수 있는 커피와 간식을 제공하고 있습니다.

또한 직원들의 워라밸 실현을 위해 야근 없는 조직 문화를 지향하고 있습니다. 물리적인 야근 억제 시스템 및 야근을 지양하는 내부 제도를 지속적으로 실시하고 있습니다. 또한 법적 유연근무제 및 시차출퇴근제 역시 일부 부서에서 도입하여 실시하고 있으며, 부서별 특성에 적합한 다양한 제도를 운영하고 있습니다.

3. 회사의 인재상 또는 인재를 평가하는 관점 등에 대해서 설명을 부탁드립니다.
당사가 추구하는 인재는 당사의 비전과 공유 가치에서 비롯된 창의적, 전문적, 열정적, 협력적 인재입니다. 부동산업에 대한 전문성을 바탕으로 적극적이고 새로운 시도를 추구하는 인재를 선호하며, 동료 직원들과 상호 활발한 소통과 협동을 중시하는 인재를 선호하고 있습니다.

4. 채용 절차는 어떻게 진행되는지요?
서류 심사를 통과하면 간단한 인적성 검사를 진행하고, 1차 실무 면접과 2차 임원 면접으로 진행됩니다. 실무 면접에서는 자질, 능력, 역량, 경험 등을 두루 살피고, 임원 면접에서는 본인의 비전과 목표, 인성 등을 평가합니다.

5. 서류 전형에서 중점적으로 검토하시는 부분이 있다면 무엇인가요?
신입 기준으로, 첫 번째는 왜 꼭 부동산업을 하고 싶은지에 대한 분명한 이유를 살펴보고, 두 번째는 그러한 부동산업을 왜 메이트플러스·에비슨영코리아에서 시작하고 싶은지를 살펴봅니다. 회사 입장에서 신입 육성은 시간과 노력을 투자하여 궁극적으로 회사에 기여할 수 있는 인재로 만드는 것이 목표인데, 이러한 관점에서 오랫동안 회사에 기여할 수 있는 인재를 선별하는 것을 중점적으로 검토하고 있습니다.

6. 신입 사원 인터뷰에서 주안점으로 보는 요소는 어떤 것인지요?
신입 사원 인터뷰에서는 기본적인 자세와 조직 적응력, 직무 적합도 및 성장 가능성을 중점적으로 살펴보고 있습니다. 기본적으로 지원한 직무에 대한 이해도나 지식수준을 살펴보며, 당사 조직 문화에 잘 적응하여 본인이 가진 역량을 유감없이 발휘할 수 있는 가능성을 주안점으로 보고 있습니다.

7. 경력직 인터뷰를 할 때 주안점으로 보는 요소는 어떤 것인지요?

경력직은 신입과 다르게 조직에 합류하여 얼마나 빠르게 성과를 낼 수 있는지가 관건입니다. 이에 따라 후보자의 경험과 경력이 채용하려는 포지션과 얼마나 적합한가를 제일 중요하게 살펴보고 있으며, 소속하게 되는 팀에 잘 융화될 수 있는지도 중요한 평가 요소입니다. 때로는 기존의 여러 상황들을 개선하기 위해 새로운 시각과 관점을 가진 경력직을 채용하는 경우도 있는데 이러한 경우는 얼마나 새로운 인사이트를 제공해줄 수 있는가에 대해 중점적으로 평가합니다.

8. 인사팀 담당자 입장에서 면접을 위해서 어떤 것을 준비하면 좋을지 조언 부탁드립니다.

기본적으로 면접 시간 준수와 단정한 용모 및 복장은 첫인상을 결정하는 중요한 요소로 작용합니다. 또한 면접 참석을 위해 그 회사에 도착하는 순간부터 평가가 시작된다고 인지하면 좋겠습니다. 진행 과정에서의 태도와 자세도 중요합니다. 그리고 면접에 참석하는 회사에 대한 기본적인 정보와 최근의 동향 정도는 기본적으로 파악해야 하며, 지원한 분야 및 직무와 관련된 정확한 지식을 바탕으로 본인만의 관점을 논리적으로 정리하는 것이 중요합니다.

답변은 사실에 기반하여 논리적이고 거짓 없이 일관된 태도를 견지하는 것이 좋습니다. 당사 실무 면접은 업계에서 10년 이상 경력을 가진 팀장급이 진행하고 있어, 어설픈 논리나 불확실한 사실 등은 오히려 감점 요소가 될 확률이 높습니다. 끝으로 회사에 입사한 이후의 목표나 계획, 비전에 대해서도 명확하게 정리한다면 좋은 결과로 이어질 수 있을 것입니다.

9. 마지막으로 부동산 업계 취업을 준비하는 분들에게 부동산 업계 전망, 커리어 조언, 응원과 격려 한마디 부탁드립니다.

부동산업은 업무 영역이 점차 세분화되고 있고, 각 영역 및 업무에 따라 요구하는 전문성도 점차 고도화되고 있습니다. 막연하게 부동산업을 하고 싶다는 생각보다, 구체적으로 산업을 들여다보고 어떠한 분야와 직무들이 있는지 심도 있는 탐구를 선행하길 권합니다. 아울러 그러한 탐구를 바탕으로 본인이 정말 잘할 수 있는 분야나 직무가 어떤 것인지 고민해 보고 판단하는 시간을 가지면 좋겠습니다. 아마 본인의 목표나 향후 커리어가 훨씬 뚜렷해지고 경쟁력도 커질 것입니다.

부동산업은 특히 신입으로 처음 진입하기는 다소 힘든 편이나, 한번 진입한다면 본인의 역량과 노력에 따라 다양한 분야와 영역으로 나아갈 수 있습니다. 또한 시장 상황에 영향을 받기는 하지만 검증된 인력에 대한 수요는 많은 편입니다. 각 회사마다 다양한 채용 방식 및 기회들이 존재하니, 다각도로 정보를 획득하고 채용의 문을 두드리길 바랍니다. 향후 상업용 부동산에 대한 커리어를 전망하자면 경쟁이 다소 치열하긴 해도 상당히 좋을 것으로 생각됩니다. 끝까지 포기하지 말고 꼭 업계에 진입하여 본인의 무한한 역량을 발휘하길 기원합니다.

부동산 자격증의
모든 것

＊ 자격증 관련 내용은 2020년 7월에 확인한 것으로,
정확한 정보는 관련 기관 홈페이지를 확인하시기 바랍니다.

★ 공인중개사

- 자격명: 공인중개사
- 영문명: Licensed Real Estate Agent
- 관련 부처: 국토교통부 https://www.molit.go.kr
- 관계 법령: 공인중개사법
- 관련 협회: 한국공인중개사협회 https://www.kar.or.kr
- 시행 기관: 한국산업인력공단 https://www.hrdkorea.or.kr
- 시험 일정: 1년 1회
- 응시 자격: 제한 없음
- 응시료: 1차 13,700원 | 2차 14,300원 | 1,2차 동시 응시자 28,000원
- 시험 과목

구분	시험 과목	문항수	시험 시간	시험 방법
제1차 시험 1교시 (2과목)	1. 부동산학 개론 (부동산 감정평가론 포함) 2. 민법 및 민사특별법 중 부동산 중개에 관련된 규정	과목당 40문항	100분 (09:30~11:10)	객관식 5지선택형
제2차 시험 1교시 (2과목)	1. 공인중개사의 업무 및 부동산 거래 신고 등에 관한 법령 및 중개 실무 2. 부동산 공법 중 부동산 중개에 관련되는 규정	과목당 40문항	100분 (13:00~14:40)	
제2차 시험 2교시 (1과목)	1. 부동산 공시에 관한 법령 (「부동산 등기법」, 「공간 정보의 구축 및 관리 등에 관한 법률」) 및 부동산 관련 세법	40문항	50분 (15:30~16:20)	

※ 답안 작성 시 법령이 필요한 경우는 시험 시행일 현재 시행되고 있는 법령을 기준으로 작성

· 합격 기준

구분	합격결정기준
1,2차 시험 공통	매 과목 100점을 만점으로 하여 매 과목 40점 이상, 전 과목 평균 60점 이상 득점한 자 (1,2차 시험 각각)

★ 주택관리사보

· 자격명: 주택관리사보
· 영문명: Housing Manager
· 관련 부처: 국토교통부 https://www.molit.go.kr
· 관계 법령: 주택법
· 관련 협회: 대한주택관리사협회 https://www.khma.org
· 시행 기관: 한국산업인력공단 https://www.hrdkorea.or.kr
· 시험 일정: 1년 1회
· 응시 자격: 제한 없음
· 응시료: 1차 수수료 21,000원 / 2차 수수료 14,000원
· 시험 과목

구분		시험 과목	시험 시간	시험 방법
제 1차 시험	1교시	1. 회계원리 2. 공동주택 시설 개론 (목구조·특수구조를 제외한 일반건축구조와 철골구조, 홈 네트워크를 포함한 건축설비개론 및 장기수선계획 수립 등을 위한 건축적산을 포함한다)	과목당 50분	객관식 5지선택형

구분	시험 과목		시험 시간	시험 방법
제 1차 시험	2교시	3. 민법 (총칙, 물권, 채권 중 총칙·계약총칙·매매·임대차·도급·위임·부당이득·불법행위)	과목당 50분	객관식 5지선택형
제 2차 시험		1. 주택 관리 관계 법규 「주택법」, 「공동주택관리법」, 「민간임대주택에 관한 특별법」, 「공공주택특별법」, 「건축법」, 「소방기본법」, 「화재예방, 소방시설 설치·유지 및 안전관리에 관한 법률」, 「승강기 안전관리법」, 「전기사업법」, 「시설물의 안전 및 유지관리에 관한 특별법」, 「도시 및 주거환경정비법」, 「도시재정비 촉진을 위한 특별법」, 「집합건물의 소유 및 관리에 관한 법률」 중 주택 관리에 관련되는 규정 2. 공동주택 관리 실무 시설 관리, 환경 관리, 공동주택 회계 관리, 입주자 관리, 공동 주거 관리 이론, 대외 업무, 사무·인사 관리, 안전·방재 관리 및 리모델링, 공동주택 하자 관리(보수 공사 포함) 등	과목당 50분	객관식 5지택일형 및 주관식 (단답형 또는기입형)

· 합격 기준

구분	합격결정기준
1차 시험	과목당 100점을 만점으로 하여 모든 과목 40점 이상, 전 과목 평균 60점 이상 득점한 자

구분	합격결정기준
2차 시험	과목당 100점을 만점으로 하여 모든 과목 40점 이상, 전 과목 평균 60점 이상 득점한 자 다만, 모든 과목 40점 이상이고 전 과목 평균 60점 이상의 득점을 한 사람의 수가 선발 예정 인원에 미달하는 경우에는 모든 과목 40점 이상을 득점한 자로 함 * 동점자로 인하여 선발 예정 인원을 초과하는 경우에는 그 동점자를 모두 합격자로 결정. 이 경우 동점자의 점수는 소수점 이하 둘째 자리까지만 계산하며, 반올림은 하지 않음

★ 투자자산운용사

· 자격명: 투자자산운용사

· 영문명: Certified Investment Manager

· 관련 협회: 금융투자협회 https://license.kofia.or.kr

· 시행 기관: 금융투자협회

· 시험 일정: 1년 3회

· 응시 대상

– 응시 제한 대상(응시 부적격자)

　1) 동일 시험 기합격자

　2)「금융투자전문인력과 자격시험에 관한 규정」제2-11조 및 제2-13조에 따라 응시가 제한되는 자(자격 취소자)

　3)「금융투자전문인력과 자격시험에 관한 규정」제3-19조 제1항에 따라 응시가 제한되는 자(부정행위로 인한 응시 제한)

　※ 상기 응시 부적격자는 응시할 수 없으며, 합격하더라도 추후 응시 부적

격자로 판명되는 경우 합격 무효 처리함. 또한 3년의 범위 내에서 본회 주관 시험 응시를 제한함

- 과목 면제 대상

  1) 종전의 일임투자자산운용사(금융자산관리사)의 자격 요건을 갖춘 자는 제 1, 3과목 면제

  2) 종전의 집합투자자산운용사의 자격 요건을 갖춘 자는 제2, 3과목 면제

  3) 상기 시험 과목 및 문항 수는 2013년도부터 시행되는 시험에 적용

· 시험 과목

1교시(120분): 총 3과목, 100문항					
과목 정보				세부 과목 정보	
과목 번호	과목명	총	과락	세부 과목명	문항 수
1	금융상품 및 세제	20	8	세제관련 법규 / 세무전략	7
				금융상품	8
				부동산관련 상품	5
2	투자운용 및 전략 II 및 투자 분석	30	12	대안투자운용 / 투자전략	5
				해외 증권투자운용 / 투자전략	5
				투자분석 기법	12
				리스크 관리	8
3	직무윤리 및 법규/ 투자운용 및 전략 I 등	50	20	직무윤리	5
				자본시장과 금융투자업에 관한 법률	7
				금융위원회 규정	4
				한국금융투자협회 규정	3
				주식투자운용 / 투자전략	6
				채권투자운용 / 투자전략	6
				파생상품투자운용 / 투자전략	6
				투자운용결과분석	4
				거시경제	4
				분산투자기법	5

– 합격 기준: 응시 과목별 정답 비율이 40% 이상인 자 중에서, 응시 과목의
전체 정답 비율이 70%(70문항) 이상인 자. 과락 기준은 상단의
과목 정보 참조.
– 과목 정보: 시험 시간(1교시: 120분), 과목 정보(3과목: 100문항)

· 응시료

응시 구분			비고
구분	시간	응시료(원)	
전 과목	10:00 ~ 12:00 (120분)	40,000	전 과목 응시자
2과목	10:00 ~ 10:40 (40분)	13,000	제1,3과목 면제자 (일임투자자산운용사 자격보유자)
1과목	10:00 ~ 10:25 (25분)	13,000	제2,3과목 면제자 (집합투자자산운용사 자격보유자)

※ 「자본시장과 금융투자업에 관한 법률」에 의거, 경력으로 인한 과목 면제는 없음.

★ 감정평가사

· 자격명: 감정평가사
· 영문명: Certified Appraiser
· 관련 부처: 국토교통부
· 관련 협회: 한국감정평가협회 https://www.kapanet.or.kr
· 시행 기관: 한국산업인력공단
· 응시 수수료: 1, 2차 통합 40,000원
· 응시 자격: 「감정평가 및 감정평가사에 관한 법률」 제12조 각호의 1에 해당
하는 결격사유가 없는 자

감정평가사 결격사유자

1. 미성년자 또는 피성년후견인·피한정후견인
2. 파산선고를 받은 사람으로서 복권되지 아니한 사람
3. 금고 이상의 실형의 선고를 받고 그 집행이 종료(종료된 것으로 보는 경우를 포함한다)되거나 그 집행이 면제된 날부터 3년이 지나지 아니한 사람
4. 금고 이상의 형의 집행유예를 받고 그 유예기간이 만료된 날부터 1년이 지나지 아니한 사람
5. 금고 이상의 형의 선고유예를 받고 그 선고유예기간 중에 있는 사람
6. 법 제13조에 따라 감정평가사 자격이 취소된 후 3년이 경과되지 아니한 사람
7. 법 제39조 제1항 제11호 및 제12호에 따라 자격이 취소된 후 5년이 경과되지 아니한 사람

·시험 과목 및 방법

시험 구분	교시	시험 과목	입실 완료	시험 시간	문항 수
제1차 시험	1교시	– 민법(총칙, 물권) – 경제학 원론 – 부동산학 원론	09:00	09:30~11:30 (120분)	과목별 40문항
	2교시	– 감정평가 관계 법규 – 회계학	11:50	12:00~13:20 (80분)	
제2차 시험	1교시	– 감정평가 실무	09:00	09:30~11:10 (100분)	과목별 4문항 (필요 시 증감 가능)
		(중식 시간)			
	2교시	– 감정평가 이론	12:30	12:40~14:20 (100분)	
	3교시	– 감정평가 및 보상 법규	14:40	14:50~16:30 (100분)	

· 특이사항

- 시험과 관련하여 법령, 회계처리 등을 적용하여 정답을 구하여야 하는 문제는 시험 시행일 현재 시행중인 법령, 회계처리 등을 적용하여 출제
- 회계처리 등과 관련된 시험 문제는 한국채택국제회계기준(K-IFRS)을 적용하여 출제
- 2016년도부터 제1차 시험 과목이 변경됨
- 2009년도 제20회 감정평가사 자격시험부터 영어 과목은 민간 어학 시험 성적표로 대체

· 합격 기준

구분	합격결정기준
1차 시험	영어 과목을 제외한 나머지 시험 과목의 합격 기준은 매 과목 100점을 만점으로, 매 과목 40점 이상, 전 과목 평균 60점 이상의 득점으로 함
2차 시험	· 매 과목 100점을 만점으로 하여 매 과목 40점 이상, 전 과목 평균 60점 이상을 득점한 자를 합격자로 결정하되, 매 과목 40점 이상, 전 과목 평균 60점 이상을 득점한 자가 최소 합격 인원에 미달하는 경우에는 최소 합격 인원의 범위 안에서 매 과목 40점 이상 득점한 자 중에서 전 과목 평균 득점에 의한 고득점자 순으로 합격자 결정 · 다만, 최소 합격 인원의 범위 안에서 고득점자 순으로 합격자를 결정할 경우 동점자로 인하여 최소 합격 인원을 초과하는 경우에는 당해 동점자 모두를 합격자로 결정하고, 이 경우 동점자의 점수 계산은 소수점 이하 둘째 자리까지(이하 버림) 계산

· 경력에 의한 제1차 시험 면제자

법정 기관	면제 대상 업무	면제 대상 기관
1. 감정평가법인 2. 감정평가사사무소 3. 감정평가협회	감정평가에 관한 조사, 연구 등 보조 업무(단순 노무 등은 제외)	· 감정평가법인 · 감정평가사사무소 · 한국감정평가협회
4. 한국감정원	· 감정평가에 관한 조사, 연구 등 보조 업무(단순 노무 등은 제외) · 타당성 조사, 평가 검토 등 감정평가 관련 업무	· 한국감정원
5. 감정평가 업무를 지도·감독하는 기관	· 토지 수용 및 용지 보상 · 공시지가 및 감정평가에 관한 제도 운영 및 지도·감독 · 택지 소유 상한제 및 개발 부담금제 운영	· 국토교통부: 토지정책관실(구 토지국) · 중앙토지수용위원회 · 지방국토관리청: 보상과 · 국토관리사무소: 운영지원과(구 국토관리사무소 관리과)
	· 위 업무에 대한 지도감독	· 감사원: 좌 업무 감사 부서
6. 개별공시지가 및 개별주택가격을 결정·공시하는 업무를 수행하거나 동 업무를 지도·감독하는 기관	· 개별공시지가 및 개별주택가격 결정·공시 업무	· 시·도: 좌 업무 담당 부서 · 시·군·구: 좌 업무 담당 부서 · 한국감정원: 좌 업무 담당 부서
	· 위 업무에 대한 지도 감독	· 감사원: 좌 업무 감사 부서
7. 토지가격비준표, 주택가격비준표를 작성하는 업무를 수행하는 기관	· 토지가격비준표, 주택가격비준표를 작성하는 업무	· 한국감정원: 좌 업무 담당 부서
8. 국유 재산을 관리하는 기관	· 국유 재산을 관리하는 업무	· 기획재정부: 국유재산정책과, 국유재산조정과(구 국유재산과)

법정 기관	면제 대상 업무	면제 대상 기관
9. 과세시가 표준액을 조사·결정하는 업무를 수행하거나 지도·감독하는 기관	· 과세시가 표준액의 조사 · 결정	· 행정안전부: 지방세정책과, 지방세운영과(구 도세과, 구 시군세과) · 시·도: 좌 업무 담당 부서 · 시·군·구: 좌 업무 담당 부서
	· 기준시가의 조사 · 결정	· 국세청 및 소속 기관: 재산세 관련과
	· 위 업무에 대한 지도 · 감독	· 감사원: 좌 업무 감사 부서

※ 제1차 시험을 면제받을 수 있는 기준일은 제2차 시험일임

★ 공인회계사

- 자격명: 공인회계사
- 영문명: CPA(Certified Public Accountant)
- 관련 부처: 금융감독원
- 관계 법령: 공인회계사법
- 관련 협회: 금융감독원 공인회계사시험 https://cpa.fss.or.kr
- 응시 자격
- 제1차 시험과 제2차 시험 공통 응시 자격

  "학교 등에서 학점 이수 해당 과목별로 회계학 및 세무 관련 과목 12학점 이상, 경영학 과목 9학점 이상, 경제학 과목 3학점 이상을 이수한 자 또는 이수한 것으로 학점 인정을 받은 자"만이 공인회계사 시험에 응시할 수 있음
- 제1차 시험 응시 자격

  제1차 시험의 영어 과목이 공인 영어 시험 성적으로 대체됨에 따라 합격에

필요한 영어 성적을 취득하여야 제1차 시험에 응시할 수 있음

- 제2차 시험 응시 자격

당해 연도 제1차 시험에 합격한 자

직전 제1차 시험에 합격한 자

「공인회계사법 시행령」 부칙(1997.3.22) 제4조 해당자(1988년 이전 제2차 시험 합격자)

· 시험 방법

- 공인회계사 시험은 공인회계사가 되려고 하는 자에게 필요한 기초 소양, 일반적인 학리와 그 응용 능력을 검정하기 위한 시험으로서 제1차 시험 및 제2차 시험을 구분하여 시행

- 공인회계사 시험 시행 계획은 금융감독원 공인회계사 시험 홈페이지(http://cpa.fss.or.kr) 및 일간 신문(서울신문)에 공고

- 제1차 시험은 객관식 필기시험으로 실시되고, 제1차 시험 합격자는 당해 연도 제2차 시험과 다음 회의 제2차 시험에 응시 가능

- 제2차 시험은 주관식 필기시험으로 실시, 제2차 시험의 합격자에게는 한국 공인회계사회에서 금융위원회가 발급하는 합격증서 교부

· 시험 과목 및 과목별 배점

제1차 시험				
구분	시험 시간	시험 과목	문항 수	배점
1교시	110분	경영학	40	100점
		경제원론	40	100점
2교시	120분	상법 (총칙편·상행위편 및 회사편과 어음법 및 수표법을 포함한다)	40	100점
		세법 개론	40	100점

제1차 시험

구분	시험 시간	시험 과목	문항 수	배점
3교시	80분	회계학(회계원리 · 회계이론 및 정부회계 포함)	50	150점
–	–	영어	–	–

※ 영어 과목 시험은 공인 영어 시험(토플, 토익, 텝스, 지텔프, 플렉스)에서 취득한 성적으로 필기시험 대체

제2차 시험

구분		시험 시간	시험 과목	배점
1일차	1교시	120분	세법	100점
	2교시	120분	재무관리	100점
	3교시	120분	회계감사	100점
2일차	1교시	120분	원가회계	100점
	2교시	150분	재무회계	150점

※ 제2차 시험에서는 과목별 "부분합격제도"가 시행됨
※ 2017년부터 회계감사 과목에서 직업 윤리 관련 문제가 10% 내외로 출제됨

· 합격자 결정

– 제1차 시험 합격자 결정

시험성적 및 응시자 수를 고려한 상대평가에 의해 합격자 결정

제1차 시험은 영어 과목을 제외한 나머지 과목에 대하여 매 과목 배점의 4할 이상, 전 과목 배점 합계의 6할 이상을 득점한 자 중에서 시험 성적과 응시자 수를 고려하여 전 과목 총 득점에 의한 고득점자순으로 합격자를 결정함.

※ 참고 사항

한 과목이라도 과락이 발생하면 합격할 수 없음

합격 점수는 전 과목 배점 합계의 6할(330점) 이상에서 결정

- 제2차 시험 합격자 결정

절대평가에 의해 합격자를 결정하며, 절대평가에 의한 합격자가 최소 선발 예정 인원에 미달하는 경우 미달 인원에 대하여 상대평가에 의해 합격자를 결정함

제2차 시험 매 과목 배점의 6할 이상을 득점한 자를 합격자로 결정함.

다만, 매 과목 배점의 6할 이상을 득점한 자가 공인회계사의 수급상 필요하다고 인정하여 금융위원회가 시험 공고 시 공고한 최소 선발 예정 인원에 미달하는 경우 미달 인원에 대하여는 매 과목 배점의 4할 이상을 득점한 자 중 최소 선발 예정 인원의 범위 안에서 전 과목 총득점에 의한 고득점자순으로 합격자를 결정함. 고득점자순으로 합격자를 결정함에 있어 부분합격제로 시험이 면제되는 과목에 대하여는 직전 시험에서 획득한 점수를 적용하여 총 득점을 산정하되, 면제되는 과목에 다시 응시한 경우에는 응시하여 획득한 점수를 적용하고, 동점자로 인하여 최소 선발 예정 인원을 초과하는 경우에는 그 동점자 모두를 합격자로 인정함

※ 참고 사항

절대평가에 의한 합격자가 최소 선발 예정 인원 보다 많을 경우 상대평가에 의해 합격자를 선발하지 아니함

한 과목이라도 과락이 발생하면 합격할 수 없음

절대평가에 의해 합격자를 결정함에 있어 부분합격제로 시험이 면제되는 과목을 다시 응시한 경우에는 응시하여 획득한 점수와 상관없이 직전 시험에서 6할 이상 득점하여 부분 합격하였음을 그대로 인정함

★ 부동산개발 전문인력

- 자격명: 부동산개발 전문인력
- 관련 부처: 국토교통부
- 관계 법령: 부동산개발업의 관리 및 육성에 관한 법률
- 관련 협회: 한국부동산개발협회 https://www.koda.or.kr
- 교육 대상

  1. 법 제4조 제2항 제2호에 따른 부동산개발업 등록요건을 갖추기 위한 부동산개발 전문인력 해당자
  2. 2008.11.18 전에 부동산개발업 등록을 한 업체에서 법 제4조 제2항 제2호의 등록 요건에 해당하는 부동산개발 전문인력으로 종사하는 자로서 사전 교육을 받지 아니한 자

  ※ 신청 시 주의사항 (전문인력 자격 확인)

  교육 신청 전에「부동산개발 전문인력의 자격 인정 방법 및 절차 기준」제 11조 내지 제15조의 규정에 따라 전문인력에 입증하는 서류를 제출하여, 부동산개발 전문인력임을 확인받은 후, 해당함을 위의 신청서 및 구비 서류를 제출하여야 함

- 교육비: 990,000원
- 교육 시간

  - 주간반: 1일 7~8시간 / 월~금 09:00~18:00
  - 야간반: 1일 4~4.5시간 / 화~금 18:30~23:00, 토 09:00~18:00

· 교육 과정

교과목	교육내용	시간
부동산개발업과 직업 윤리	· 개발인의 윤리 관련 제도 해설 · 개발인의 윤리 행동 실제 적용 사례	3H
「부동산개발업의 관리 및 육성에 관한 법률」 해설	· 「부동산개발업의 관리 및 육성에 관한 법률」 해설	3H
부동산개발업자의 역할과 기능	· 부동산개발업자의 역할 · 변화하는 부동산 시장에서의 개발과 관리 전략	3H
부동산개발 관련 공법	· 부동산 공법의 구조 및 법률 체계 · 「국토의 계획 및 이용에 관한 법률」 · 「택지개발촉진법」 · 「도시개발법」 · 「농지법」, 「산지관리법」 · 「주택법」 · 「건축법」 · 「도시 및 주거환경정비법」	12H
부동산개발 관련 조세 및 회계	· 부동산 관련 조세 체계 개요 · 부동산개발 관련 세무 해설 · 개발 이익 환수에 관한 법률 · 부동산 개발 관련 회계 실무	6H
부동산개발사업의 리스크 관리	· 리스크의 개념 · 개발사업의 리스크 Factor 및 리스크 관리 대상 · 잠재 우발 Risk 증가 요인 · 실제 발생 시 대응 사례	3H
부동산개발사업의 입지 및 타당성 분석	· 입지 분석의 유형과 설정 원칙 · 상권 분석 FLOW, 분석 모델 및 조사 분석 기법 · 시장 환경 분석 · 수익성 및 재무적 타당성 분석 기법	8.5H

교과목	교육내용	시간
부동산개발사업의 기획과 마케팅	· 부동산개발사업 기획 · 부동산개발 마케팅의 기본 이해 · 부동산 광고 기법 및 실무 · 부동산 분양가 및 임대가 산정 기법 사례 · 테마별 부동산 마케팅 및 분양 전략 사례	4H
부동산개발 금융과 자금 조달 기법	· 개발 금융의 개요 및 기초 이론 · 자금 수지 분석, 타당성 분석, 현금흐름 분석 · 부동산개발사업 자금 조달 · 금융기관 금융 상품 조달 주요 체크포인트 및 보유 자산 운영 관리	6H
부동산개발사업의 시행 절차 및 사례	· 시설별 사업 추진 절차 · 시행 추진상 법률 실무 · 시설별 시행 사례 · 부동산개발 프로젝트의 각종 성공 및 실패 사례 연구 · 조별 실습 과제 발표	9H
개강 및 오리엔테이션 종합 평가 및 수료	· 개강식 및 오리엔테이션 · 평가 시험 실시 · 수료증 발급 및 수료식 거행 등	2.5H

· 부동산개발 전문인력의 범위

구분	부동산개발 전문인력의 범위
법률	「변호사법」에 따른 변호사 자격이 있는 자로서 국가, 지방자치단체, 공공기관 및 그 밖의 법인 또는 개인 사무소에서 법률에 관한 사무에 2년 이상 종사한 자

구분	부동산개발 전문인력의 범위
부동산 개발 금융	1. 「공인회계사법」에 따라 금융위원회에 공인회계사로서 등록을 한 이후 해당 분야에 3년 이상 종사한 자 2. 「부동산투자회사법」에 따른 자기관리부동산투자회사, 자산관리회사, 부동산투자자문회사의 등록 신청에 따라 자산운용 전문인력으로 국토교통부장관에게 등록된 자 또는 3년 이상 등록된 경력이 있는 자 3. 「은행법」에 따른 은행에서 10년 이상 근무한 자로서 부동산개발 금융 및 심사 업무에 3년 이상 종사한 자
부동산 개발 실무	1. 「감정평가 및 감정평가사에 관한 법률」에 따라 국토교통부장관에게 등록을 한 이후, 감정평가사의 업무에 속하는 분야에 3년 이상 종사한 자 2. 법무사, 세무사 또는 공인중개사 자격이나 부동산 관련 분야의 학사학위 이상 소지자로서 부동산개발업을 하는 법인 또는 개인 사무소, 「부동산투자회사법」에 따른 부동산투자회사·자산관리회사 및 그 밖에 이에 준하는 회사·기관에서 부동산의 취득·처분·관리·개발 또는 자문 관련 업무에 3년(부동산 관련 분야의 석사학위 이상 소지자는 2년) 이상 종사한 자 ※부동산개발업을 하는 법인의 예시: 등록사업자, 주택건설사업자, 대지조성사업자, 건설업자, 부동산개발업자 ※부동산개발업을 하는 법인의 사업실적 또는 매출액 −최종 근무일로부터 5년 이내 건축연면적 5천 제곱미터 또는 토지면적 1만 제곱미터 이상 −최종 근무일로부터 5년 이내 부동산개발 부문 매출액 150억 원 이상 ※부동산 관련 분야: 경영학, 경제학, 법학, 부동산학, 지리학, 도시공학, 토목공학, 건축학, 건축공학, 조경학의 10개 학과와 그 외에 국립대학에 개설된 10개 동일 학과의 전공 필수 과목 중 16개 과목(48학점)을 이수한 경우 3. 삭제 〈2015.12.15.〉

구분	부동산개발 전문인력의 범위
부동산 개발 실무	4. 「건설기술진흥법」 제2조제8호에 따른 토목·건축·도시교통·조경 분야의 고급기술인 또는 특급기술인(단, 도시교통분야의 교통 전문 분야는 제외) 5. 건축사 6. 다음 각 목의 어느 하나에 해당하는 기관 등에서 부동산의 취득·처분·관리·개발 또는 자문 관련 업무에 종사한 자로서 국토교통부장관이 정하여 고시하는 기준에 해당하는 자 　가. 국가 　나. 지방자치단체: 일반직 5급(7급)이상 공무원으로 부동산개발에 필요한 제도의 수립, 운용, 인가 등에 관한 업무에 3년(5년)이상 경력자 　다. 법 제4조 제1항 제2호에 따른 공공기관 　라. 법 제4조 제1항 제3호에 따른 지방공사 및 지방공단: 개발 관련 업무에 10년 이상 종사한 자 　마. 영 제9조 제2항 제4호 및 별표1 부동산개발 실무 제6호에서 "부동산개발에 관한 사업 실적·매출액이 국토교통부장관이 정하여 고시하는 규모 이상인 부동산개발업을 하는 법인 또는 개인 사무소에서 부동산의 취득 · 처분 · 관리 · 개발 또는 자문 관련 업무에 7년 이상 종사한 자

· 부동산개발 전문인력 증빙서류

전문 인력의 종류		자격 증빙 서류		
		자격·학위 증명서	경력증명서	종사 기관 증명서
1. 자격자	변호사	변호사 등록증 사본	법률 사무 종사 경력증명서 (2년 이상)	
	공인회계사	공인회계사 등록증 사본	해당 분야 종사 경력증명서 (3년 이상)	
	감정평가사	자격증 사본	해당 분야 종사 경력증명서 (3년 이상)	

전문 인력의 종류		자격 증빙 서류		
		자격·학위 증명서	경력증명서	종사 기관 증명서
1. 자격자	공인중개사 법무사 세무사	자격증 사본	1. 개발업 법인 등 경력증명서(3년 이상) 2. 4대 보험 가입 증빙 서류	시행 실적(5천㎡) 또는 분양 매출액(150억 원) 확인 서류
	건축사	자격증 사본		
	건설기술자 (고급기술자이상)		건설기술자 경력증명서 (건설기술인 협회 발급)	
	자산운용 전문인력	등록 확인서 (국토교통부장관)		
2. 학·석사 학위자		학위 수여 증명서 사본 또는 졸업 증명서	1. 개발업 법인 또는 개인 사무소 경력증명서 (학사:3년, 석사:2년) 2. 4대 보험 가입 증빙 서류	시행 실적(5천㎡) 또는 분양 매출액(150억 원) 확인 서류
3. 실무 경력자	금융기관		은행(제1금융권) 경력증명서 (10년 이상 근무+부동산개발 금융 및 심사 업무 3년 이상 담당)	
	국가·지자체		경력증명서	
	공공기관		경력증명서	
	지방공사· 지방공단		경력증명서	
	자격증· 학위 비소지자		1. 개발업 법인 또는 개인 사무소 경력증명서 (7년 이상) 2. 4대 보험 가입 증빙 서류	시행 실적(5천㎡) 또는 분양 매출액(150억 원) 확인 서류

★ 자산운용 전문인력

- 자격명: 자산운용 전문인력
- 관련 부처: 국토교통부
- 관계 법령: 부동산투자회사법
- 관련 협회: 한국리츠협회 https://kareit.or.kr/
- 교육비: 900,000원
- 교육 커리큘럼

구분	교육 과목	강의 시간	세부 강의 내용
1.부동산투자회사법 및 관련 법률	부동산투자회사법의 이해	2	-부동산투자회사 개요 -부동산투자회사 현황 -부동산투자회사 설립 및 영업 인가 -부동산투자회사 투자 및 운용
	자본시장법의 개념 및 집합투자업의 이해	3	-자본시장법의 개요 -집합투자업의 개념 및 이해 -집합투자기구에 대한 이해(리츠 및 부동산 펀드 등)
	부동산 Practices와 부동산투자기구의 이해	4	-부동산금융의 역사 및 특성 -부동산 Practice -부동산투자기구
2. 리츠의 개념	리츠, AMC의 설립 절차 및 실무	2	-리츠의 종류별 비교 -AMC 운용 방안 -리츠 설립 및 영업 인가 절차(실무)
	자기관리 리츠의 특성과 과제	2	-투자 도관체 개요 -미국 리츠의 개념과 성공요인 -한국 리츠의 정의와 종류 -자기관리 리츠의 개념과 특성 -자기관리 리츠의 인가와 상장 -자기관리 리츠의 반성과 발전 방향

구분	교육 과목	강의 시간	세부 강의 내용
3. 부동산 자산의 투자, 운용, 가치 평가	부동산 개발의 이해와 리츠의 활용 사례	3	-부동산 개발시장의 주요이슈 -부동산 개발과 PF의 현황 -부동산 개발과 PF의 문제점
	리츠 및 부동산 자산 운용 실무	3	-부동산투자의 자산 운용, 관리 -리츠의 자산운용전략과 리스크 관리
	부동산투자회사 관련 회계/세무 및 재무 분석	4	-부동산투자회사 관련 세제 -주요 회계 이슈 -재무 분석의 기초
4. IPO과정, 자산유동화, 투자 관리	리츠의 IPO 및 사례	3	-REITs의 개요 -부동산투자회사법 -REITs의 상장 절차 및 자본시장법 -REITs의 자금조달
	자산 유동화 증권(ABS)을 통한 자금 조달 사례 분석	3	-Securitization(자산 유동화)의 개념 -부동산 Securitization -자금 조달 사례 분석
	부동산 거래의 주요 유형과 부동산 매매 계약의 구조	3	-부동산 거래의 주요 유형 -부동산 매매 계약의 구조

★ 공인재무분석사 (CFA)

- 자격명: 공인재무분석사
- 영문명: CFA(Chartered Financial Analyst)
- 시행 기관: 미국 CFA협회 https://www.cfainstitute.org
- 관련 협회: 한국 CFA협회 https://www.cfasociety.org/korea
- 수험 정보 자료 출처: 이패스코리아 https://www.epasskorea.com
- 자격 설명

CFA시험은 세계적인 권위와 전통을 자랑하는 미국투자관리 및 연구협회인 CFA Institute에서 1963년부터 시행하고 있는 증권 금융 분야와 재무 관리와 분야의 최고의 자격시험이다.

현재 130여 개국 10만여 명의 CFA가 활동하고 있지만 CFA에 대한 수요는 공급을 훨씬 능가하고 있다. 1963년 이후 현재까지 110만여 명이 CFA 시험에 응시하였다. 다국적 기업의 재무담당자와 외국 투자자들의 CFA에 대한 신뢰성은 거의 절대적이기 때문에 아무리 까다로운 외국 기업이나 투자자라 할지라도 CFA 자격증 소지자의 투자 분석이나 기업평가 자료라 하면 그대로 신뢰한다. 더욱이 세계의 모든 금융계에서 CFA 자격증의 권위를 인정하고 있기 때문에 CFA 자격증 소지자는 외국 기업 또는 금융기관 입사나 전직 시에 절대적으로 우선권을 갖는다고 볼 수 있다.

우리나라에는 1,000명이 넘는 CFA가 활동하고 있다. 우리나라 자본 시장의 국제화와 개방화, 그리고 「자본시장법」 시행 등에 따른 각 기관의 전문 인력 확보의 필요성이 대두되는 가운데 CFA에 대한 수요 또한 가히 폭발적으로 증가하고 있다. 현재 대기업 및 각 금융기관(증권/은행/보험/종금/투신사 등)은 CFA 자격증 취득을 적극적으로 권유하고 있을 뿐만 아니라 CFA 자격증 취득자에게 상당액의 자격증 수당을 지급하고 있고 입사/승진 시에도 각종 혜택을 부여하고 있다.

IMF 이후 진행되고 있는 우리 자본 시장의 개방화와 선진화의 속도를 감안할 때 앞으로 수 년 내에 CFA 자격증을 소지하지 않은 사람은 입사/승진/전직 시 여러모로 역차별 당할 가능성이 예상된다.

· Level별 시험 구성 방식

구분	Exam Type		문항 수	시간
	오전	오후		
Level 1	Multiple choice	Multiple choice	각각 120문항	각각 3시간
Level 2	Item set	Item set	각각 60문항	
Level 3	Essay	Item set	오전-미정, 오후-60문항	

CFA 자격증을 취득하기 위해서는 1·2·3차의 시험을 합격하여야 하고 4년간의 기업 분석 및 투자 관련 분야의 실무 경력을 갖추어야 함. 만일 3차까지 모든 시험을 통과했음에도 불구하고 4년간의 실무 경력 요건을 구비하지 못한 경우는 추후 실무 경력을 쌓고 난 후에 CFA 자격증을 받을 수 있음. 따라서 실무 경력 여부에 관계없이 누구라도 시험에 응시할 수 있음.

· CFA 응시 자격

4년제 대학 졸업자(졸업 예정자 포함) 이상의 학력을 가진 사람은 누구라도 성별·나이에 제한 없이 응시 가능. 종전까지는 CFA Institute측에서 대학 재학생 응시에 관하여 언급이 없었으나, 대학 재학생의 응시자가 급증함에 따라 대학 재학생의 응시 자격에 대해 엄격한 심사를 하고 있음. 대학 재학생이 CFA시험에 응시하기 위해서는 Final year에 등록된 학생이여야 함. 또한 학생으로서 level 1에 응시한 자가 level 2에 응시하기 위해서는 졸업

증빙 필요.

졸업 전인 대학생(final year가 아닌 경우)이 응시하기 위해서는 국내의 경우 군 경력 2년과 대학 2년 이상 수료 조건(총 4년)으로도 응시 가능함. "군 경력 + 대학생 경력"으로 시험을 볼 경우 졸업 예정자의 자격으로 시험을 보는 것이 아니기에 졸업과 상관없이 Level 1 합격 후, Level 2·3시험까지도 응시 가능함. 또한 대학을 졸업하지 못한 경우라 해도 CFA Institute에서 대졸에 준하는 경력(4년 이상)을 갖추었다고 인정하는 분은 누구라도 응시 가능. 참고로 파트타임, 인턴십은 경력에 해당되지 않음.

★ 국제 부동산투자분석전문가 (CCIM)

· 자격명: 국제 부동산투자분석전문가
· 영문명: CCIM Certified Commercial Investment Member
· 관련 협회: CCIM 한국 협회 https://www.ccimkorea.com
· 시행 기관: NAR(National Association of REALTORS) https://www.realtor.org
· 시험 일정: 협회 일정 참고
· 응시 자격: 제한 없음
· 취득 절차
  1) CCIM 한국 협회 홈페이지에서 온라인 회원 가입을 한다.(추후 성적 관리와 자격 취득 과정이 온라인으로 관리됩니다.)
  2) 미국 협회에 예비 회원(International Candidate)으로 등록한다.(CCIM 한국 협회 홈페이지에서 수강 신청 시 입회비 USD 195 납부)
  ※ 예비 회원 입회비(International Candidacy Fee)는 납부 시점으로부터 1년 단위로 갱신해야 자격 유지 가능

3) 4개 코스 과목(Core Courses)을 수료한다.

① 금융 분석(Financial Analysis – CI101 과정)

② 시장 분석(Market Analysis – CI102 과정)

③ 임대차 분석(User Decision Analysis – CI103 과정)

④ 투자 분석(Investment Analysis – CI104 과정)

과목명	교육 내용	이수 시간	비고
CI101	- 수익용 부동산 투자를 위한 금융 분석 - Financial Analysis for Commercial Investment Real Estate - 부동산 투자 분석을 위한 기초 지식과 현금흐름 모델에 대한 DCF법에 의한 투자의 경제적 타당성 분석 기법 학습	20시간	한국 협회 기준
CI102	- 수익용 부동산 투자를 위한 시장 분석 - Market Analysis for Commercial Investment Real Estate - CCIM Strategic Analysis Model을 적용한 부동산의 각 용도별 수요·공급 예측 및 입지 선정 등 분석 기법을 학습하고, 경제 기반 등 지역 시장 경제 분석 기법 학습	20시간	한국 협회 기준
CI103	- 수익용 부동산 투자를 위한 사용자 결정 분석 - User Decision Analysis for Commercial Investment Real Estate - 공간 활용 의사 결정을 위한 복수의 대안에 대한 시장 및 재무 분석 및 DCF법의 응용 및 NPV, IRR 기법 학습	20시간	한국 협회 기준
CI104	- 수익용 부동산 투자를 위한 투자 분석 - Investment Analysis for Commercial Investment Real Estate - 투자 의사 결정 및 투자 수익 최적화, 투자 성과 예측을 위한 투자 분석 및 리스크 분석 기법 학습	20시간	한국 협회 기준

※ CCIM의 모든 교육 과정에는 재무용 계산기가 필요합니다.(미국 교재는 HP10BII+의 사용을 권장)

4) CCIM 소정 요건의 경력 사항(Portfolio)을 제출하여 승인을 받는다.

CCIM 자격 취득을 목표로 하는 회원들은 경력 증명서(포트폴리오) 제출 필요. 현재 AACI, CLO, CPM, CRE, CRF, FRI, MAI, SRPA, RPA와 SIOR 등의 자격증을 소지하고 있는 자는 경력 증명(포트폴리오) 제출이 면제됨. 경력 증명은 수익용 부동산 투자 경험에 관한 경력이 돋보이도록 작성해야 하고, 타인과 공동 작업한 업무인 경우 본인이 수행한 부분을 명확하고 구체적으로 설명해야 함.

– 포트폴리오 제출 자격 요건: CI101(금융 분석)을 합격한 예비 회원

① 3개 이상의 프로젝트의 총 사업 규모가 3,000만 달러 이상인 수행 실적 또는

② 10개의 프로젝트 총 사업 규모가 1,000만 달러(100억) 이상인 수행 실적 또는

③ 총 프로젝트의 사업 규모에 상관없이 20개의 프로젝트 수행 실적

※ 이 모든 실적은 포트폴리오 제출일로부터 소급하여 5년 이내에 수행한 경력요건이어야 함

※ 2년 이상의 상업용 부동산 실무경력 (Full-time) 필수

5) CCR(Course Concepts Review)을 이수한다.

– CI101~CI104 코스 네 과목을 2일 간 요약 복습(review)하는 수업

– 미국 협회 Instructor가 직접 와서 영어로 수업 진행

– 2일 간 수업 종료 후 종합 시험 실시

6) Comprehensive Examination(종합 시험)에 합격한다.

※ 불합격 시: 다음날 재시험(재시험 비용 1/N, 최소 25만원 이상)

※ 재시험 불합격 시: 다음해 CCR 재수강, 종합 시험 재시행

· CCIM 자격 취득 비용

구분	금액	비고
International Candidacy Fee	USD 195	납부 시점으로부터 1년 단위 로 갱신해야 자격 유지
Core Courses	USD 1,100	
	USD 1,100	
	USD 1,100	
	USD 1,100	
Portfolio Fee	USD 500	미국 협회 감수비 외
Course Concepts Review (2일간 영어수업 진행)	USD 1,000	
Comprehensive Exam	USD 1,000	

※ 포트폴리오 감수비, 종합 시험 응시료는 미국 협회와의 협약에 따라 금액이 변경될 수 있음.

★ 미국 부동산자산관리사 (CPM)

· 자격명: 미국 부동산자산관리사
· 영문명: CPM (Certified Property Manager)
· 관련 협회: 미국 부동산관리협회 IREM(Institute of Real Estate Management)
　　　　　https://www.irem.org
· 시행 기관: 한국CPM협회 https://www.kcpm.co.kr
· 응시 자격: 부동산 관리 경력 최소 3년

· 교육 과정

	정규 교육 과정
Regular 1차 과정	- MKL 406 마케팅과 임대 관리 - 부동산 자산과 시장에 대한 기본 지식, 시장 평가, 마케팅 계획 수립 및 임대 계획 수립 방법 등을 학습
	- FIN 402 금융 분석 - 부동산 자산 관리에 필요한 금융 지식, 현금흐름 분석, 자본화 및 가치 평가, 금융 계산 방법 등을 학습
	- MNT 402 건물의 물리적 자산 관리 - 부동산의 유지, 보수, 위기 관리 계획 수립 방법, 리스크 진단과 관리 방법, 효율적인 건물 관리 방법
	- HRS 402 리더십과 인적자원 관리 - 리더십의 개념과 유형별 이해, 인적자원 관리 계획 수립, 성과 평가와 성과 관리 방법 등을 학습
Regular 2차 과정 & Fast Track 과정	- ASM 603 부동산 금융과 가치 평가 1부 - 부동산 투자에서의 경제학, Financing 방법, 대출 분석과 가치평가 방법 등을 학습
	- ASM 604 부동산 금융과 가치 평가 2부 - 화폐의 시간 가치 계산, 현금흐름 분석, 시장 가치와 투자 가치 결정, 투자 수익의 측정 방법 등 학습
	- ASM 605 부동산 금융과 가치 평가 3부 - 세전 세후 현금흐름 분석, 대안 분석 방법 및 대안 추천 방법 등 학습
	- CPM 001 CPM Exam 대비 과정 - CPM Exam 대비 전 과목 복습 과정
	- ETH 800 윤리 강령 - 국제 공인 자산관리자로서 갖추어야 할 기본적인 윤리 의식(IREM협회의 윤리 강령)
	- BDM 602 MPSA - MPSA(부동산 자산 관리 계획) 시험에 대비하여 필요한 Skill과 방법을 학습, MPSA 시험 신청 시 반드시 이수해야 하는 과목

자격 인증 시험

CPM Exam(CPM 종합 시험)
Regular 1차 과정 각 과목의 핵심 내용에 대한 이해와 숙지 여부를 검증하는 시험

MPSA(Management Plan Skills Assessment)
부동산 자산 관리 계획 시험: 사례 부동산에 대한 분석과 대안제시를 통해 효과적인 자산 관리계획 수립 능력에 대하여 검증하는 시험

포트폴리오 심사

최소 3년 이상의 자산 관리 업무 실무 경험을 보유해야 하며 관리 규모는 다음과 같음
- 주거용: 200세대(4개 site 이하), 100세대(5개 site 이상) 관리 경험
- 상업용: 11,000 ㎡(1개 site), 7,500 ㎡(2개 site 이상)
- 공업용: 18,500 ㎡
- 혼합형: 상기 규모 기준의 혼합

※ **Fast Track 과정 신청 가능한 경우**
CCIM 자격자 또는 부동산학 또는 부동산 자산관리학 과정 4년제 학사 또는 석사 이상 학위 소유자
부동산 석·박사 과정 중에 있는 경우 2학기 이상 수료자
건축, 도시, 토목 관련 전공은 불가능함.

· 시험 안내

코드	시험명	설명
ETH800	Ethics for the Real Estate Manager	부동산자산관리자의 윤리 의식을 테스트한다.
CPMEXE	Certification Examination	CPM 전 교육 과정의 내용을 평가하는 종합 시험이다.
MPSA	Management Plan Skills Assessment	최종 핵심 평가 방법이며 개념 평가, 사례 연구 및 실제 적용 등 세 가지로 구분한다.

★ 미국 친환경인증기술사(LEED)

· 자격명: 미국 친환경인증기술사
· 영문명: LEED(Leadership in Energy and environmental Design)
· 관련 협회: 미국그린빌딩위원회(USGBC) https://www.usgbc.org
· 자격 설명

LEED는 Leadership in Energy and Environmental Design의 약자로 미국 그린빌딩위원회인 USGBC(US Green Building Council)에서 시행하는 친환경 빌딩 평가 시스템으로 전 세계적으로 널리 알려진 인증제도이다. 1993년 USGBC가 설립되어 시작되었고 1998년에 LEED 1.0을 시작으로 19개의 프로젝트가 파일럿 테스팅을 거쳐 2019년부터 LEED 4.1이 적용되고 있다. LEED는 다양한 건축물에 대해 Intergrative Process(통합 절차), Location and Transportation(위치와 교통), Sustainable Sites(지속 가능한 대지), Water Efficiency(물 사용 절감), Energy and Atmosphere(에너지 및 대기), Materials and Resources(자재 및 자원), Indoor Environmental Quality(실내 환경 수준), Innovation(혁신 기법), Regional Priority(지역별 우선 사항) 등을 평가한다.

★ WELL AP

· 자격명: WELL AP
· 영문명: WELL AP
· 관련 협회: International WELL Building Institute
         https://www.wellcertified.com/
· 자격 설명

미국 친환경 빌딩 관련 자격증으로, WELL Building Standard(WELL)는 IWBI(International WELL Building Institute)에 의해 관리된다. 건설 환경을 통한 인간의 건강과 행복을 향상시키는 것을 목표로 하는 세계 최초의 빌딩 기준으로 2014년 10월부터 시작되었다. WELL 인증 제도는 GBCI(Green Business Certification Inc.)와 함께 IWBI의 공동 작업을 통해 인증받을 수 있다. 이 WELL 인증 제도는 의사, 과학자, 그리고 산업 전문가 들이 7년에 걸쳐 철저하게 연구하고 개발한 결과로 만들어졌다. 공기, 물, 영양, 조명, 신체 단련, 안락함 그리고 정신의 7개 범주로 나누어 건물의 성능을 평가한다.

3. 국내 민간 자격증

★ 매경 부동산자산관리사

- 관련 협회: 사단법인 한국부동산자산관리사협회 https://www.krpm.co.kr
- 응시료: 50,000원
- 응시 자격: 제한 없음
- 시험 과목

구분		문항 수	시험 시간
1차	부동산자산관리개론	25문항	80분 (14:00 ~15:20)
	주거용부동산자산관리	25문항	
	소계	50문항	
2차	부동산경매자산관리	25문항	120분 (15:50 ~17:50)
	토지자산관리	25문항	
	상가빌딩자산관리	25문항	
	소계	75문항	
계		125문항	200분

※ 일부 시험 면제 대상자: 자격 검정 시험 결과 1차 시험에 합격한 자는 연속되는 다음 1회의 자격 검정 시험에 한하여 합격한 부분의 시험을 면제

· 가산점 대상자

구분	부동산 자격증	부동산학 관련 학과	관련 직무 자격증 소지자	가산점
대상	- 공인중개사 - 주택관리사 - 빌딩경영관리사	- 부동산학과 - 건축학과 - 도시학과 - 도시공학과 - 건축공학과 - 토목환경공학과 - 건설환경공학과 등재학생 및 졸업생석/박사 학위자 - 부동산학과 평생교육원(학점은행제에 한함)	- **부동산 관련 직무 자격 소지자:** 변호사, 법무사, 변리사, 세무사, 회계사, 감정평가사, CPM, CCIM, 건축기사, 건축사, AFPK, CFP, ChFC - **한국금융투자협회에서 시행하는 자격증:** 펀드투자상담사, 증권투자상담사 파생상품투자상담사, 투자자산운용사, 금융투자분석사, 재무위험관리사, 증권분석사 - **한국금융연수원에서 시행하는 자격 소지자:** 신용분석사, 여신심사역, 국제금융역, 자산관리사(FP), 신용위험분석사(CRA)	100점 만점 평균 5점 (총점 25점) *중복적용 안 됨
제출 서류	자격증 사본	졸업증명서 재학증명서	자격증 사본	

· 합격자 결정

구분	만점	합격기준
스탠다드	매 과목 100점	과목당 40점 이상, 1차/2차 시험 각 평균 60점 이상 합격
프로페셔널		과목당 40점 이상, 1차/2차 동회차 시험 각 평균 80점 이상 합격

★ 한국형 부동산 자산관리 전문가 과정

- 관련 협회: 한경아카데미 https://ac.hankyung.com
- 교육비: 900,000원
- 주요 과목

  부동산 자산 관리 개관 및 시장 전망 / 부동산 자산 관리 실무 / 유지 관리 실무 / 부동산 법무 / 부동산 세무 / 부동산 펀드 및 리츠 / 투자 분석 실무 / 빌딩 투자 및 임대 마케팅 실무 / 부동산 자산 관리 계획서 작성 실무

- 교육 대상

  건물주 / 빌딩 관리, 시설 관리업 종사자 / 자산관리회사 창업 및 취업 희망자/ 공인중개사 / 부동산관련업(자산운용사, 건설사, 금융사 등) 종사자 등

- 교육 특징

  부동산 자산의 효율적인 관리 노하우 습득을 위한 실무 중심의 교육 프로그램 (사)한국부동산자산관리학회(KRAM)가 인증하는 KPM자격시험 연계 프로그램

- 교육 내용

회차	시간	교육 과목
1	3	**부동산 자산 관리 개관 및 시장 전망** – 부동산 시장 패러다임 변화 – 부동산 자산 관리의 개념 및 구조 – 국내 부동산 자산 관리 시장 전망
2	3	**부동산 자산 관리 실무** – 자산 관리 프로세스 이해 – 자산 관리 제안, 계약에서 인수인계까지 – 임대차 관리 실무

회차	시간	교육 과목
3	3	**유지 관리 실무** – 유지 관리 개요 – 리스크 관리 및 사례
4	3	**부동산 법무** – 주택·상가 임대차보호법 / 기타 관련법 – 자산 관리 관련 법규의 실무 적용 사례
5	3	**부동산 세무** – 취득, 보유, 매각 단계별 세무 – 관련 사례
6	3	**부동산 간접 투자 상품과 자산 관리** – 리츠의 이해 및 운용 사례 – 부동산 펀드의 이해
7	3	**빌딩 투자 및 임대 마케팅 실무** – 빌딩 투자 시장과 투자 프로세스의 이해 – 임대 마케팅 계획 및 적용 – 시장 분석, 적정 임대가 산정 및 실습
8	3	**투자 분석 실무** – 재무 계산기 사용법 – 화폐의 시간가치(TVM), CASH FLOW – IPR, NPV, Cap.Rate
9	3	**부동산 자산 관리 계획서 작성 실무** – 자산 관리 계획서의 주요 구성 요소 – 대안 분석, 대안 평가 및 제시 – 자산 관리 계획서 사례 분석 및 실습
10	3	**자격시험 및 수료식**

상업용 부동산 법률 관계도

상업용 부동산 법률 관계도

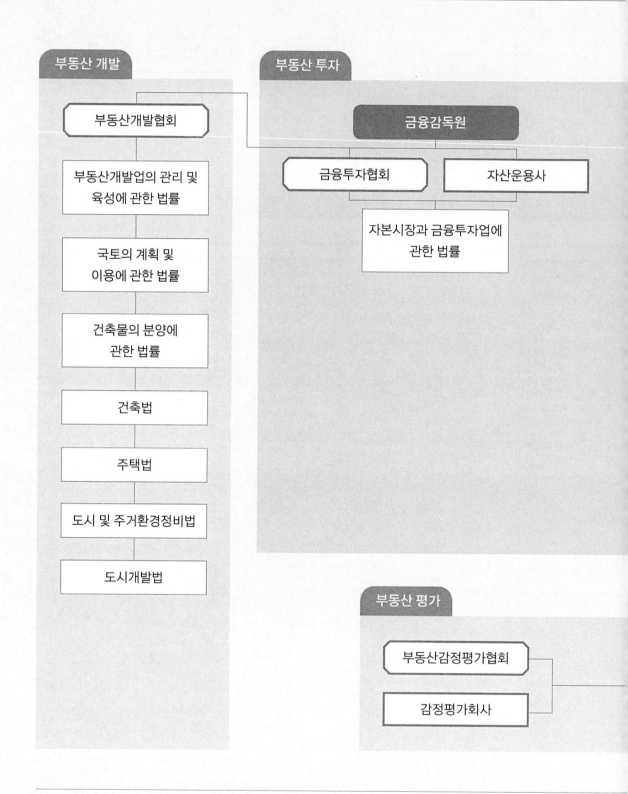

부동산 개발

부동산개발협회

부동산개발업의 관리 및
육성에 관한 법률

국토의 계획 및
이용에 관한 법률

건축물의 분양에
관한 법률

건축법

주택법

도시 및 주거환경정비법

도시개발법

부동산 투자

금융감독원

금융투자협회

자산운용사

자본시장과 금융투자업에
관한 법률

부동산 평가

부동산감정평가협회

감정평가회사

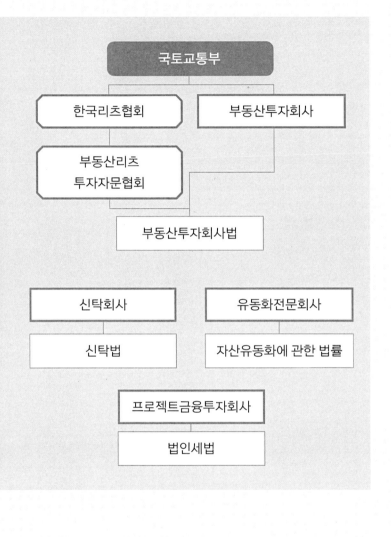

관련 국가기관	관련 협회	관련 회사	관련 법률

부동산 운영

국토교통부

한국리츠협회 | 부동산투자회사

부동산리츠 투자자문협회

부동산투자회사법

신탁회사 | 유동화전문회사

신탁법 | 자산유동화에 관한 법률

프로젝트금융투자회사

법인세법

부동산 가격공시 및 감정평가에 관한 법률

민법

공인중개사법

부동산 거래신고 등에 관한 법률

소득세법(양도소득세)

상속세 및 증여세법

지방세법(취득세, 등록세)

집합건물의 소유 및 관리에 관한 법률

초고층 및 지하연계 복합 건축물 재난관리에 관한 특별법

부동산등기법

상가건물 임대차보호법

큰글자책

부동산 직업의 세계와 취업의 모든 것

2022년 6월 22일 초판 1쇄 발행
2023년 4월 15일 초판 2쇄 발행

지은이 민성식
펴낸이 류지호
편집 이상근, 김희중, 곽명진
디자인 박은정

펴낸 곳 원더박스 (03169) 서울시 종로구 사직로10길 17, 301호
대표전화 02)720-1202 • 팩시밀리 0303-3448-1202
출판등록 제2022-000212호(2012. 6. 21.)

ISBN 979-11-90136-73-0 (03320)